小学数学『好活动』思与行

刘东旭◎主编

首都师范大学出版社
CAPITAL NORMAL UNIVERSITY PRESS

图书在版编目（CIP）数据

小学数学“好活动”思与行 / 刘东旭主编.—北京：首都师范大学出版社，2022.5

ISBN 978-7-5656-5625-5

I.①小… II.①刘… III.①小学数学课—教学研究 IV.①G623.502

中国版本图书馆CIP数据核字（2022）第010144号

小学数学“好活动”思与行

刘东旭◎主编

责任编辑　李佳健

首都师范大学出版社出版发行

地　址　北京西三环北路105号

邮　编　100048

电　话　68418523（总编室）　68982468（发行部）

网　址　http://cnupn.cnu.edu.cn

印　刷　河北鑫彩博图印刷有限公司

版　次　2022年5月第1版

印　次　2022年5月第1次印刷

书　号　ISBN 978-7-5656-5625-5

开　本　710mm×1000mm　1/16

印　张　19

字　数　301千字

定　价　59.80 元

编委会名单

主　编：刘东旭

编　委：晁倍倍　李雪东　李术伟

呼丽娟　柏　玲　姜　静

好活动 活动好 好（hào）活动

随着课程改革的不断发展，教师们对小学数学的认识也不断地深入。课程标准从“双基双能”发展到“四基四能”，从核心素养的提出到具体的学科素养，从倡导单元整体教学到深度学习。可以说我们经历了一个“拨开云雾见天日，守得云开见月明”的过程。我们发现无论是哪一种教育理念或观点的提出，其落脚点一定是关注儿童的发展，也就是核心素养所要求的——发展学生的必备品格和关键能力。其中我们的课堂便发挥了育人主阵地的作用，如何使学生在课堂上爱学、会学、真学成为我们每一位教师都在思索的问题。因为儿童喜欢在一个有趣的、有意义的问题情境中独立思考或合作交流，儿童需要借助自己的已有知识和经验探究未知的问题并因此积累更多的学习经验，儿童渴望知道数学知识背后的道理以满足自己的好奇心和求知欲。这时，一个好的数学活动便承载了这一切。

一、培养儿童数学能力需要好活动

这本书中所谈到的好活动应是有意义的、有深度的。这个意义不仅指其情境的真实性和活动自身的价值体现，还包括学生能够结合已有认知参与到活动中。活动的深度取决于对知识核心的把握与核心思想的运用，它是一种高阶思维的体现。学生在好的活动中不仅可以探究到知识的本质，还可以为其积累数学活动经验。儿童享受好活动的探究过程所带来的乐趣，这个乐趣不仅有自身获得成功的喜悦，也有彼此交流过程中产生的认可感。所以一个好的活动不仅蕴含着数学知识的本质，还承载了儿童思维的发展和情感体验。正如吴正宪老师所说，儿童数学教育由三个要素组成，即儿童、数学、教育。如果放在坐标轴上表示的话那个顶天立地的纵轴就是儿童，他是教育工作的关键。横轴就是数学，我们要关注数学、研究数学、把握数学的本质才不会使我们偏离数学的轨道。坐标系支撑它从“平面”走向“立体”的关键轴上写着教育，用恰当的方式让儿童感受数学学习的意义和价值。而这三条轴的出发点还是需要一个个具体的数学活动来支撑，因此儿童的数学能力发展需要好活动。

如果读过这本书就会被这里的好活动设计所吸引，活动的设计不是执教者的突发奇想，而是在做了前测和教材分析之后有了对学生充分了解和对教材及知识的理解之后进行的设计。既顺应儿童的认知规律，又符合知识的发展规律。儿童在这样的活动中不仅可以汲取到数学的营养，还能体会学习带来的乐趣。在每一个好的活动中教育悄然发生。

二、品格的培养需要体会到活动好

时至今日还不乏有些课堂存在“伪学习”的情况。首先学生的活动不符合最近发展区的原则，活动的设计难度较低导致思维含量少。其次在有些活动中一部分学生不用思考就知道答案甚至活动之前就已知晓，整节课处于为了活动而活动的境况，这样的学习活动学生感受是索然无味的，是一种没有价值的学习过程。这本书中的好活动则是以学生原有的认知为基础所设计的活动，它深而不难，数学活动思维含量大，每一个学生都可以根据自身情况进入比较深度的思考，并不是只适合少数人的活动，每一个人都能够在活动中得到不同的收获，体会到不一样的乐趣。活动的设计聚而不散，每一个活动都围绕一个核心的问题。这样可以排除非核心问题的干扰，使学生探究目的性更强，还可以为学生的探究提供时间的保障。有了时间的保障才为学生深度的思考奠定基础，才会让他们积累比较系统的数学活动经验。

试想一下，学生有这样的学习活动：有时间做保障，有自身的认知为基础，既可以独立思考也可以合作交流，既收获了知识又体会到了学习的乐趣。这正是吴正宪老师一直所说的要给学生提供好吃又有营养的数学大餐，在这种氛围下学习一定会让每一个学生感受到活动，好！

三、素养的发展需要儿童好（hào）活动

教育的根本是关注儿童的发展，史宁中教授用“三会”来形容数学的核心素养，即：会用数学的眼光发现世界，会用数学的思维分析世界，会用数学的语言表述世界。与之相对应的就是数学的抽象、推理和模型三大基本思想。支撑儿童数学核心素养发展的还是每一个数学活动，它是促进儿童思维发展

的基本单位。这本书的每一个数学活动的设计都是依托现实情境，鼓励儿童在具体的情境中发现数学问题。儿童提出来的研究问题往往代表了他思维的独特性，正如爱因斯坦所说，提出一个问题往往比解决一个问题更重要。这个过程不仅仅是为了提出一个问题，还可以激发儿童的创新意识。因为创新就是一个从无到有、从繁到简、从旧到新的过程。这本书里的活动给每一个孩子提供了适合他们思维发展的起点，他们可以利用已有的认知进行演绎推理，也可以收集大量信息通过类比进行合情推理。可以通过直观的模型认识图形要素及图形与图形之间的关系，还可以利用几何直观探究数及数量之间的内涵。学生经历此活动建立对知识一个新的认识，形成了新的数学模型，并应用数学模型继续开启数学与生活、数学与其他学科之间的一扇扇大门。所以说数学学习是一个螺旋式不断上升的过程，也是一个发现、研究、概括，再发现、再研究、再概括的过程。

儿童经历了上述过程后最终留在头脑中的是经验，也是素养，是当他忘记数学知识或者在其他领域中遇到新问题时的一种探究能力和求真的精神，这也是本书最终的目标。所以，儿童在参与每一个活动的过程中不断地积累经验，最终从精神上和能力上达到善思考、善探究，也就是好（hào）活动。

去伪存真、溯本求源。这本书的呈现可以令我们感觉到：让数学课质朴一点，把更多的时间留给学生。让活动简单一些，追求知识的核心。让学习真实一些，每个人都有思辨的机会。在好活动中认识数学，在好的活动中感受参与学习活动真好，经历好的活动逐渐地形成好（hào）活动，并最终在课堂上形成真思考、会思考和爱思考。

编者

2021 年 1 月

目录

第一部分 学生的发展需要好的活动设计

第二部分 好活动设计

第一部分

学生的发展需要好的活动设计

第一节　核心素养与好活动

一、核心素养的内涵与价值

“素养”是个体内化于心、外践于行，相对稳定的能力与品格的集合，主要体现在学生通过系统的教育而具备的知识、能力、态度，在解决具体问题情境过程中的整合表现。而“核心”指的是学生发展中最基础的、必备的和最关键的部分。那么何为核心素养呢？至今为止并没有一个明确的界定，而对其的认识是一个不断加深、丰富完善的过程。

（一）发展学生核心素养的国际共识

联合国教科文组织“国际 21 世纪教育委员会”于 1996 年发布《学习：财富蕴藏其中》的报告，以终身学习为指导思想，提出了包括学会求知、学会做事、学会共处、学会发展的四大终身学习支柱。2003 年，联合国教科文组织教育研究所（UNESCO Institute for Education，简称 UIE）又提出了“学会改变”的基本素养，组成了“终身学习”的指标体系。同年 2 月，学习指标专项任务发布了《向普及学习迈进·每个孩子应该学什么》的报告，提出了对青少年最为重要的七个素养：身体健康、社会情绪、文化艺术、文字沟通、学习方法与认知、数字与数学、科学与技术。[1]

经济合作与发展组织（OECD）于 1997 年启动了“素养的界定与遴选：理论和概念基础”(DeSeCo) 项目，开始了 21 世纪核心素养框架的研制工作，并于 2005 年正式公布成果，其认为：“核心素养是指覆盖多个生活领域的，促进成功的生活和健全的社会的重要素养”。[2] 该框架从社会心理学角度选择核心素养并定义其具体内容，以实现个人成功生活与发展健全社会为基础，将核心素养划分为“互动地使用工具、在社会异质群体中互动和自主行动”

[1] 林崇德．21 世纪学生发展核心素养研究 [M]．北京：北京师范大学出版社，2016:15-29.

[2] 张娜．DeSeCo 项目关于核心素养的研究及启示 [J]．教育科学研究，2013(10):39-45.

三个类别，这三个类别关注不同方面，但彼此间相互联系，共同构成核心素养的基础，同时该框架超越传统意义上的知识与技能，以反思为核心，整合了各个核心素养。[1]

欧盟组织于2002年开始重视核心素养的问题，将核心素养的问题置于终身学习的视域下进行阐释："核心素养代表了一系列知识、技能和态度的集合，它们是可迁移的、多功能的，这些素养是每个人发展自我、融入社会及胜任工作所必需的。"[2]之后经过多年的不断变化和发展，最终从知识、技能和态度三个维度对母语交流、外语交流、数学素养和科技素养、数字化素养、学会学习、社交和公民素养、主动与创新意识、文化意识与表达这八个一级指标进行了具体描述。[3]

美国于2002年成立了21世纪核心素养联盟（Partnership for 21st Century Skills，简称"P21"）。P21建构了以核心素养为中轴的"21世纪学习体系"[4]，其包括"21世纪学生培养目标"及"21世纪支持系统"，其体系主要包括学习结果、支持系统。学生的学习结果主要包括"学习与创新技能""信息、媒体与技术技能""生活与职业技能"，这三项的落实都要基于核心科目与21世纪主题。支持系统为标准与评价、课程与教学、教师与专业发展、学习环境。这个框架体系致力于关注21世纪职场的需要。

日本于2013年向社会公布了以《培养适应社会变化的素质与能力的教育课程编制的基本原理》为标题的研究报告，提出了面向国际、立足本国的核心素养框架：21世纪型能力。[5]其框架是一个同心圆型，由基础能力、思维能力和实践能力三部分组成。基础能力是指学生对于语言文字、数字和信息技术的学习与运用能力，它是实现另外两个方面的"核心素养"的基础与前提；思维能力是指发展学生的逻辑思维能力、批判思维能力、元认知能力、

[1]裴新宁，刘新阳．为21世纪重建教育——欧盟核心素养框架的确立[J]. 全球教育展望，2013(12):30.

[2]裴新宁，刘新阳．为21世纪重建教育——欧盟核心素养框架的确立[J]. 全球教育展望，2013(12):89-102.

[3]刘新阳，裴新宁．教育变革时期的政策机遇与挑战——欧盟"核心素养"的实施与评价[J]. 全球教育展望，2014(4):75-85.

[4]裴新宁，刘新阳．为21世纪重建教育——欧盟核心素养框架的确立[J]. 全球教育展望，2013(12):31.

[5]罗朝猛．21世纪型能力："核心素养"的日本表达[J]. 教书育人，2017.(8):37-38.

创造力及对社会和环境的适应能力，它是培养“21世纪型能力”的中间环节，是基础能力的深化，是发展实践能力的前提，因此它是联系基础能力和实践能力的重要纽带，是“21世纪型能力”的核心；实践能力则是指个体在生活和学习过程中发现和解决问题，并最终将解决问题的方法推广到社会的能力。因此，日本的“核心素养框架”是环环相扣的，三个同心圆联系密切，比较利于教学实践。

从以上各国际组织、国家、地区对核心素养的研究来看，21世纪发展学生核心素养达成了国际共识，为了更好地对其进行研究和落实，世界各个国家（地区）及国际组织纷纷对核心素养概念内涵进行了界定（见表1）。

表1 国际组织/国家/地区对核心素养的定义 [1]

国际组织/国家/地区	核心素养的定义
经济合作与发展组织	核心素养使个人拥有良好的、成功的生活。这种成功的生活表现为与他人具有亲密的关系，理解自我和自身所处的世界，与自身的生理和社会环境自主互动，拥有成就感和愉悦感。核心素养对多样的社会和个人均具有包容性，它回答的问题是普通人要想在社会中安身立命同时能够应对日新月异的技术发展，需要哪些素养。
联合国教科文组织	核心素养指向终身学习，并提出“学会求知、学会做事、学会共处、学会发展、学会改变”五大支柱
欧盟	素养是适宜于特定情境的知识、技能和态度的组合，核心素养是指一个人要在知识社会中自我实现、社会融入以及就业所需要的素养，其中包括知识、技能与态度。欧盟对核心素养的定位是在义务教育与培训阶段结束之前，年轻人应该具备这些素养，以使他们能过好成年生活，并以此作为终身学习的基础。
美国	核心素养主要指所有学生或工作者都必须具备的能力，其发展目的在于培养具有21世纪工作技能及核心竞争能力的人，确保学生从学校所学的技能能够充分满足后续大学深造或社会就业的需求，成为21世纪称职的社会公民、员工及领导者。
英格兰	核心素养是指为了适应将来的生活，年轻人需要具备的关键技能(key skills)，以及学习、生活和工作所需的资质。其中的关键技能，主要是一种普通的、可迁移的、对劳动者的未来发展起关键性作用的能力。
苏格兰	核心技能(core skills)是指为了全面成为一个活跃与负责任的社会成员所必须具有的广泛的、可迁移的技能。
法国	“socle(foundation or core) of competences”表示基本的或核心素养，专用于义务教育中的基于学科和跨学科的素养，强调了这些素养是构建终身学习的基础。法国的素养模型认为一个人的职业能力是与知识(savoir)、技能(savoir–faire)和社交能力(savoir– être)三个方面密不可分的。素养是一种学习的动态过程，知识的积累与传递过程。
德国	从职业教育角度首先提出了关键能力的概念，即指那些与特定的专业技能不直接相关的知识、能力和技能，是在各种不同场合和职责情况下做出判断选择的能力，是胜任生涯中不可预见的各种变化的能力，由于其普遍适用性而不易因科学技术进步而过时或被淘汰。

[1] 辛涛，姜宇，林崇德，师保国，等.论学生发展核心素养的内涵特征及框架定位[J].中国教育学刊，2016(6):3-7+28.

（续表）

国际组织 / 国家 / 地区	核心素养的定义
澳大利亚	核心素养 (kcycompetencies) 也称为综合职业能力或关键能力，是指为有效参与发展中的工作形态与工作组织必要的能力，其所强调的并非某个学科或某一职业领域所具有的知识和技能，而是学生终身发展所需要的能力，是一般性的。
中国台湾地区	核心素养被界定为能在台湾的社会文化脉络中，成功地回应情境中的要求与挑战，顺利完成生活任务，获得美好的理想结果所应具备的素养。核心素养是个人处于社会中所必须具备之关键的素养，不但是个人生活所需之必要的素养，也是现代社会公民的必备条件，更是社会发展不可或缺的人力资本之重要素养。

（二）我国学生发展核心素养的演进历程

受到国际教育领域改革浪潮的影响，我国学界对“核心素养”也有了进一步的深化与发展。2014 年 3 月，教育部发布了《关于全面深化课程改革落实立德树人根本任务的意见》，将研究制定学生发展核心素养体系放在了统领课改的关键环节[1]，这也是首次在国家的重要文件中使用“核心素养”这一概念。2016 年 3 月颁布了《中国学生发展核心素养（征求意见稿）》。同年 9 月正式颁布了《中国学生发展核心素养》框架体系，[2] 该框架以培养“全面发展的人”为核心，分为文化基础、自主发展、社会参与三个方面，综合表现为人文底蕴、科学精神、学会学习、健康生活、责任担当、实践创新六大素养，具体细化为十八个基本要点（如图 1）。

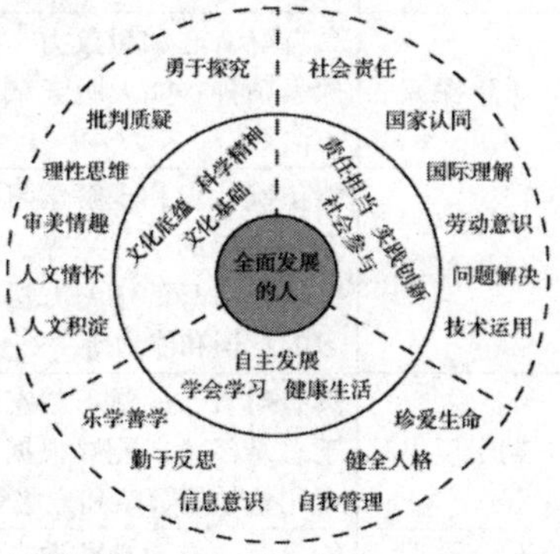

图 1　林崇德课题组发布“21 世纪中国学生发展核心素养”框架[3]

北京师范大学《中国学生发展核心素养》课题组明确了学生发展核心素养的内涵：“学生发展核心素养是学生应具备的、能够适应终身发展和社会

[1] 教育部 . 关于全面深化课程改革，落实立德树人根本任务的意见 [Z].2014-03-30.

[2] 林崇德 . 21 世纪学生发展核心素养研究 [M]. 北京：北京师范大学出版社，2016.

[3] 吴星 . 从三维目标走向核心素养 [J]. 化学教学，2017(1):3-7.

发展需要的必备品格和关键能力。”[1]

为了更好地研究中国化的学生发展核心素养体系，更为了把党的教育方针科学地细化为具体的人才培养目标，林崇德教授对十八个基本要点的具体内涵进行了详细的阐述（见表 2）。

表 2 中国学生发展核心素养的维度与主要表现[2]

一个中心	三个方面	六大核心素养	十八个基本要点	具体内涵
培养全面发展的人	文化基础	人文底蕴	人文积淀	具有古今中外人文领域基本知识和成果的积累；能理解和掌握人文思想中所蕴含的认识方法和实践方法等
			人文情怀	具有以人为本的意识，尊重、维护人的尊严和价值；能关切人的生存、发展和幸福等
			审美情趣	具有艺术知识、技能与方法的积累；能理解和尊重文化艺术的多样性，具有发现、感知、欣赏、评价美的意识和基本能力；具有健康的审美价值取向；具有艺术表达和创意表现的兴趣和意识，能在生活中拓展和升华美等
		科学精神	理性思维	崇尚真知，能理解和掌握基本的科学原理和方法；尊重事实和证据，有实证意识和严谨的求知态度；逻辑清晰，能运用科学的思维方式认识事物、解决问题、指导行为等
			批判质疑	具有问题意识；能独立思考、独立判断；思维缜密，能够多角度、辩证地分析问题，做出选择和决定等
			勇于探究	具有好奇心和想象力；能不畏困难，有坚持不懈的探索精神；能大胆尝试，积极寻求有效的问题解决方法等
	自主发展	学会学习	乐学善学	能正确认识和理解学习的价值，具有积极的学习态度和浓厚的学习兴趣；能养成良好的学习习惯，掌握适合自身的学习方法；能自主学习，具有终身学习的意识和能力等
			勤于反思	具有对自己的学习状态进行审视的意识和习惯，善于总结经验；能够根据不同情境和自身实际，选择或调整学习策略和方法等
			信息意识	能自觉、有效地获取、评估、鉴别、使用信息；具有数字化生存能力，主动适应“互联网 +”等社会信息化发展趋势；具有网络伦理道德与信息安全意识等

[1] 林崇德 . 中国学生发展核心素养：深入回答“立什么德、树什么人”[J]. 人民教育，2016(19):14-1.

[2] 林崇德 . 构建中国化的学生发展核心素养 [J]. 北京师范大学学报（社会科学版），2017(1):66-73.

（续表）

一个中心	三个方面	六大核心素养	十八个基本要点	具体内涵
培养全面发展的人		健康生活	珍爱生命	理解生命意义和人生价值；具有安全意识与自我保护能力；掌握适合自身的运动方法和技能，养成健康文明的行为习惯和生活方式等
			健全人格	具有积极的心理品质，自信自爱，坚韧乐观；有自制力，能调节和管理自己的情绪，具有抗挫折能力等
			自我管理	能正确认识与评估自我；依据自身个性和潜质选择适合的发展方向；合理分配和使用时间与精力；具有达成目标的持续行动力等
	社会参与	责任担当	社会责任	自尊自律，文明礼貌，诚信友善，宽和待人；孝亲敬长，有感恩之心；热心公益和志愿服务，敬业奉献，具有团队意识和互助精神；能主动作为，履职尽责，对自己和他人负责；能明辨是非，具有规则与法治意识，积极履行公民义务，理性行使公民权利；崇尚自由平等，能维护社会公平正义；热爱并尊重自然，具有绿色生活方式和可持续发展理念及行动
			国家认同	具有国家意识，了解国情历史，认同国民身份，能自觉捍卫国家主权和人民利益；具有文化自信，尊重中华民族的优秀文明成果，能传播弘扬中华优秀传统文化和社会主义先进文化；了解中国共产党的历史和光荣传统，具有热爱党、拥护党的意识和行动；理解、解释并自觉践行社会主义核心价值观，具有中国特色社会主义共同理想，有为实现中华民族伟大复兴的中国梦而不懈奋斗的信念和行动
			国际理解	具有全球意识和开放的心态，了解人类文明进程和世界发展动态；能尊重世界文化的多样性和差异性，理解人类命运共同体的内涵与价值等
		实践创新	劳动意识	尊重劳动，具有积极的劳动态度和良好的劳动习惯；具有动手操作能力，掌握一定的劳动技能；在主动参加家务劳动、生产劳动、公益活动和社会实践中，具有改进和创新劳动方式、提高劳动效率意识；具有通过诚实合法劳动创造成功生活的意识和行动等
			问题解决	善于发现和提出问题，有解决问题的兴趣和热情；能依据特定情境和具体条件，选择制定合理的解决方案；具有在复杂环境中行动的能力等
			技术运用	理解技术与人类文明的有机联系，具有学习掌握技术的兴趣和意愿；具有工程思维，能将创意和方案转化为有形物品或对已有物品进行改进与优化等

通过对我国核心素养的解读，我们可以看出其在内涵上具有如下特点：在目标上，核心素养的概念指向的是对“教育应培养什么样的人”这一问题的回答。在性质上，核心素养是所有学生应具有的共同素养，是最关键、最

必要的共同素养。在内容上，核心素养是知识、技能和态度等的综合表现。在功能上，核心素养同时具有个人价值和社会价值。在培养上，核心素养是在先天遗传的基础上，综合后天环境的影响而获得的，可以通过接受教育来形成和发展。在评估上，核心素养需结合定性与定量的测评指标进行综合评价。在架构上，核心素养应兼顾个体与文化学习、社会参与和自我发展的关系。在发展上，核心素养具有终身发展性，也具有阶段性。在作用发挥上，核心素养的作用发挥具有整合性。

二、数学核心素养的内涵

（一）数学“双基”教学的形成和发展

自 1952 年以来，数学双基教学经历了产生、形成和发展的过程，概括来说大致可以分为五个阶段：

阶段一：1952 年《中（小）学数学教学大纲》[1] 中提出：“中学数学教学的目的是教给学生以数学的基础知识，并培养他们应用这种知识来解决各种实际问题所必需的技能和熟练技巧。”该大纲首次提出“基础知识”和“技能”要求，但“双基”一词并未提出。

阶段二：1963 年推出的《全日制中学数学教学大纲（草案）》[2] 首次正式提出了“计算能力、逻辑推理能力和空间想象能力”三大能力。三大能力的提出，不仅标志着我国完全机械性模仿国外数学教育模式时代的结束，也对日后逐步形成具有中国特色的数学教育产生了深远的影响。

阶段三：1986 年，《全日制中学数学教学大纲》[3] 中正式而明确地出现了基础知识和基本技能的表述。大纲对数学技能与数学能力做出了明确的区分，并将数学技能与数学知识并列为数学教学的基础，标志着 “双基”理念在数学教学大纲中的正式确立。此外，《大纲》明确了“双基”与“三大能力”的关系，即“双基”是“三大能力”的前提，“三大能力”则是“双基”的目标要求。

阶段四：20 世纪 90 年代后，随着应试教育的出现，“双基”教学开始出现异化 。这一阶段的教学大纲在逐步细化对“双基”要求的同时，主张降

[1] 中华人民共和国教育部 . 中学数学教学大纲（草案）[M]. 北京：人民教育出版社，1952.
[2] 中华人民共和国教育部 . 全日制中学数学教学大纲（草案）[M]. 北京：人民教育出版社，1963.
[3] 中华人民共和国教育部 . 全日制中学数学教学大纲 [M]. 北京：人民教育出版社，1986.

低“双基”的难度，并删除繁难偏旧的内容。然而在实际的教学中，由于考试竞争的加剧，唯分数论思潮的泛滥，“双基”教学逐渐呈现出过分强调知识的系统性、逻辑性与形式化的趋势，强调通过记忆、操练以获得熟练技能的“题海战术”及“应试双基”等做法也趁机产生。[1]

阶段五：2001年的《全日制义务教育数学课程标准（实验稿）》[2]仍继续沿用“双基”的提法，并按内容对“双基”进行了更为明确和细化的定义。此外，该标准也对“双基”的水平划分做了更为明确的界定和划分，这使得“双基”的理念更具操作性和指导性。该标准除了坚持“双基”外，进一步提出了与之并行的“过程与方法”和“情感态度价值观”，从而由过去的一维目标，建构了新型的三维目标。

（二）“双基”发展成“四基”

以基础知识和基本技能为核心的数学“双基”教学，使我国的学生在对知识本身的掌握上做得较好，但这样的教学可能无法培养出国家所需要的“创新型”人才。因为创新型人才，除了需要具有坚实的知识基础外，需要掌握思维形式和思维方法，后两者的获得恰恰需要学习者本人参与活动，而不是教师所能教授的。因此顺应社会发展的需要，“基本思想”和“基本活动经验”逐渐被提出。

2006年，史宁中教授在厦门演讲时提出，应把数学中的“双基”发展成“四基”，并明确在“基础知识”和“基本技能”外，增加“基本思想”和“基本活动经验”。

2007年我国颁布的《全日制义务教育数学课程标准（实验修订稿）》[3]在总目标中规定，通过义务教育阶段的数学学习，学生应能做到以下几点：1. 获得适应社会生活和进一步发展所必需的数学的基础知识、基本技能、基本思想、基本活动经验。2. 体会数学知识之间、数学与其他学科之间、数学与生活之间的联系，运用数学的思维方式进行思考，增强发现和提出问题的

[1] 朱黎生，沈南山，宋乃庆．数学课程标准“双基”内涵延拓的教育思考[J]．课程·教材·教法，2012，32(5):41-45.

[2] 中华人民共和国教育部．全日制义务教育数学课程标准（实验稿）[M]．北京：人民教育出版社，2001.

[3] 中华人民共和国教育部．全日制义务教育数学课程标准（实验修订稿）[M]．北京：人民教育出版社，2007.

能力、分析和解决问题的能力。3. 了解数学的价值，提高学习数学的兴趣，增强学好数学的信心，养成良好的学习习惯，具有初步的创新意识和科学态度。其中，前两条被简称为获得"四基"、提高"四能"，第三条则是发展情感态度价值观。

2011 年在《义务教育数学课程标准（2011 年版）》（以下简称为《课标（2011 年版）》）[1] 中明确列出"四基"的概念。该版课标较之前有了新变化 [2]：提出数感、符号意识、空间观念、几何直观、数据分析观念、运算能力、推理能力、模型思想、应用意识和创新意识 10 个核心概念，由数学"双基"发展到数学"四基"，由"两能"发展到"四能"。从实质上看，它们都是数学核心素养的培养目标的集中体现。

（三）数学核心素养登上舞台

新一轮基础教育课程改革实施以来，新的思潮和观点不断涌现，其中影响较大的，一是素质教育的口号，二是情感态度价值观的培养。围绕这两个主题，多年来，教育工作者进行了艰苦的探索实践，取得了一定的成绩，推动了我国基础教育事业的发展。然而，素质教育与情感态度价值观是较为宏观的概念，如何使其落到实处，便于操作，易于实施呢？学科核心素养的提出很好地解决了这个问题。

"学生核心素养的培养，最终要落在学科核心素养的培育上"，史宁中教授提到，数学核心素养是"具有数学基本特征的、适应个人终身发展和社会发展需要的人的思维品质与关键能力"。[3] 马云鹏进一步指出，数学核心素养是以数学课程教学为载体，基于数学学科的知识技能而形成的重要的思维品质和关键能力。数学核心素养是在数学知识技能的学习过程中形成的，有助于学生深刻理解与掌握数学知识技能。数学核心素养不等同于数学知识技能，而是指向学生的一般发展，反映数学学科的本质及其赖以形成和发展的重要思想，有助于学生的终身发展。[4]《普通高中数学课程标准（2017 年版）》

---

[1] 中华人民共和国教育部．义务教育数学课程标准（2011 年版）[M]. 北京：北京师范大学出版社，2012.

[2] 朱黎生．《义务教育数学课程标准（2011 年版）》修订了什么 [J]. 数学教育学报，2012，21(3):7-10.

[3] 史宁中．学科核心素养的培养与教学——以数学学科核心素养的培养为例 [J]. 中小学管理，2017(1).

[4] 马云鹏．小学数学核心素养的内涵与价值 [J]. 小学数学教育，2015(9):3-5.

中对数学核心素养的界定是“数学核心素养包含具有数学基本特征的思维品格和关键能力，是数学知识、技能、思想、经验及情感、态度、价值观的综合体现”。[1]

可见，数学核心素养强调数学的学科本质，并将落脚点放在了“思维品质”和“关键能力”上，反映了数学的基本思想和学习数学的关键能力。数学核心素养以数学的基础知识和基本技能为依托，又高于具体的数学知识和技能，旨在强调学生通过接受数学教育，所形成的能够内化于人的思维与能力的素养。

基于对数学核心素养概念的研究，研究者对数学核心素养的内涵也进行了讨论。马云鹏认为《课标（2011 年版）》中提出的 10 个核心词——数感、符号意识、空间观念、几何直观、数据分析观念、运算能力、推理能力、模型思想、应用意识和创新意识作为数学核心素养的内涵是恰当的，因为它们既不是具体的知识技能，也不是概念，而是上位的数学思想、方法或者关于数学的整体理解与把握，是学生数学素养的表现。[2] 史宁中认为数学教育的终极目标是一个人学习数学之后，即便这个人未来从事的工作和数学无关，也应当会用数学的眼光观察世界，会用数学的思维思考世界，会用数学的语言表达世界。而这里所说的“三会”实质上就是我们追寻的核心素养。[3] 曹培英指出：“数学基本思想承载了独特的、鲜明的学科育人价值，可教、可学，是名副其实的学科核心素养。”[4] 他将抽象、推理和模型这三个内容归为数学核心素养的数学思想层面，将运算能力、空间观念和数据分析观念等作为数学核心素养的教学内容领域层面，形成了“三棱台”数学核心素养框架结构。[5]

基于已有的研究和反复的修订，《普通高中数学课程标准（2017 年版）》对高中数学学科的核心素养进行了提炼，主要确定为六个方面，分别为数学抽象、逻辑推理、数学建模、直观想象、数学运算、数据分析。[6] 该标准从数

[1]洪燕君，周九诗，王尚志，等.《普通高中数学课程标准（修订稿）》的意见征询——访谈张奠宙先生[J]. 数学教育学报，2015(6).

[2] 马云鹏 . 关于数学核心素养的几个问题 [J]. 课程・教材・教法，2015(9).

[3] 史宁中，林玉慈，陶剑，等 . 关于高中数学教育中的数学核心素养——史宁中教授访谈之七 [J]. 课程・教材・教法，2017(4).

[4] 曹培英 . 从学科核心素养与学科育人价值看数学基本思想 [J]. 课程・教材・教法，2015(9).

[5] 曹培英 . 小学数学学科核心素养及其培育的基本路径 [J]. 课程・教材・教法，2017(2).

[6] 中华人民共和国教育部 . 普通高中数学课程标准(2017 年版)[M]. 北京：人民教育出版社，2018:4-7.

学学科本质出发对其基本的内涵进行界定（见表3）。[1]

表3 《普通高中数学课程标准（2017年版）》中六大核心素养内涵的阐述

六大核心素养	具体内涵
数学抽象	通过对数量关系与空间形式的抽象，得到数学研究对象的素养。即从数量与数量关系、图形与图形关系中抽象出数学概念及概念之间的关系，从事物的具体背景中抽象出一般规律和结构，并用数学语言给予表征。
逻辑推理	从一些事实和命题出发，依据规则推出其他命题的素养。主要包括两类：一类是从特殊到一般的推理，推理形式主要有归纳、类比，一类是从一般到特殊的推理，推理形式主要是演绎。
数学建模	对现实问题进行数学抽象，用数学语言表达问题、用数学方法构建模型解决问题的素养。数学建模过程主要包括：在实际情境中从数学的视角发现问题、提出问题、分析问题、建立模型，确定参数、计算求解，检验结果、改进模型，最终解决实际问题。
直观想象	借助几何直观和空间想象感知事物的形态与变化，利用空间形式特别是图形，理解和解决数学问题的素养。
数学运算	在明晰运算对象的基础上，依据运算法则解决数学问题的素养。主要包括：理解运算对象，掌握运算法则，探究运算思路，选择运算方法，设计运算程序，求得运算结果等。
数据分析	针对研究对象获取数据，运用数学方法对数据进行整理、分析和推断，形成关于研究对象知识的素养。数据分析过程主要包括：收集数据、整理数据、提取信息、构建模型、进行推断和获得结论。

综合分析可以看出数学核心素养具体阐述就是：不论在任何一种情境中，学生都能形成、解释、运用数学，这是一种必备的品格和关键的能力，并能够适应终身发展和社会发展需要。具体表现为：具有观察数学的能力，能掌握数学的思想方法，能与别人进行数学交流，合理应用数学，具有运用数学思维解决数学问题的能力。因此，我们将“数学核心素养”的内涵定义为：学生应具备的适应终身发展、中国社会发展与世界人才需要的数学方面的必备品格和关键能力。

三、好活动促进数学素养的落实

美国著名教育家杜威曾提出了著名的“儿童中心”“活动中心”“经验中心”的“新三中心论”，他认为教育应该是通过教师的引导，然后使学生在活动

[1]洪燕君，周九诗，王尚志，等.《普通高中数学课程标准（修订稿）》的意见征询——访谈张奠宙先生[J].数学教育学报，2015(6):35-39.

中去学习的一个过程。[1] 弗赖登塔尔提出“数学是一种很特殊的活动”的观点，并把数学活动理解为学生亲身经历数学知识建构过程的活动，使学生掌握建构数学知识的能力。他还提出了再创造理论，认为数学学习的过程就是要让学生进行数学知识的再创造，强调以学生为主体的学习活动对学生理解数学的重要性。[2] 斯托里亚尔的观点表明，“数学教学是数学活动的教学”“数学活动的实质是带有数学特点的思维活动”。他把数学活动分为三个步骤：（1）活动经验的数学组织化；（2）完成方式的思维逻辑化；（3）数学理论的运用。[3] 福禄贝尔强调儿童经验和活动的重要性，认为教育是以儿童的经验和活动为基础的“生活教育”和“活动教育”。他认为在教学中应重视让游戏和儿童自主活动，重视手工艺和园艺等。[4]《课标（2011 年版）》中明确指出：数学教学活动应激发学生兴趣，调动学生积极性，引发学生的数学思考，鼓励学生的创造性思维；要注重培养学生良好的数学学习习惯，使学生掌握恰当的数学学习方法。

马云鹏在《如何在课堂教学中培养学生核心素养》一文中提出“组织深度探究活动”的观点[5]，其认为在教学过程中围绕一个关键问题进行持续的、深入的探究活动，能够调动学生参与学习的积极性，为学生核心素养的落地生根提供土壤。深度探究活动不仅能促进学生高阶思维的发展，而且是发展学生核心素养的关键。张丹曾在研究如何促进学生核心素养的发展时，提出“合理地设计活动，落实数学核心素养”，总结出“创设裸情境、问题引领学习、把握核心内容、组织深度学习”的四条原则。[6]

综上所述，开展数学活动，对于培养学生的数学核心素养、提高学生自主探究的能力有很大的推动作用。数学活动是培养学生核心素养的有效载体，

[1] 王珏．杜威的教育思想与深度学习 [J]. 软件导刊，2005(9):6-8.

[2] 马玲玲．试论弗赖登塔尔的数学素养观及对数学课堂教学的启示 [J]. 中国校外教育，2010(22):71+84.

[3] 曾睁，李劲主编．中学数学教育学概论 [M]. 郑州：郑州大学出版社，2007(8):92.

[4] 焦依平，朱成科．福禄贝尔与蒙台梭利两种儿童教育观之比较 [J]. 教育科学研究，2017(11):70-73.

[5] 马云鹏．如何在课堂教学中培养学生核心素养——以小学数学课堂教学为例 [J]. 中国德育，2018(8):45-50.

[6] 张丹．聚焦核心素养的小学数学教学实践探索——中国教育学会小学数学教学专业委员会第十七次学术年会综述 [J]. 小学数学教育，2017(5):52-54.

既能够激发学生的兴趣，也能够提升学生的自主学习效率，注重学生的情感与体验，其价值体现在以下几个方面：

（一）转变学习方式，积累学习经验

小学数学活动的开展可以转变以往学生被动学习的方式，让学生自主参与到数学活动中，通过分析和思考，确定活动探究的方向，找出解决问题的思路，通过亲自动手实践或与他人同时合作学习的方式理解数学知识本质，发现数学规律，帮助学生积累学习经验，提高学生的学习自主性。

（二）构建知识联系，体现活动综合性

通过小学数学活动的开展，可以将数学枯燥的知识与生活联系起来，将数学的公式、概念和定理等内容通过活动形象地展示出来，让学生感受数学知识的魅力，综合地利用数学知识进行实际问题的分析和解决，构建知识与实践的联系，增强学生的知识综合应用能力。

（三）提高实践能力，培养创新精神

小学数学活动的开展，有利于提高学生的自主探索和实践能力，学生之间的互相帮助、合作和交流在数学实践活动中也能够被广泛地应用。在小学数学教学中，教师应该注重数学知识与学生生活实际的联系，给学生留有充足的活动空间，让学生能够在观察、比较、猜测、实验、计算和推理等活动中获得数学知识，提高学生的实践能力，培养创新精神。

第二节 深度学习与好活动

深度学习原本是人工智能开发领域运用神经网络原理的一个研究项目，近年来逐渐成为教育教学改革的热词，经常被用来作为中小学学习方法研究、学习能力发展研究和教学策略研究的标识。这些泛化的“深度学习”，早已超过了人工智能研究项目本来的意义。深度学习研究揭示出人的学习过程是由低到高多层感知的立体学习过程，而这种研究过程对于中小学学生学习规律和方法探索有重要价值。

一、深度学习内涵

（一）深度学习概念

深度学习这一理论最早在关于机器学习的研究中被提出，后来被教育学研究引用。最早起源于 20 世纪 50 年代中期，由 Ference Marton 和 Roger Saljo 在 1976 年首次提出深度学习与浅层学习这两个概念，并进行详细的区分与分析。[1] Biggs（1979）指出深度学习主要涵盖的是高等级并且是学习者主动进行的认知处理，与之相对应的浅层学习则是用低级的认知来进行处理[2]。Beattie、Collins 和 Mcinnes（1997）提出深度学习就是学生以能够理解之前所未知的事物为目的来进行学习，尤其是对所学内容能够做出有自己主观看法的阐释，并且将重点放在与先前已有的知识和经验的联系上，侧重于新旧知识间的逻辑关系[3]。Bransford、Brown、Cocking（2000）指出，深度学习是为了让学生能够针对不同的问题可以有从自己已知的知识中进行有针对性的选择，但是其前提条件是学生对所学的知识能够完全地理解并可以进行长时间

[1] Marton F, Saljo R. On qualitative differences in learning: I-Outcome and process[J]. British Journal of Educational Psychology, 1976(46):4-11.

[2] Biggs J B. Individual differences in the study process and the qualityof learning outcomes[J].Higher Education, 1979(8):381-394.

[3]Beattie V, Collins B, Mc Innes B. Deep and surface learning: Asimple or simplistic dichotomy?[J]. Accounting Education, 1997(6):1-12.

的记忆。[1] 2010 年，美国威廉弗洛拉休斯特基金（William and Flora Hewlett Foundation）和美国研究院（American Institutes for Research，简称 AIR）组织实施 Study of Deeper Learning: Opportunities and Outcomes（SDL）项目将深度学习阐释为六种能力：掌握核心学科知识、批判性思维和复杂问题解决、团队协作、有效沟通、学会学习、学习毅力。这六种能力可以有效促进学生学习和理解学科知识，并且能够为解决未来工作、学习和生活中的问题提供帮助，是学生能够适应终身发展和社会发展，胜任 21 世纪公民所必须具备的核心竞争力[2]。美国国家研究委员会（NRC）指出，深度学习是一种将知识在不同情境间应用的迁移过程[3]。

国内对深度学习的定义最早见于何玲和黎加厚的文章。他们（2005）认为“深度学习”是指在理解学习的基础上，学习者能够批判性地学习新的知识和思想，将所学知识融入自身原有的认知结构中，能够在思想间进行联系、迁移，并且可以对新的情境中的问题进行决策和解决的一种学习[4]。孙银黎（2007）认为深度学习要求学习者对学习有一种积极主动的态度，强调对知识的深层次加工、描述和理解，并且可以自由地在新旧知识间建立联系，不仅仅满足于被动接受，亦要对学习到的知识进行反思[5]。吴刚（2013）从学习科学的视角定义了深度学习，认为深度学习是个体在一个情境中掌握所学并在新情境中迁移所学的过程[6]。郭华（2016）指出，深度学习指的是一个有意义的学习过程，在这个过程中学生被各种有特色的学习专题所包围，并能够积极主动地参与，感受成功的喜悦，实现有意义的发展[7]。邹晓燕（2012）认为深度学习强调学生要理解知识背后所蕴含的意蕴，从而发现学习的真正目的。学生在学习的过程中注重将兴趣点、不同学科之间的内容同自己的已有

[1] Bransford J, Brown A, Cocking R. How people learn: Brain, mind, experience and school [M]. Washington, DC : National Academy Press, 2000: 65.

[2] 舒兰兰，裴新宁 . 为深度学习而教——基于美国研究学会“深度学习”研究项目的分析 [J]. 江苏教育研究，2016 (16):3-7.

[3]National Research Council. Education for life and work: Developing transferable knowledge and skills in the 21st century[M]. Washington, DC: National Academies Press, 2012:68.

[4] 何玲，黎加厚 . 促进学生深度学习 [J]. 现代教学，2005(5):29-30.

[5] 孙银黎 . 对深度学习的认识 [J]. 绍兴文理学院学报（教育版）,2007(1):34-36.

[6] 吴刚 . 奔走在迷津中的课程改革 [J]. 北京大学教育评论 ,2013,11(4):20-50+185-186.

[7] 郭华 . 深度学习及其意义 [J]. 课程 · 教材 · 教法，2016,36(11):25-32.

经验进行有机的关联。[1] 朱开群（2017）认为深度学习就是指在真实复杂的情境中，学生运用所学的本学科知识和跨学科知识，运用常规思维和非常规思维，将所学的知识和技能用于解决实际问题，以发展学生的批判性思维、创新能力、合作精神和交往技能的认知策略。[2]

根据上述关于深度学习的内涵，可以总结出深度学习提倡学习者源于内在动机积极主动的学习，除了大脑内部的信息加工过程，它还是一个充满情感、意志、精神、兴趣的过程，一个社会过程和文化过程[3]，学生能够进行自主学习、互助学习、探究学习，从而可以将新旧知识进行理性的判断与重构并以此解决现实的问题[4]。随着深度学习理念的发展，学者们开始更多注意到深度学习在各学科中的作用。数学学科中研究比较深刻的是马云鹏教授（2017）的研究，他明确了小学数学深度学习的内涵，指出“小学数学深度学习”是以数学学科的核心内容为载体，以提升学生的综合素养为目标，整体分析与理解相关内容本质，提炼深度探究的目标与主题，了解学生学习特定内容的状况，通过精心设计问题情境，引发学生认知冲突，组织学生全身心参与学习活动，围绕具有挑战性的学习主题深度探究，使学生体验成功、获得发展的有意义的学习过程。[5] 数学深度学习由三个维度构成：一是知识面的宽度，二是知识本质的深度，三是数学思想的高度。数学学习的过程不应仅仅是深度这样一个方向线性的变化过程，而应是三维立体的学习过程，这样才能真正落实好深度学习。章建跃（2011）曾提出三个理解，“理解数学、理解学生、理解教学”。数学深度学习注重的是“三思”，即思考、思维、反思，学习者在有层次的发散性思考之后，形成一定有逻辑的、有水平的、严谨的思维习惯，并进行有针对性的反思，这样才能做到数学学习中的深度理解、深度学习。[6]

（二）深度学习特征

鉴于深度学习的自身特点，国内的很多科研人员对它的特征展开了研究论述，有些研究员给出了界定并进行了细致的描述。何玲与黎加厚（2005）

[1] 邹晓燕．大学生英语深度学习方式探讨 [J]·黑龙江高教研究，2012(12):181.

[2] 朱开群．基于深度学习的“深度教学”[J]. 上海教育科研，2017(5): 53-58.

[3] 吴永军．关于深度学习的再认识 [J]. 课程·教材·教法，2019，39(2):54.

[4] 田雨鑫．深度教学视野下课堂教学的问题及对策研究 [D]. 渤海大学，2019.

[5] 马云鹏．深度学习的理解与实践模式——以小学数学学科为例 [J]. 课程·教材·教法，2017,37(4): 60-67.

[6] 马玥聪．基于深度学习的高中数学教学策略研究 [D]. 河北师范大学，2019.

指出深度学习具体有“理解与批判、联系与构建、迁移与应用”三个特征。[1] 张浩与吴秀娟（2012）通过与浅层学习进行对比，总结出深度学习具有注重批判理解、强调信息整合、促进知识建构、着意迁移应用、面向问题解决、提倡主动终身等特点。[2] 付亦宁（2017）按照深度学习的内在机理对深度学习的特征做出划分：其特征包括理解认知（首要特征）、高阶思维（固有特征）、整体联通（本质特征）、创造批判（必要特征）和专家构建（趋向特征）。[3] 屈佳芬（2017）则认为深度学习的特点包括立足问题情境、强调信息联结、指向高阶思维、注重反思建构及基于主动学习所建立起来的各种架构。[4] 王洪敏（2019）认为深度学习的基本特点主要是主动性、理解性、批判性、建构性、迁移性和反思性。[5]

数学中拗口的概念、复杂难懂的定理、不好找到突破点的实际问题都是数学学习的难点，要想让认知基础还在发展阶段的学生弄懂上述问题，就需要运用深度学习理论。那数学深度学习的特征应该具备以下几点：[6]

（1）注重理解知识精髓，重点是学生对于知识的理解和掌握情况，教师更多考虑的是如何使知识鲜活地生长在学生的认知中，扎根在他们的学习理念中，达到学习数学知识的深度。例如小学的图形面积公式如果死记硬背的话，因为数量多，所以容易记混，但如果通过梯形公式进行正方形、平行四边形、三角形的面积公式的推导就可以很容易地掌握了，这就是深度学习强调的理解性学习。

（2）主张主动建构创新，建构主义是深度学习的理论来源，它的三个要素——同化、顺应和平衡，也是深度学习中必不可少的。同化就是信息整合的过程，具体到数学教学中，就是学生将新学的概念、性质、定理合并整理到已有的数学模块中去，完善它的系统性；顺应通常是同化的后一个阶段，何克抗（1997）教授认为，当现有图式不能同化新信息时，平衡即被破坏，而修改或创造新图式（即顺应）的过程就是寻找新的平衡的过程。建构主义

---

[1] 何玲，黎加厚．促进学生深度学习 [J]. 现代教学，2005(5):29-30.
[2] 张浩，吴秀娟．深度学习的内涵及认知理论基础探析 [J]. 中国电化教育，2012(10):7-12.
[3] 付亦宁．深度学习的教学范式 [J]. 全球教育展望，2017,46(7):47-56.
[4] 屈佳芬．引领学生深度学习：路径与策略 [J]. 江苏教育研究，2017(28):72-75.
[5] 王洪敏．小学生课堂深度学习的现状及对策研究 [D]. 曲阜师范大学，2019.
[6] 马玥聪．基于深度学习的高中数学教学策略研究 [D]. 河北师范大学，2019.

重点主张学生个体主动发现、主动探究、主动建构。[1] 数学教学培养学生的解决问题的能力，是不断创新的过程，鼓励一题多解，充分发挥学生的想象力。

（3）鼓励学生深度参与，深度学习，强调学生的高度参与性，要让学生全身心地投入数学学习中去，增强学习的实践性、体验感等。

（4）围绕教育目标，布鲁姆的《教育目标分类学》将课程目标和课程评价标准相结合，提供了教育评价的一种工具，分类学共分为认知领域、情感领域和操作领域三大领域。在认知领域分册的修订版中，布鲁姆从认知角度将教育目标分为六个层次：记忆、理解、应用、分析、评价、创造（见图 1）。教育目标的设置要恰当，与分类层次相对应，学生学习的过程不是一蹴而就的，而是一个循序渐进的过程，符合其认知规律。

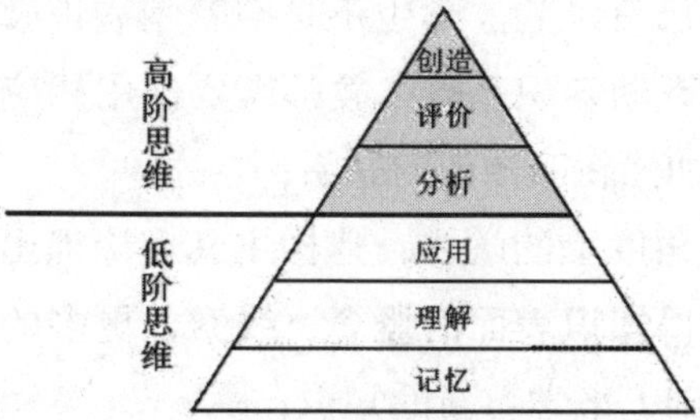

图 2 布鲁姆认知领域教育目标分类

（5）具有思维深度。数学是极具理性和严谨特点的一门学科，不单单是对于学科内容本身的认识，更关系到学生未来走入社会后思维的发展。深度学习是一种以培养学生高阶思维为目标的学习方式，高阶思维来源于布鲁姆的认知领域教育目标分类学，前三个层次为低阶思维，后三个层次为高阶思维（见图 2）。

在心理学中，高阶思维是指发生在较高认知水平层次上的心智活动或认知能力，代表的是思维的高级层次。低阶思维注重对数学知识的记忆和理解，是围绕知识本身的学习，但高阶思维强调的是背后蕴含的数学思想、数学解决问题的方案甚至是深度思考理解后的实践创新。

（三）深度学习理论基础

关于深度学习的发展，深度学习如何产生、主要影响要素是什么、支撑它的理论基础又是什么，各位学者视角各异。其理论的阐释不是简单的几种

[1] 何克抗 . 建构主义的教学模式、教学方法与教学设计 [J]. 北京师范大学学报（社会科学版）,1997(5): 74-81.

理论所能概括和完整表述的。如果从深度学习的内在机理和它的演变过程来研究，建构主义理论和布鲁姆的认知领域教育目标分类理论，对于深度学习有较大影响。

1. 建构主义理论

建构主义学派的研究表明，学习过程不仅是被动地接受，更多的是引导学生积极主动建构知识。该理论对深度学习概念的支持表现在以下几方面：

第一，以学习者为中心，充分发挥学生主体地位，授课老师不可以霸占课堂主权，将提前准备好的知识灌输给学生，学生对新的知识学习要通过自我理解来建构；

第二，关注学生已有经验。学生不是空着脑袋进教室的，在日常授课时不可以忽略学生已拥有的知识基础，教师需要使用相应的方法找到新旧知识的连接点，推动学生加强新旧知识的联系；

第三，站在理解角度上的学习，建构主义理论提出学生在建立自己的学习体系时，不只是记得知识表面的概念、线索，更多的是对所学知识进行深度理解，在理解的基础上来学习新的知识；

第四，不断反思，其要求学生经过自我总结、监控、省察等活动来反思自己的学习过程，判断自己的学习收获及存在的问题，从而采取相应策略及时调整来达到学习目标。建构主义的这些特点都与深度学习不谋而合，为深度学习理论奠定坚实基础。

2. 布鲁姆认知领域教育目标分类理论

布鲁姆的教育目标分类理论从认知心理的基本学习原理出发，结合教育学有关学生学习层次和学习水平的观点，将学生的认知过程分为六个水平，由低到高依次是记忆、理解、应用、分析、评价、创造。[1]结合深度学习的内涵与特征，我们可以将教育目标分类体系中关于认知过程的分类与深度学习之间建立起联系，其中除“记忆”这一项没有与深度学习的基本特征直接对应外，其余的五个分类项都与深度学习的基本特征有直接的对应关系（见表4）。[2]深度学习者在理解的基础上，联结学科新知识与原有概念之间的共性，

[1] 马晓丹，张春莉．两种教育目标分类系统的比较研究及其启示[J]. 教育研究与实验，2018(2):25-29.

[2] 郭新文．交互式电子学档支持深度学习研究[D]. 温州大学,2012.

将新知识整合到原有的认知结构中，能够获得相互贯通的知识结构，并能自主迁移经验与方法解决现实情境中的新问题。

表 4 布鲁姆的认知领域教育目标分类与深度学习对照

认知过程分类	深度学习的阐释	深度学习的特征
记忆	—	—
理解	理解知识的基础上进行学习	理解、联系
应用	将已有知识迁移到新的情境中	迁移、应用
分析	在众多思想间进行分析、联系	分析
评价	批判性地学习新的思想和事实	判断、评价
创造	做出决策和解决问题	解决问题

二、深度学习价值与意义

（一）深度学习是深化数学课程改革的必然选择

《国家中长期教育改革和发展规划纲要（2010—2020 年）》中强调要培养学生的问题解决能力、创新能力等高阶思维能力；《21 世纪技能——为我们所生存的时代而学习》中提出 21 世纪必备的技能是学习与创新技能、批判性思考和解决问题能力、沟通与协作能力、创新与变革能力。以上所涉及的都与深度学习的目标相吻合。深度学习是一种循序渐进、螺旋上升的学习过程，在这个过程中应以注重对知识批判性的思考、注重整合信息建构个人知识体系，注重协作沟通和交流，实现对知识的深度加工，培养高阶思维能力为目标。

小学阶段的数学学习是中学阶段数学学习的奠基，其理解和掌握程度对学生数学知识的建构和今后的数学学习有着直接的影响。当下，我国数学教学普遍存在的问题有以下几点：①目标上，只重知识，忽视过程与方法；关注教学技能多，关注学科思想方法少，忽视知识意义与价值的习得。②内容上，知识呈现碎片化，忽视与学生经验、社会生活的连接，缺乏真实情境的介入。③实施上，一课一教案，一个知识点一个知识点地教，只关注教什么、怎么教、有没有教，而没有很好地去思考学生是否真的在学习、有没有学会、会不会应用，接受式教学仍占主导地位，学生学习的主动性不高；课堂活动目的收获单一，过程方法和情感态度教学目标虚化、泛化。④评价上，评价方式单一，重结果、轻过程，重知识、轻素养，重做题、轻做事。以上问题，导致学生获得更多的是事实性知识，对数学知识的理解浅显，思维品质得不到提高，运用知识解决实际问题的能力偏弱，学习动力不足，有知识、没素养问题突出。

要解决以上问题，亟须将新课改的具体目标精准落实到实际的课堂教学中，需要课堂教学和学习方式的深度转型。[1]

（二）深度学习是发展学生核心素养的有效途径

人服务社会，依靠的不是知识，而是素养。以素养为目标的教学，不是仅仅停留在对知识点的“了解”“记住”“理解”“简单应用”层面，而是让学生能够在特定情境中应用所学知识、方法与观念去解决问题。知识学习是核心素养的形成路径，这种学习对知识的要求是成体系、结构化、有真实情境介入的；对学习的要求是深度学习，与以识记、复述知识等为特征的浅层学习不同，深度学习是学生想要去理解以及从学习内容中提取意义这两者的结合。[2] 因此，深度学习是一系列相互关联的素养，包括掌握精确严密的学科内容、学习如何批判性思考和解决问题、有效协作与交流、自我指导地学习及形成学科思维。学习者在深度学习中所获得的不仅仅是知识或思维，抑或是解决问题等理智方面的能力，更应当是全面的发展，包括情感、意志、德性和创造力等能够赋予学生终身幸福至关重要的品格与价值观。

《课标（2011 年版）》提出：数学知识的教学，要注重知识的“生长点”与“延伸点”，把每堂课教学的知识置于整体知识体系中，注重知识的结构和体系，引导学生感受数学的整体性。[3] 它要求培养学生会用数学的眼光观察世界，会用数学的思维分析世界，会用数学的语言表达现实世界，形成数学抽象、逻辑推理、直观想象、数学建模、数学运算和数据处理六大核心素养。在某种程度上说，在小学数学课堂中进行深度学习，不是要增加数学知识的难度和容量，而是要从数学本质出发，追寻数学思维的广度和数学思想的高度，进而提升学生的数学核心素养。育人目标变了，学生的学习也必须跟着变，需要有高阶思维的深度学习，以提升知识教学的价值，使学生的知识学习与素养培养同步发展，这对课程标准在实践层面的推进具有重要意义。

（三）深度学习是促进师生共同成长的重要过程

在学生的成长过程中，要使其通过深度学习加深对所学内容的理解与掌

---

[1] 卢明．基于“深度学习”的高中数学单元教学设计 [J]. 中学教研（数学），2020(2):1-5.

[2]Baeten M,Dochy F,Struyven K. Students' approaches to learning and assessment preferences in a portfolio-based learning environment[J].Instructional Science,2008 (36) : 359-374.

[3] 中华人民共和国教育部．义务教育数学课程标准 [M]. 北京：北京师范大学出版社，2012:45.

握，这种理解不只是对某些单一知识点的理解，还是对一组具有相同或相似特征知识群的理解。以“万以内加减法”为例，这个内容涉及不进位加法、进位加法、连续进位加法、不退位减法、退位减法、连续退位减法等内容。虽然这些具体知识点的教学不是同时完成的，但这些内容有内在的关联和相同的思考方法。教学的设计应当从整体上分析这些内容，将关键的数学思想和核心素养贯穿各具体内容的教学过程之中。学生在学习这些内容的过程中，不仅可以掌握具体的知识、技能，而且能体会这些知识、技能所体现和运用的思想和方法。学生具体掌握的是类似“数位对齐”“满十进一”“个位上的数不够减向十位退一”等这样的具体运算方法。而在教学设计和组织的过程中，更需要使学生了解这些算法背后的算理。理解算理就要回到对于数的意义的理解上，整数的表示是采用十进制计数法，一个整数从右到左是个位、十位、百位，个位上的 3 表示 3，十位上的 3 表示 30，百位上的 3 表示 300。相同数位上的数相加减的本质是相同的计数单位可以相加减。而满十进一的算理是相邻数位之间的进率是十。从不进位加法到进位加法的教学，始终体现这样的算理，学生就会一通百通。学生学习的不是一个一个单一的知识、技能，而是学习解决一类问题的方法，进而形成与之相关的数学核心素养，真正在学习这些内容的过程中提高运算能力和思维水平。

深度学习的研究与实践过程有助于教师的专业发展。教师在进行一组核心内容的教学设计时，应整体把握核心内容的本质，关注核心内容体现的重要思想，从整体上设计与组织教学。通过深度学习的实践，丰富教师关于学生和课程的深层知识，提高教师教学设计和实施的能力，增强教师的合作意识与合作能力，促进教学方式的转变。[1]

三、深度学习实施策略

通过分析国内外深度学习的典型案例，大致将深度学习最常用的学习策略分为以下几类。

（一）目标引领策略

教师从学生的能力水平及发展取向、学生对知识的认知程度等角度确定

[1] 马云鹏．深度学习的理解与实践模式——以小学数学学科为例 [J]. 课程·教材·教学，2017,37(4): 60-67.

学习目标，引导学生明确学习目标并构建清晰的学习思路，从而形成培养学生高阶思维能力的教学策略。[1]

（二）问题导向策略

教师“以问题为导向引导学生体验和探究知识中内隐的思想和方法”。[2] 问题导向既帮助学生深刻地理解知识，又帮助教师理解学生的认知，特别是教师运用“恰当的提问引发学生积极思考”，[3] 能促进学生深度思考问题，同时让学生得到有效的学习反馈。它指一种让学生通过不一定有正确答案的真实性问题而获取知识的教学，是由理解和解决问题的活动构成的一种教学策略。问题导向的深度学习应该遵循巴罗斯和坦布林提出的模型：（1）研究从结构不良问题开始；（2）学生在问题中驱动探究；（3）强调元认知和自我反思（见图 3）。[4]

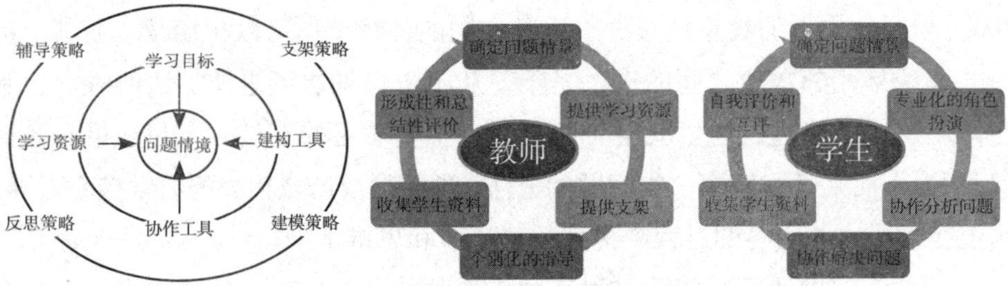

图 3 问题导向学习设计模型

来源：高瑞利，孔维宏 . 网络环境下基于问题的学习 [J]. 中国电化教育 ,2004,(8).

学生们在进行问题导向的深度学习时要求学生站在一个有重大利益相关者的角度看待问题，并且要求学生从研究专业的角度进行实践。学生在研究问题时，教师应该提供必要的支架，以确保学生从事的研究是无障碍且具有挑战性的。在学习过程中，要注意收集学生的学习资料，包括学生探究的问题、研究笔记、批判性思维活动和反思记录，这是学生在解决问题过程中元认知思考的记录。[5]

---

[1] 马朝华，荆宝生 . “深度学习”及其教学设计 [J]. 中学物理 ,2015(24):51-53.

[2] 郭元祥 . 课堂教学改革的基础与方向——兼论深度教学 [J]. 教育研究与实验 ,2015(6):1-6.

[3] 张治勇，李国庆 . 习性评价：深度学习的有效路径 [J]. 现代远距离教育 ,2013(1):31-37.

[4] 陈倩 . 基于深度学习理论的教学法的研究 [D]. 上海师范大学 ,2015.

[5] Problem-Based Learning[EB/OL].[2014-12-10].http://www.studygs.net/pbl.htm.

（三）项目学习策略

项目学习是指学习过程围绕某个具体的学习项目，充分选择和利用最优化的学习资源，在实践体验、内化吸收、探索创新中获得较为完整和具体的知识，形成专门的技能和得到充分发展的学习。传统项目学习包括六个环节：选定项目、制订计划、活动探究、作品制作、成果交流、活动评价（见图 4）。

深度学习中的基于项目的学习也包括以上六个环节，只是在各个环节中教师活动和学生活动发生了变化。深度学习中的基于项目的学习是跨学科的，解决真实存在的问题，并为问题提出解决方案。在互联网的支持下，有些基于项目的学习发展成学生自我导向的高度个性化的学习。课堂中教师与学生商讨项目学习计划，教师起到辅助的角色，学生是学习的主体，学生可以根据自己的网络学习情况调节项目的实施进度。

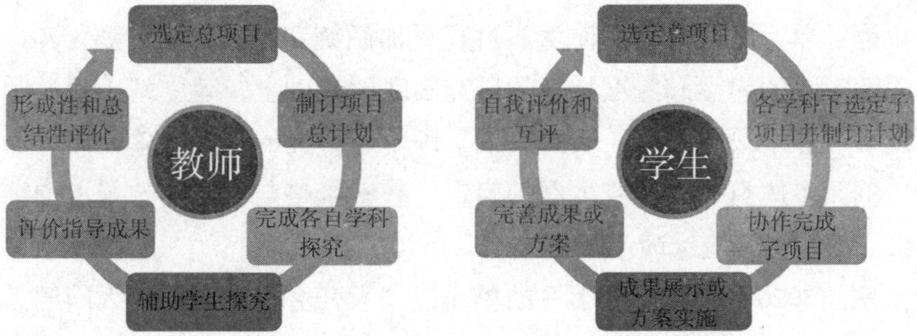

图 4 项目学习活动设计模型

来源：刘景福，钟志贤 . 基于项目的学习 (PBL) 模式研究 [J]. 国外教育研究 ,2002,(11).

学校进行深度学习项目学习策略应该注意的几个要点：

1. 面向全体学生，制订个性化学习计划，强调学生的需要和兴趣。

2. 根据学生的学习兴趣建立不同的学习社区，社区保持积极向上的气氛。

3. 每个学生的学习空间能够连接网络，进行网上学习。

4. 教师每天为学生辅导项目进度，并且每个指导教师不能超过 20 名学生。

5. 学生每天有固定的时间进行阅读学习。

6. 当学生在自我导向和基于项目的学习中，最大限度地为社会奉献时，学生能体验到公民的价值。

7. 到公共场所展示项目结果。

8. 评估项目由 1 个以上的成人组成，学生有机会提高产品质量以达到质量标准。

9. 测试标准，包括个性化的学习计划的结果和持续性的改进。

10. 所有学生为以后的教育、工作和成为积极的公民做准备。[1]

（四）单元重组策略

传统教学以知识为线索，一个知识点一个知识点地教，重知识分解而不是整合，这种碎片化的知识教学会导致教学目标的窄化、浅化与孤化。以知识点为目标，看到的只是知识与技能；以单元为目标，看到的才是学科育人的价值观念、必备品格和关键能力。然而，掌握知识与技能只不过是学习的阶段性目标，是通向素养的手段，不是教学的最终目的；以素养为目标的教学需要立足单元，上接学科核心素养，下连知识点的目标或要求。

深度学习以素养为目标，可以围绕学科的核心内容展开，需要对学习内容进行结构化处理剖析，从学习单元的角度来思考知识点，组合学习内容，一体化设计单元教学方案，使学习过程更加系统和完整。马云鹏（2017）在理解深度学习的内涵和深度学习的研究实践的基础上，建立基于数学学科开展深度学习教学设计的一个实践模式，即学习单元的选择、单元内容的整体分析、单元整体目标和探究主题的确定、教学策略与方法的选择、持续性评价设计、教学实施与反馈。[2]

卢明（2020）指出深度学习的单元以“大任务、大观念、大问题、大项目”的名义来组织或结构化要学的知识、技能、问题、情境、活动、评价等，使之成为一个完整的学习故事或事件，单元设计包括单元主题、学习目标、评价任务、学习过程等环节。他还明确深度学习教学方案设计时要转变立场、转变视角、采用单元设计、重视学后反思，实现从知识到素养的进阶。徐晓良（2020）提出可以从三个维度对教材单元进行重组：一是横向整合。结构化把握教材，丰富学生思维的厚度；二是纵向重构。递进化把握教材，拓展学生思维的深度；三是生长拓展，延伸学生思维的宽度。

（五）阶段教学策略

马玥聪（2019）将促进学生深度学习的数学教学分为五个阶段：指向深层内涵的课程解析阶段、指向认知发展的学生评估阶段、指向深度学习的理

[1] Project-Based Learning[EB/OL].[2014-12-10].http://www.edutopia.org/project-based-learning.

[2] 马云鹏 . 深度学习的理解与实践模式——以小学数学学科为例 [J]. 课程 · 教材 · 教法，2017,37(4): 60-67.

解性学习阶段、指向高阶思维的学习反思阶段和指向理解水平的效果评价阶段（见表5）。

表5 阶段教学策略表

教学阶段	教学策略
指向深层内涵的课程解析阶段	理解数学的本质
	整体解读数学教材
指向认知发展的学生评估阶段	分析学生认知起点
	预测学生学习效果
指向深度学习的理解性学习阶段	以问题导学为载体的任务驱动
	以批判质疑为特征的探究学习
	以有效迁移为前提的合理建构
	以明晰本质为目标的变式拓展
指向高阶思维的学习反思阶段	培养学生数学反思能力
	养成良好数学思维习惯
指向理解水平的效果评价阶段	建立评价标准
	进行持续评价

（六）深度学习路线

Eric Jensen 和 Leann Nickelsen 所著的《深度学习的7种有力策略》，勾勒出 Deeper Learning Cycle（DELC），即深度学习路线，其主要内容见表6。

表6 深度学习路线

深度学习的7种有力策略	内容
设计标准与课程	合乎发展、有意义的课程、信息组块、课时量、要点问题
预评估	了解各个学生、教学单元预评估、个体目标预评估
营造积极的学习氛围	安全、令人鼓舞的环境，学生间的积极关系，师生间的积极关系，学生受益的氛围
预备与激活先期知识	预备与酝酿、提问、发现和讨论、形成连接
获取新知识	了解段落和主要构想，了解精简内容，教师准备工作，学生探究与学生分析，书籍、课本、期刊、网络探求、录像带、电视、客座演讲
深度加工知识	精细和有效加工的领域：1. 觉知；2. 分析到综合；3. 应用；4. 同化
评价学生的学习	反馈、注释、掌握、学生的想法、同伴反馈、自省

（七）美国SDL项目实验学校深度学习策略

美国SDL项目实验学校中采用的深度学习途径大致分为两个，一是重塑课堂教学设计，二是变革学校结构与文化。主要从“教学目标、课程开发、课堂教学、教学评价”四个方面来重塑课堂教学设计。通过“灵活安排课时、开设咨询课、支持个性化学校文化的发展”等方式来变革学校结构与文化。美国 SDL 项目实验学校中采取的深度学习的教学策略如图 5 所示。[1]

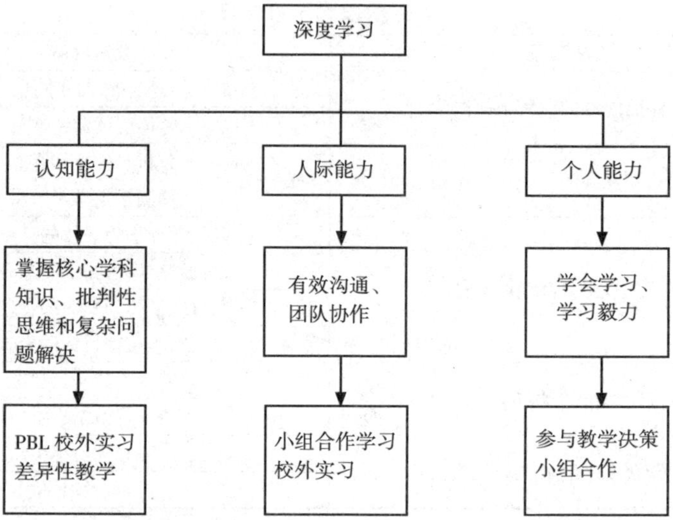

图 5 美国 SDL 项目实验学习的深度学习策略

（八）其他深度学习策略

何玲和黎加厚（2005）提出三种促进学生深度学习的策略：一是基于问题的学习，此种教学模式是指教师可将本节课的重难点设计为一个问题，让学生通过解决此问题来开展学习；二是任务驱动式学习，其指教师根据所学内容设计一个学习任务让学生自己去研究，通常以小组合作的方式进行；三是过程性评价，可以采用成长记录表、档案袋这种过程性评价方式对学生学习进行评价。穆姿秀（2016）认为深度学习的思想成为教师进行教学设计的基点，为课堂教学促进学生发展提供了新的科学支点，也是观察课堂的依据和评价课堂教学效果的标准，她认为深度学习的课堂指标主要体现在知识、思维和关系深度三个方面，并且提出了促进学生深度学习的课堂教学策略：关注品质，养成深度学习习惯；整合内容，引导学生批判建构；突出问题，引发学生自主思考；创设情境，引导学生感受体验；巩固经验，引导学生总结反思。[2]

[1] 舒兰兰，裴新宁．为深度学习而教——基于美国研究学会“深度学习”研究项目的分析 [J]. 江苏教育研究，2016(16):3-7.

[2] 穆姿秀．深度学习理念下的课堂教学策略探索 [J]. 课程教育研究，2016(8).

曾家延（2017）提出四种深度学习可能的培养路径：设计促进高阶思维习得的学习目标，转化教师和学生在教学过程中的迷失概念，设计有真实性、挑战性、合作性的学习任务，关注指向过程性、理解性、自主性之结果的评价。陈静静、谈杨（2018）提出促进小学生深度学习的课堂变革方案：首先，确立保障每一位学生都能投入深度学习的课堂愿景；其次，营造轻松润泽的课堂氛围；最后，进行高品质的学习设计。傅竹伟（2013）探讨了高中物理学科中培养学生深度学习的要求，包括多层次掌握物理知识点、将理论知识与物理实验相结合、关注物理思维能力的培养、注重物理知识的内在联系性、培养物理知识综合运用能力等特征，并且阐述了高中物理教学中促进学生深度学习的策略，包括充足的教学准备、有效的教学实施、科学的教学评价。

刘广民（2019）从六个维度总结出深度学习的立体结构课堂构建应该做到以下几点：目标管理情知化、知识关联结构化、活动设计立体化、练习变式变构化、迁移应用情境化、评价反馈系统化。[1]

总的来说，国内对深度学习的研究起步于黎加厚教授对深度学习的描述，此后我国学者开始关注深度学习，并且在内涵、特征、策略等方面展开研究，但多停留在理论层面，对课堂方面的实证研究还相对较少。对于小学阶段数学如何促进学生的深度学习的发生，如何选用策略帮助学生真正理解知识、理解数学、提升能力、培养六大核心素养则需要数学“好活动”的帮忙。

正如郑毓信教授指出的，“数学学习不应停留于‘动手’，而应更积极地去思考；我们不应满足于一知半解，而应通过长时期思考想得更清晰、更深入、更全面、更合理；我们不应局限于按照别人的指引去学习，而应主要通过自己的总结和反思不断上升到更高的层面”。[2] 深度学习的核心不应停留于单纯数学基础知识和数学基本技能的学习，而应通过具体知识内容的学习促进学生自身思维的发展，由“理性思维”逐步走向“理性精神”，在这个思维转化的过程中离不开“好活动”的助力。

培养学生的数学核心素养，显然靠浅层次的课堂教学是无法顺利完成的，只有通过恰当的引导，启发学生深入思考，不断提升课堂教学的品质，丰富课堂教学的思想内涵，真正形成有效的数学“好活动”，才有可能在提升学

---

[1] 刘广民．基于深度学习的立体结构课堂探索 [J]. 大连教育学院学报，2019(4).

[2] 郑毓信．以“深度教学”落实数学核心素养 [J]. 小学数学教师，2017(9):4-10.

生的数学核心素养方面逐步获得进展。[1]

因此，在教学中如何通过适当的提问，特别是启发性的问题，将学生的思维引向深入，则是“好活动”需要解决的核心问题。也正因此，这一方法不仅应当被用于具体的解题“好活动”，也应体现于全部的数学学习活动，特别是学生已经对数学知识有了基本的了解和掌握，通过“好活动”帮助学生养成自我提问与自我促进的良好习惯。正如吴正宪老师所指出的：我们应当“让思维在‘问题链’中‘浅入深出’”，即应当通过适当的“问题链”将学生的思维逐步引向深入。[2]我们希望能通过数学教育目标为大多数学生在离开学校以后留下更多、更有价值的东西，[3]而这正是我们深度学习的目标，数学核心素养的要求，“好活动”的设计意图所在。

四、好活动促进深度学习发生

随着科技信息时代的迅速发展，知识更新速度的加快，深度学习的重要性越发凸显。而设计好活动的最大意义在于它促进了学生的数学深度学习。马云鹏教授指出“小学数学深度学习”是以数学学科的核心内容为载体，以提升学生的综合素养为目标，整体分析与理解相关内容本质，提炼深度探究的目标与主题，了解学生学习特定内容的状况，通过精心设计问题情境，引发学生的认知冲突，组织学生全身心参与学习活动，围绕具有挑战性的学习主题深度探究，使学生体验成功的、获得发展的、有意义的学习过程。[4]由此可见，设计好活动可以促进学生深度学习，对于教师培养适应未来发展的人也起到了极为重要的作用。

（一）好活动促使学生积极主动地探索发现，引导学生深度思考

深度学习强调学习的高投入性和沉浸性，[5]关注学生进行主动的认知处理。小学生活泼好动，他们乐于且善于学习自己有浓厚兴趣的知识。教师根据学习内容的特点、教学目标的要求、学生思维的发展状况适时创设好活动，

---

[1] 夏海莲，吴登文．在深度教学中培养学生的数学核心素养 [J]. 小学教学：数学版，2017:19.

[2] 吴正宪，张秋爽．“儿童数学教育”的追寻——理解儿童 理解数学 [J]. 小学数学教师，2016(12).

[3] 郑毓信．“数学深度教学”十讲之二——“数学深度教学”的具体涵义 [J]. 小学数学教师，2019 (9).

[4] 马云鹏．深度学习的理解与实践模式——以小学数学学科为例 [J]. 课程·教材·教法，2017, 37(4): 60-67.

[5] 印锦松．深度学习是提升数学核心素养的有效途径 [J]. 高中数学教与学 [J].2019(6):15-17.

引导学生积极体验，将所学知识与情境建立联系并实现知识的迁移。好活动的设计符合小学生心理和思维特点，建立在学生已有的知识和经验之上，贴近学生生活，且给予学生足够的自主发挥的时间与空间，通过独立思考、小组合作等不同形式来交流学习，更容易激发学生学习的兴趣。且好活动创设知识发生的情境，让学生在活动情境中遇见知识的本质与意义，促进其学习的动力主要来源于自身的内驱力，进而使学生全身心地投入其中，引导学生深度思考。

（二）好活动使学生将实践与思考有机融合，促进知识深度感知

好活动的活动方式多种多样，实验、制作、游戏等，在小学数学学习阶段主要以操作实践为主。操作实践是一种活动经历，这种经历包括两个方面的内容：一是实践体验，属于感官上的；二是感悟思考，属于思维上的。单纯的实践体验并不能完全达成教学所安排的活动目的。要让操作活动的深度带动学生思维的深度，就应当是动手与动脑的统一，实现行与思的深度融合。好活动使学生在操作体验中感悟思考，在感悟思考的指引下对操作活动进行再加工，促进思与行有机融合，实现学生对知识的深度感知。

（三）好活动中的交流互动促进学生在课堂中深度对话

好活动的实施主体是学生，学生在探索活动中不断地交流互动。交流互动的形式多样，学生个体之间、小组群体内部、组际之间、班内互动等交流方式，更有效地体现学生学习的主动性，突出了学生作为学习主体的核心地位。好活动注重调动学生的积极自主的学习兴趣，给予学生更多的课堂发言权，建立师生对话的和谐、平等、良好氛围，学生在师生互动、生生互动之间双向交流，进行情感的沟通、智慧的碰撞，促进课堂教学的有效进行。更重要的是学生一边实践探索，一边交流分享，彼此在不断质疑、反复修正中慢慢向真理靠近，最终收获知识，达到活动目标。这样的学习过程使学生对知识印象深刻，理解深刻，激发了学生在课堂中的深度对话。

（四）好活动结构由浅入深，学生逐级递进，实现知识深度建构

好活动中确定的学生最终要解决的核心问题，通常要遵循“让学生跳一跳才能摘得到”的原则，给予学生探索发展的空间。这就意味着核心问题的确定一方面要符合学生“最近发展区”的认知规律，另一方面，这一问题对学生来说应该具有一定的挑战性。自主探索是学生数学学习的重要方式之一。在探索过程中，我们总是遵循着循序渐进的原则，由低到高分层实施，逐步推进。其实，我们在设计每层高度的时候，这个“度”就是十分关键和重要的。我们都知道挑战总会伴随着失败，明白“千锤百炼”的道理。[1]好活动的设计关注学生学习的层次递进，为学生创建阶梯式的问题支架，帮助学生一步步地由未知走向已知，在原有知识经验基础上建构新的知识结构，使学生对问题的认识不断走向深入，使学生经历由浅入深的学习过程，实现知识深度建构。

深度学习是一种课堂教学改进的理念，学科核心素养的形成与获得依赖深度学习，它旨在引发学生积极主动地参与学习过程，深度探索学科中的关键问题，使课堂教学中的学习真正发生。[2]基于“深度学习”视角，在小学数学教学中，优化学生数学学习活动，能够积淀学生数学基本活动经验，发展学生数学核心素养。“活动”是学生的经验建构方式，也是小学数学教学的主要展开方式，在某种程度上，活动的深度决定学习的深度。在数学教学中，教师不能为了活动而活动，而应在整体理解学科核心内容和学生已有知识经验的基础上完成活动设计，学生在理解掌握核心内容的同时发展高阶思维与核心素养。实现学生深度学习，归根结底要通过教师深度教学来实现，由此我们开发设计“好活动”，引领学生开展深度学习。

---

[1] 金永梅 . 活动的深度决定学习的深度——对小学数学深度学习的几点认识 [J]. 课程・教材・教法，2019(22):9-10.

[2] 马云鹏 . 小学数学深度学习教学设计从何做起 [J]. 福建教育，2020(5):32-35.

第三节　小学数学好活动设计思考

随着新一轮数学课程改革的推进和深化，数学课堂教学从内容到形式都发生了深刻变化，数学活动在课堂教学中受到重视，强调从学生已有的生活经验出发，让学生亲身经历将实际问题抽象成数学模型并进行解释与应用的过程。其实，数学课堂中引进“活动”是基于三个方面的考虑：第一，在数学方面，活动试图破除数学知识的抽象性，让数学知识成为具体的、可感触的知识；第二，在学生方面，活动试图增强学生在课堂中的主体性，让学生的学习过程成为一个主动建构的过程；第三，在教师方面，活动试图遏制教师在课堂中所具有的知识权威地位，让教师成为学生学习的辅助者。[1]

数学活动是课改的一个重要特征，因此教师们都在积极尝试着开展数学活动，但是存在不同教育对象与知识内容盲目活动的现象。事实上，活动的目的不仅在于得到一个正确的结论，更主要的是让学生通过操作活动，了解探究事物的过程和步骤，学会和掌握探究事物的方法。教师要关心的不只是每一个探究小组或每个人是否都对所探究的问题得到了一个结论，还要关注探究活动的全过程是如何进行的，遇到过什么样的困难，他们又是如何解决这些困难的。[2] 已有研究表明，数学基础知识和基本技能的有效学习，常常是建立在数学活动经验基础上，是以学生创造经验、积累经验、领悟经验、反思经验、丰富经验、改造经验为目的的学习，特别是对以符号化、逻辑化的数学知识的学习是个体在已有的经验基础上的主动建构，是学生通过数学活动经验来建构对数学对象的理解的学习。

本研究在单元建构的基础上，选取核心课例，设计“好活动”，引领学生开展深度学习。它指向学科核心素养，是在数学教学中教师综合教学内容的特点和学生学习的起点，选取恰当的学习资源，精心设计的学习活动，以此驱动学生自主探究、合作交流，让学习在课堂中真实有效地发生。

[1] 潘小明．数学活动：理解及教学 [J]. 江西教育科研，2006(3):14-16.

[2] 黄翔，童莉．获得数学活动经验应成为数学课堂教学关注的目标 [J]. 课程·教材·教法，2008(1):40-43+91.

一、好活动的设计框架

《义务教育数学课程标准解读》提出“数学活动就是学生主动学习数学知识，发现探索、理解掌握和灵活运用数学知识的活动”，是“经历数学化过程的活动”，是“学生基于教材内容，在教师的指导下结合已有的认知结构重新构建数学知识的活动”。好的数学活动应该是具有数学意味的能够引发学生深度思考的活动，富有挑战性的学习活动，反映学生高阶思维的活动，给学生自由真实表达空间的活动。

（一）好活动的基本框架

如何设计一个好的数学活动呢？教师必须深入分析和理解所学的内容，聚焦学习的主题，分析学生学习该内容的基础与学习过程中可能的表现，在内容理解和学生理解的基础上，确定有针对性的、多元的、体现高阶思维和核心素养的活动目标，[1] 创设真实的活动情境以及明确学生开展探究活动要解决的核心问题。基于此，我们确定了“好活动”设计的基本框架：一是背景分析，包括学习内容分析和学生情况分析；二是活动设计，包括活动目标、活动情境、核心问题、活动方式、活动时间和学习单；三是活动实录，主要记录学生活动过程中的典型表现；四是评价反思。针对活动设计，我们需要注意的是：

1. 活动目标：根据本节课教学目标，制定学生通过活动要达成的目的。

2. 活动情境：根据教学内容，创设适合学生知识经验水平的问题情境。

3. 核心问题：学生在活动情境中通过观察发现并提出聚焦的问题。

4. 活动方式：根据以上三要素教师指导学生选择合适的学习方式，如实验、游戏、小制作等。

5. 活动时间：学生的活动情境会给予学生一定的时间与空间进行探索发现，但不是没有限制的发挥，教师根据活动难度帮助学生设定合适的活动时间。

6. 学习单：帮助学生梳理知识形成的过程，反映学生的思维足迹。

（二）活动设计的关键要素——核心问题

研究过程中，我们发现教师们重视问题的设计，但更多的是在提问的技巧性、问题指向的精确性上下功夫，所以导致我们看到课堂上所提问题琐碎、

[1] 马云鹏．小学数学深度学习教学设计从何做起[J]. 福建教育，2020(5):32-35.

学生思维被动。适宜的核心问题是开展深度学习、培养学生核心素养的必要条件，通过牵一发而动全身的核心问题，给予学生更多的时间和空间去思考、讨论和表达，起到“一问抵多问”效果，应该是我们教学中必须努力实践的。核心问题应该具有思维挑战性，没有挑战，就没有思维的“压迫感”，深度思考与深度学习就难以发生。[1]

“好活动”中的“核心问题”是指诸多数学问题中相对具有思维价值、最利于学生提高思考技能、最能揭示数学本质的问题。它能整合教学内容的关键和重点，并派生出与之相关的其他问题，具有一定的生长性和自由度，能够给学生独立思考、主动探究留下充分的时间和空间，引领学生的思维活动聚焦于数学本质，促进学生深度数学学习。[2] 问题情境一般会引出一个“大问题”，大问题一般不会一个回合就解决，往往会分解为“问题串”，在解决了一个问题后，又会提出新的问题，在不断解决问题的过程中，使“大问题”得到最终解决，实现深度学习追求的知识技能与思考能力两个维度的核心目标。[3]

心理学研究也表明：学习内容与学生的生活背景越贴近，与学生的认知水平越适应，越能诱发学生提出问题的心理倾向，越能增强学生提出问题的意识，进而发现问题、提出问题。[4] 学生在生活中逐渐积累的常识与经验是学习数学的基础，发现和提出问题需要这些背景性和经验性的感知认识作为支撑。好的教学情境往往会融合生活实际，从生活中常见的现象出发来选择教学素材，把数学内容转化为学生熟悉和理解的生活情境，让学生真实地感受到数学与现实世界的联系，激发学生的学习兴趣，从而促使学生积极探索、主动地投入数学学习中，发现并提出生活中往往被我们忽视或者没有深入思考过的、有研究价值的问题，帮助学生学以致用，体会学习数学的价值所在。

二、好活动的设计思考

（一）认知冲突性的教学情境有助于核心问题的确立

好的教学情境往往很有趣，吸引学生注意力，而“有趣”有时来源于教

[1] 张齐华．好问题：揭开深度学习的密码 [J]. 教育视界，2019(4):25-27+24.
[2] 马华平．核心问题引领，在深度学习中逼近数学本质 [J]. 数学教学通讯，2019(16):47-48.
[3] 马云鹏．深度学习视域下的课堂变革 [J]. 全球教育展望，2018，47(10):52-63.
[4] 崔永红．精心创设情境，培养学生发现、提出问题的能力 [J]. 教材教法，2020,23-28.

学情境中蕴含的信息与我们的日常生活中积累的知识与经验不符，对于学生来讲存在认知冲突，容易产生疑问。教师在新课导入时，可以创设使学生产生认知冲突的情境，设置一定的悬念，引发学生思考，小学生的好奇心理很强，这样的情境可以激起学生一探究竟的求知欲，诱发学生自主学习，激发学生主动去揭晓答案的意识，从而促进学生不断地在情境中观察、探索，发现和提出问题。

（二）具有可操作性的教学情境有助于核心问题的确立

《课标（2011 年版）》指出：动手实践，自主探索，合作交流是学生学习数学的重要方式。儿童的思维是从动作开始的，切断动作与思维的联系，思维就得不到发展。[1] 所以动手操作是学生学习数学的重要方式，好的教学情境重视引导学生运用手、脑、口等多种感官参与学习活动，常见的游戏、实验、小制作等都是很好的具有可操作性的教学情境，学生在实践中感知、理解、思考、探索，也在操作实践中发现和提出问题。

（三）系统、整体的教学情境有助于核心问题的确立

系统论认为，系统地组织起来的材料所提供的信息，远远大于部分材料提供的信息总和。创造心理学也认为，新的发明创造主要取决于整体性的认知框架的转换，而整体性认知框架的形成则在于对象整体性的把握。[2] 好的教学情境中，教学环节之间存在连贯、递进的关系，具有一定的系统性、整体性，学生始终身临其“境”，情境带领学生由浅入深，层层深入，在系统的情境中整体感知和把握知识走向，也有利于学生形成对知识的整体把握。

总之，借助教学情境确定具有研究价值的核心问题，不仅可以激发学生的学习兴趣，引发数学思考，还能促进学生积极主动地进行科学探究，深度学习，进而培养和提升数学素养，确立核心问题在好活动设计中具有重要意义。

三、好活动案例概述

我们认为小学数学好活动应该是撬动整节课的一个支点，它可以使学生由“身入”到“深入”，是可以实现深度思考配额的有力支撑，是培养核心素养的有效途径。一节课的教学活动肯定不止一个活动，而是一串连续性的、

---

[1] 高瑞兰 . 学生发现和提出问题能力的培养 [J]. 教学研究，2018(3):76-77.

[2] 崔永红 . 精心创设情境，培养学生发现、提出问题的能力 [J]. 中学数学，2020(1):23-28.

序列化的活动组合，如何从整个“教学活动”中剥离出来一个“好活动”是我们在研究和撰写过程中一直思考的问题。我们教师要避免“以活动论活动”，而这个“好活动”必须立足“这节课”“这个单元”，甚至是“这个领域”，比如在学习“圆柱（圆锥）的认识”之前，学生对图形（平面图形、立体图形）的学习经历了什么，到了这里的生长点在哪儿，在整个单元的学习中，它可以起到什么渗透或牵引，在整节课学习中，我们要设计的这个活动起什么作用，等等。基于这样的思考，我们团队共同开发设计了 34 个活动案例，它们涉及“数的认识”“数的运算”“解决问题”“图形的认识”“图形的测量”等多个板块。我们更希望借助这些案例引领广大教师深度思考和变革自己的课堂。

第二部分

好活动设计

由“根”到“捆” 以“一”当“十”

——《10的再认识》学习活动设计与分析

北京市通州区贡院小学 吕淑红

一、背景分析

《课标（2011年版）》中关于“数的认识”指出：（第一学段）能说出各数位的名称，理解各数位上的数字表示的意义；知道用算盘可以表示多位数。（第二学段）在具体情境中，认识万以上的数，了解十进制计数法，会用万、亿为单位表示大数。从上面的要求可以知道，小学两个学段在“数的认识”中都涉及数位，理解数位的核心是理解“十进制计数法”的准则，准确地把握“数位”的概念不仅对于认识数是重要的，对于数的运算也是非常重要的，这个概念贯穿小学“数与代数”学习的始终。[1]因此，在数概念建立的过程中，如何突出对数位、计数单位、位值制、十进制计数法等核心概念的理解，是小学数学教师必须认真思考的问题。

（一）学习内容分析

自然数概念的建立是小学阶段的重要教学内容之一，教材对这一内容的安排是循序渐进的，从10以内数的认识、11~20各数的认识、100以内数的认识、万以内数的认识一直到亿以内数的认识，学生随着不同阶段的学习将不断深化对自然数概念的理解。《11~20各数的认识》是10以内数的认识的延续，也是认识更大自然数的基础，是学生数概念形成过程的一次突破，也是学生认数过程中的一个重要节点。

众多版本教材对“10的再认识”这一教学内容都编排在一年级上册《11~20各数的认识》或《加与减（二）》这一单元的第一个例题中，人教版、北师大版、苏教版教材是把它与11~20各数的组成编排在一起，唯独京版教材把“10的再认识”（也就是认识数位）单独编排在第一个例题中，这正好说明“十”

[1] 史宁中.基本概念与运算法则[M].北京：高等教育出版社，2013:177

这个计数单位的重要性，它既是理解位值制计数法的重点，也是第一个最能明显体现“数位”这一概念的数。因此，给学生提供充分的探究空间，理解新的计数单位“十”，体会“一”和“十”之间的十进制关系是本节课的教学重点与关键。

（二）学生情况分析

一年级学生在入学前，就会1个1个地数10或20以内的数，甚至是100以内的数，能掰手指计算10以内的加减法，少数孩子还能计算20以内加减法。在本节课教学前学生还学习了10以内各数的认识及加减法（一），看上去本节课的内容对于学生来说并不陌生。但是，10是一个特殊的数，既是计数的结果，又是计数单位，那么，学生对于“十”这个计数单位和数位的了解到底有多少呢？课前我对10名学生进行了访谈，访谈题目如下：

1. 请你数出小棒的根数（20根小棒）。除了这种数数的方法，你还会几个几个地数？

2. 观察田字格里的0 ~ 9及10这些数，0 ~ 9都是只用一个数字表示，10为什么用两个数字表示呢？

调研结果：

第一题：10名学生中有7人开始都是1个1个地数出正确的根数，当老师追问“你还会几个几个地数”时，5人是2个2个地数出正确的根数，2人是5个5个地数；10名学生中有3人开始是2个2个地数出正确的根数，当老师追问时，2人是5个5个地数的，1人是10个10个地数的。

第二题：10名学生中有9人表示大人怎么教自己就怎么写了，只有1人说“1”是十位的数，“0”是个位的数。

通过调研结果可以看出，学生虽然知道数数的方法有多种（1个1个、2个2个、5个5个、10个10个……）但由于很少接触数大量物体个数的问题，没有体验过按群计数的简捷，因此，他们数数时仍然用1个1个或2个2个的数数方法。虽然学生都会正确地书写10，但多数学生没有关注到“10的表示”与0 ~ 9这些数有何不同，只是家长或老师怎么教就怎么写，更不知道10为什么用以前的数字1和0来书写，缺少对数学抽象的深层次关注。因此，让学生感受“按群计数”，体会以10计数的合理性是理解新的计数单位“十”、渗透数学抽象思想的关键。

我的思考

“10的再认识”是一节数概念课，很多教师执教时都是引导孩子从1个一根小棒数到10个一根，再让孩子把10个一根捆成1捆并告知“10个一就是1个十”。这样的教学，孩子没有体会到按群计数的必要性，更不可能知道以“十”计数背后的道理。因此，本节课如何把学生只是从计数的角度认识10过渡到把10作为一个计数单位进行再认识，我有了以下几点思考：

1. 关注学生“数数”的经验，让学生经历“1个1个地数—2个2个地数—5个5个地数—10个10个地数”这样一个过程，体会由逐一计数到按群计数的重要性，感受以“十”为单位的计数方法。

2. 小学低年级儿童以具体形象思维为主，他们对“计数单位”“十进制计数法”等抽象的核心概念难于理解。因此，教学中要为学生提供丰富的实例及直观材料，让学生充分借助直观体验来理解抽象的计数单位“十”，体会“一”和“十”之间的十进制关系。

3. 各个版本教材把“10个一是1个十”的概念都安排在《11～20各数的认识》或《加与减（二）》这一单元中，这样编排是为了突出“十”为单位计数的优越性。因为建立“十”这个概念需要借助学生已有知识经验——11、12、13等数摆法的不同，引导学生在比较中真切体悟到计数单位“十”的优越性及计数单位“十”产生的必要性。同时借助小棒图帮助学生建立计数单位“十”的清晰表象，初步渗透十进制思想。

基于以上分析，这节课我设计了结合生活实例，初步感知“十”到摆小棒，体会以“十”为单位计数的优越性，建立十进制关系到在看、辨、拨中建立“个位”“十位”的概念，进一步感受位值这样三个主要活动任务。理解新的计数单位“十”，体会“满十进一”是这节课的教学重点与关键，因此，下面主要阐述第二个环节设计的活动及开展情况。

二、活动设计

（一）活动目标

通过“摆一摆、说一说、比一比”等活动，建立“10个一是1个十”的概念，初步体会十进制。

（二）活动情境

数出桌上小棒的根数（11根），再借助手中的小棒摆一摆，想个办法让别人很快就看出是11根小棒。

（三）核心问题

当小棒的根数满“十”时，怎么办?

（四）活动方式

独立思考、动手实践、合作交流。

（五）活动时间

独立思考、动手实践，全班交流大约20分钟。

（六）学习单

学习任务单

1. 先想一想，怎样摆这些小棒，让别人很快就能看出是11根，再动手摆一摆。

2. 观察黑板上同学的摆法，你能看懂吗？先独立思考，再与同桌交流。

三、活动实录

（一）活动前

学生用不同的方法数出一盒冰激凌、一盒小印章、一包铅笔的数量，在思考“数完了这些物品，你有什么发现？”的问题中揭示课题“10的再认识”后，引出摆小棒的活动要求。

【设计意图：学生在看一看、数一数、想一想活动中，体会生活中有很多物品都是10个10个地包装在一起的，初步感受计数单位“十”。】

（二）汇报交流

师：刚才同学们想到了很多的办法，老师搜集了一些并标上了序号，下面请第一种摆法的同学来说一说。

①

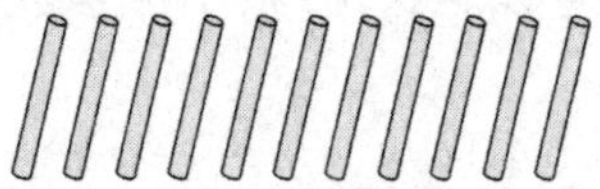

生1：我是1根1根地中间空一点儿位置摆的。

师：哦，他是1根1根地数出共有11根小棒。那第二种摆法是怎么数的呢？

②

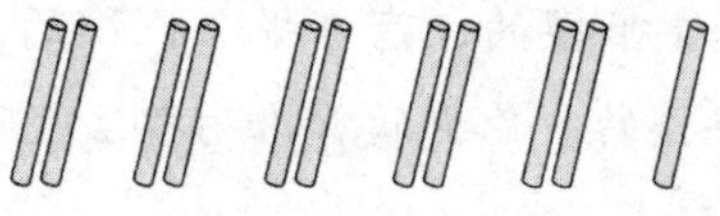

生 2：我是 2 根 2 根数的，2、4、6、8、10，再加上最后的 1 根一共是 11 根。

师：你说得真清楚！谁还是这样数的？（部分学生举手）快来看看第三种摆法是谁的。

③ 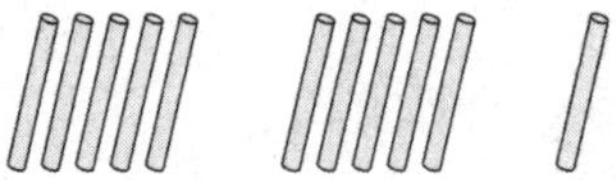

生 3：我的是 5 根 5 根数的，5、10，再加上最后的 1 根一共是 11 根。

师：哦，她是 5 根 5 根数出有 11 根的，快看，第四种又是怎样表示 11 的呢？谁看懂了？

④ 

生 4：把 10 根小棒放在一堆儿，旁边放 1 根，这样来表示 11。

生 5：把 10 根零散的小棒变成了一个整体的“十”，再加上旁边的 1 根来表示 11 根。

师（演示课件，见下图）：一个整体的“十”，说得太棒了！这个同学摆出的小棒就像 10 个冰激凌装成一盒、10 个小印章装成一盒、10 支铅笔包成一包那样，把 10 个一变成了 1 个整体，是 1 个几？（1 个十）

师：为了方便，我们可以把这 10 根小棒捆成一捆，当我们捆起它的时候，一定是几根？

生：10 根。

师：大家发现了吗？不管我们怎么摆，最后都是多少根？

生：11 根。

师：只不过有 1 根 1 根摆的，有 2 根 2 根摆的，有 5 根 5 根摆的，还有同学是 10 根和 1 根这样摆的，你更欣赏谁的摆法呢？

生打手势选择。

师：谁来说说理由？

生 1：我觉得 2 根 2 根地摆方便数。

生 2：我觉得 5 根 5 根地摆数得更快，5+5+1=11。

生 3：我觉得 1 个十和 1 个一这种摆法一眼就能看出是 11，最快。

师：看来大家各有想法。不急，咱们来玩个比眼力的小游戏，只给 2 秒钟时间，然后快速说出小棒根数。

课件出示：

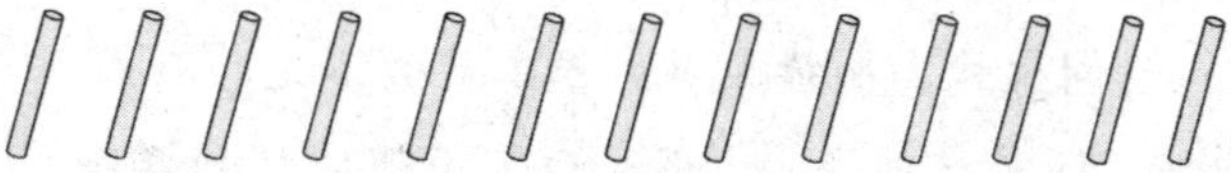

生 1：11 根。

生 2：12 根。

生 3：13 根。

生 4：没看清楚，不确定。

师：说不出来没关系，还是这些小棒，我们改变一下它们的摆法。

课件出示：

生（异口同声）：13 根。

师：这次说得真快，答案都是 13。为什么？

生 5：这样摆放正好是 1 个十和 3 个一，是 13。

师：大家同意吗？再来比一下。

课件出示：

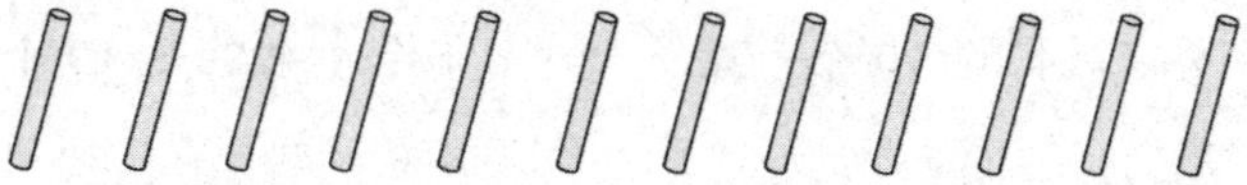

生答案不一，个别说没数完，不确定。

课件出示：

生（异口同声）：12 根。

生 6：这样摆放正好是 1 个十和 2 个一，是 12。

师：再来看一组。

课件出示：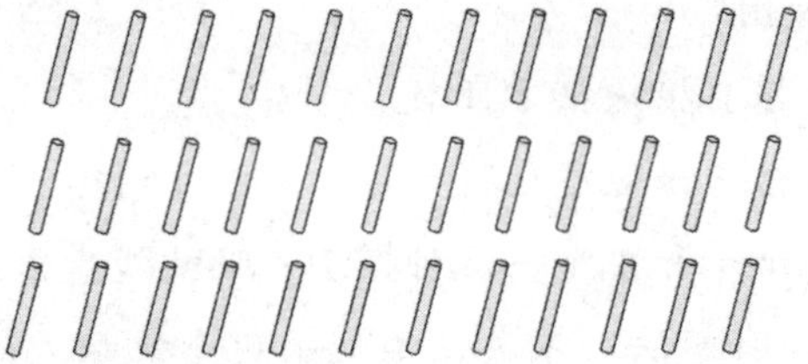

2 秒钟后，没有学生说话了。

师：怎么没人说数了？

生 7：时间太快，小棒太多，根本就数不完。

师：哦，还是这些小棒，我们改变一下它们的摆法。

课件出示：

生（异口同声）：36 根。

师：刚才我们做了 3 次比眼力游戏，你有什么发现？

生 1：我发现小棒多了的时候 ，1 根 1 根地数就太慢了，按几个十几个一那样数快。

生 2：当小棒够 10 根时，就捆成一捆变成 1 个十，数起来就简单了。

师：1 根小棒表示 1 个一，10 根小棒表示 10 个一，今天我们把 10 根小棒怎么样了？

生：捆成一捆。

师：就这么一捆，就变成了一个整体——1 个十，1 个十里有几个一？

生：10 个一。

师：所以我们说 10 个一是 1 个十，1 个十也就是 10 个一。

四、评价反思

教材上都是把 10 根小棒捆成一捆，为什么不能 2 根或 5 根捆成一捆呢？不少学生都会产生这样的疑问。其实，2 根 2 根数、5 根 5 根数都是可以的，但现在计数采取的是十进制，教师在上面的活动中巧妙地创设“怎样摆这些小棒，让别人一眼就能看清是 11 根”的问题情境，部分学生在问题的驱动下自然就想到了按群计数的方法，在众多方法的比较中，部分学生认可第四种摆法，初步感受到按群计数的必要性。后面的“比眼力”游戏，学生进一步体会这种摆法的优越性，学生在比较交流中真切体悟到计数单位“十”的优越性及计数单位“十”产生的必要性。同时借助小棒帮助学生建立计数单位“十”的清晰表象，初步渗透了十进制思想。

在后一环节的教学中，学生通过观看古人用大石头、小石头计数，辨“有两颗完全一样的珠子，能不能想办法让别人一眼就能看出谁表示 1 个十，谁表示 1 个一”的问题后，再看老师在数位下面书写10时(见右图)发出了感叹——哦！10 原来是这样来的。这声感叹不仅表明学生知道了 10 与前面学习的 0 ～ 9 这些数的不同——“十”不光表示一个数，它还是一个计数单位，从而初步体验了十进位值制的作用和价值，渗透了抽象的数学思想。

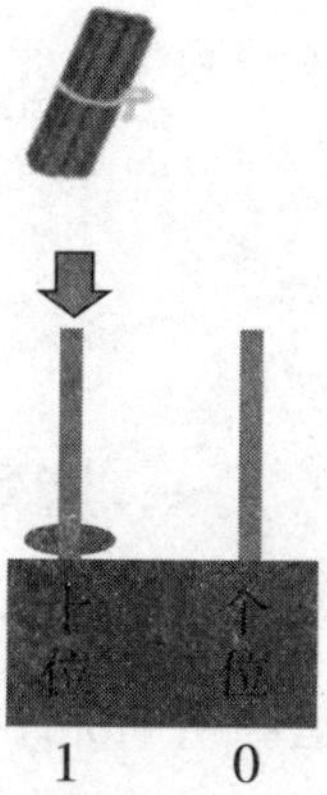

“数”出数感 “悟”出本质

——《千以内数的认识》学习活动设计与分析

北京市通州区宋庄镇中心小学 纪艳霞

一、背景分析

《课标（2011 年版）》中提到：“数感主要是指有关数与数量、数量关系、运算结果估计等方面的感悟。” 曹培英老师将“数感”阐释为“是关于数的感觉和理解”。建立“数感”有利于学生理解现实生活中数的意义，理解或表述具体情境中的数量关系，“这种感觉可以帮助学生灵活地运用数和驾驭数”。但感觉可意会不好言传！如何帮助学生建立“数的真感觉”？答案毋庸置疑——借助直观。借助直接观察、直观感知的学习材料，在多重有效活动中产生感觉，继而培养学生“数感”是教与学中的不二选择。

（一）学习内容分析

对于整数的认识，现阶段小学教材编排呈阶梯式逐步上升。（见下图）

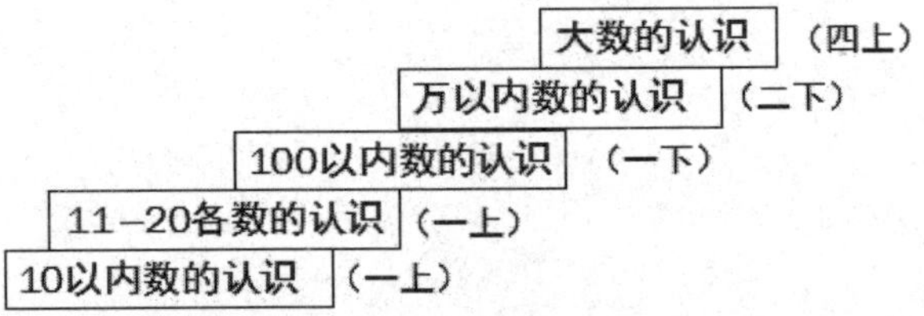

在整数认识的四个阶段中，“万以内数的认识”是整数认识的重要内容。因为这一阶段的认数，包含了整数认识的所有要素，如：数的组成、满十进一的进位制、数位、各个数位上数字所表示的值等，学生也将认识从“一”到“万”的计数单位，包含了一个完整的数级。它不仅是认识更大的自然数和大数计算的基础，而且在日常生活中有着广泛的应用，更重要的是它为培养学生数感提供了重要的素材和时机。

《千以内数的认识》是《万以内数的认识》的第一课时，是在学生掌握了计数单位“一”“十”“百”及其关系的基础上编排的，重在认识新的计数单位“千”，体会相邻的两个计数单位间的十进制关系。纵观多个版本教材大多是利用小正方体，让学生操作数立方体的活动，经过将一个个的小立方体结构化、模型化，借助计数单位 “一”“十”“百”来数数，进而认识新的计数单位“千”，体会十进制。还有很多老师用数小棒、数筷子等活动，让学生经历数的过程，建立“千”的概念。这正说明数（shù）来源于数（shǔ），学生认数离不开数数的过程。学生在本课之前已经经历了 20 以内、百以内数的学习过程，积累了认数与数数的经验，那么本节课学生是否真的能够依据已有的经验，顺势迁移，水到渠成呢？

（二）学生情况分析

二年级的学生，他们在生活中常能听别人说起比 100 大的数，也会从书上、电视上看到过、听说过。所以对 1000 以内数的认识，学生是有一定的知识基础和不同程度的数数经验的。那么学生的已有经验基础究竟如何？

为此，我对全班 35 名学生进行了课前调研，题目如下：

1、用你喜欢的方式数数下面方框中一共有多少个字？（将数的过程画出来）

天地玄黄宇宙洪荒日月盈昃辰宿列张 寒来暑往
秋收冬藏闰馀成岁律吕调阳 云腾致雨露结为霜
金生丽水玉出昆冈 剑号巨阙珠称夜光果珍李柰
菜重芥姜 海咸河淡鳞潜羽翔龙师火帝鸟官人皇
始制文字乃服衣裳推位让国有虞陶唐 吊民伐罪
周发殷汤坐朝问道垂拱平章 爱育黎首臣伏戎羌
遐迩一体率宾归王 鸣凤在竹白驹食场化被草木
赖及万方盖此身发四大五常恭惟鞠养岂敢毁伤
女慕贞洁男效才良知过必改得能莫忘 罔谈彼短
靡恃己长信使可覆器欲难量 墨悲丝染诗赞羔羊

2、认一认，填一填：

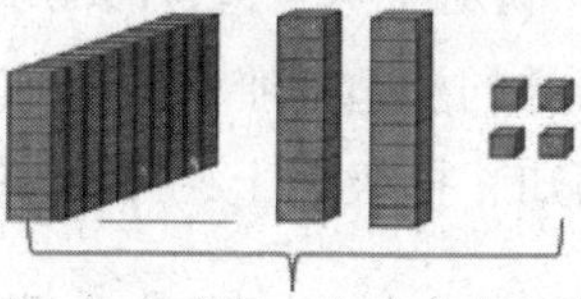

（1）（ ）个百、（ ）个十和（ ）个一
合起来是（ ）。

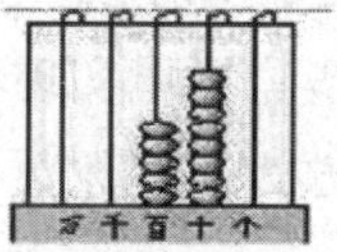

（2）它的下一个数是（ ）。

题目一，通过前测小卷和测后访谈得出如下数据：

方式	1 个 1 个地数	2 个 2 个地数	4 个 4 个地数	5 个 5 个地数	8 个 8 个地数	10 个 10 个地数	20 个 20 个地数	无规律地数
人数 / 人	2	2	1	7	1	19	1	2
比例 / %	5.7	5.7	2.9	20	2.9	54	2.9	5.7

通过数据分析，我发现学生们数数的方法还是比较趋向有序数数，在面对较多数量时会主动选择大一点的计数单位（10 个 10 个地数）。多数同学是

10个10个地划数，其比例占到54%。通过访谈，我了解到：有一定规律的，2个2个地数、4个4个地数、5个5个地数的同学是从20以内数数的方法迁移过来的。10个10个地数和20个20个地数的同学，是发现了汉字比较多，借助汉字摆放的规律，按行或列去数的，在知识迁移的基础上，考虑到了实际情况。

题目二，全班错误统计见下表：

题目	第一题	第二题
错误人数	3	19
错误率 / %	8.6	54.29

其中，第二题错误答案主要集中在590。由此可见，学生对于数本质的认知即数是1个1个聚拢而合成的，未达到预期目标，此方面感受有待培养和加强。同时，这也反映出学生对于“个”“十”“百”计数单位之间的整体结构认知缺乏，这也导致学生在拐弯数时出错率必定居高不下。因此，应加强各计数单位的表象认知，不断引导学生思考数的方法，建立不同数数方法之间的联系，让学生在数的过程中明确“千”的概念，进一步理解十进制关系。

我的思考

皮亚杰说，数是事物与事物之间的关系，表明的是一个物体在一个序列中的位置及一组物体中包含了多少个物体。数数是体现这一特性的最好的活动。同时，鉴于二年级学生的思维特征与生活实际，我选择《千字文》作为直观材料，为学生的思维发展提供素材支撑，满足序列与包含的需求。但是，单纯的数数毕竟不能实现认知的提升或者感觉的塑造。唯有设计有目的、有思考的数数方式，在数数中对比、沟通、感知、拾级而上，才能获得数的真感觉。

依据分析，如何才能建立、培养学生的数感呢？如何把抽象的数和数量建立更好的联系呢？我设计了以学生熟悉的《千字文》为活动素材，在数的活动中逐步培养。首先通过圈一圈、数一数来体会数的组成，逐步认识到相邻计数单位之间的关系；然后借助计数器，利用拨数的活动，感受位值，同时随着数的逐渐累加，产生对于新的、大的计数单位（千）的需要。再结合生活中的实例，从量感出发，借助推理想象，逐步培养学生数感。整个活动，学生经历充分的多重数数活动，加深对数概念的理解，实现我们所希望的“真”

数数，有“价值”地数，有“提升”地数！

二、活动设计

（一）活动目标

在数《千字文》过程中，体会计数单位“千”的产生，理解相邻计数单位间的十进制关系，发展数感。

（二）活动情境

大家看，学习单上有很多汉字，你们能数出来有多少个吗？

（三）核心问题

1000 是怎么得到的？

（四）活动方式

独立思考、汇报交流。

（五）活动时间

学生思考讨论与全班交流大约 20 分钟。

（六）学习单

千字文

天地玄黄　宇宙洪荒　日月盈昃　辰宿列张　寒来暑往
秋收冬藏　闰余成岁　律吕调阳　云腾致雨　露结为霜
推位让国　有虞陶唐　吊民伐罪　周发殷汤　坐朝问道
垂拱平章　爱育黎首　臣伏戎羌　遐迩一体　率宾归王
鸣凤在竹　白驹食场　化被草木　赖及万方　盖此身发
四大五常　恭惟鞠养　岂敢毁伤　女慕贞洁　男效才良
…… ……

数一数一共有多少字？可以圈一圈、画一画。

小组内交流：说说你是怎么得到的。

三、活动实录

师：谁能说说这些一共是多少个字？你是怎么得到的？

生 1：我是 1 个 1 个地数，从 1 一直数到 20，又接着数到 40，后来发现每行都是 20，我就 20 圈一个小圈，正好 5 个小圈是 100，圈成一个大圈，接着就 5 行一个大圈这样圈，一共是 3 个一百，就是 300，还有 4 个小圈是

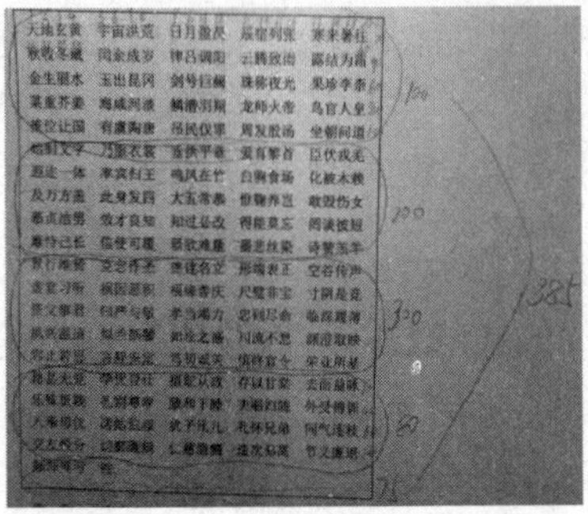

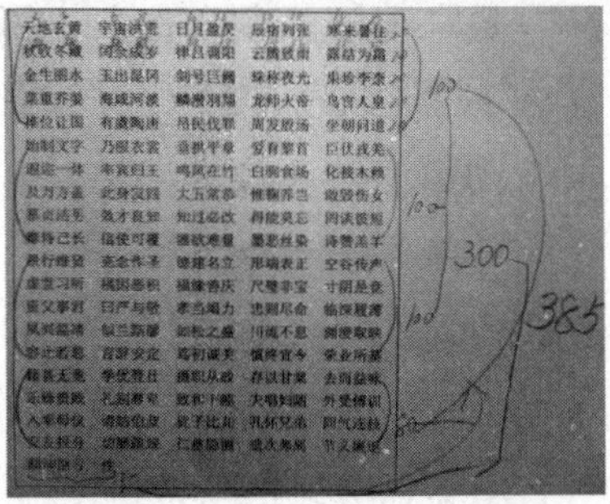

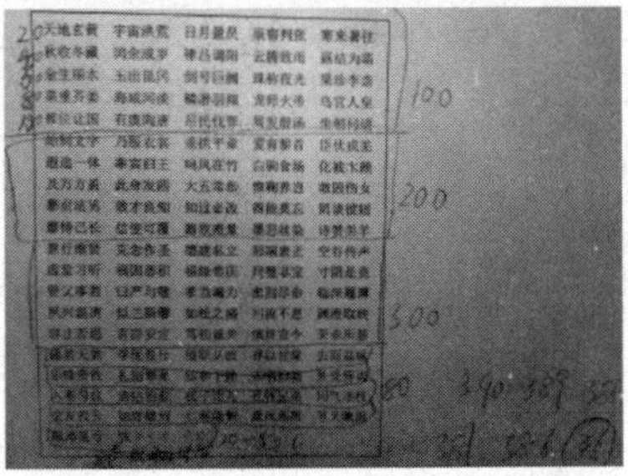

80，还有1个5，合起来就是385。

师：你们听懂了吗？你怎么数到40不1个1个数了？

生1：因为每行都是20，我就可以20个20个地数，五次就是100，5个20是100，也就是10个10是100，这样比较简单。

师：说出了他自己的数法，大家看看这个同学的数法，能看懂吗？

生2：他是2个2个地数，2、4、6、8这样数到20，然后看到每行都是20，圈成一个小圈，把每行都圈起来，然后5个小圈圈成一个大圈正好是一百，3个一百、1个80和1个5加起来就是385。

生3：老师，我发现4个字放在一起，所以我想利用4的口诀，4个4个地数，4、8、12，也是数到20，就跟他们的方法一样了，也是385。

生4：我有更好的方法，我发现5行正好是100个字，一共是3个一百，还有8个十和5个一，合起来就是385。

生5：大家看，这里面最后一行没有补齐，我就用圆点添上，就先按照正好每行20个数出来，一共是3个一百，9个十，比9个十还少5个，也就是385。你们有问题吗？

生6：你添上干吗呢？不是麻烦了吗？

生5：虽然看起来有点儿麻烦，但是先当成390，从390往前面数5个数——390、389、388、387、386、385，也能知道是385。

师：我们一起来看看这些同学的方法，有什么相同的地方？你发现了什么？

生7：都是先数出来20个，然后数出5行是一百，3个一百、8个十还有5个一，合起来就是385。

生8：不管怎么数，都是有3个大圈，也就是3个百，4个小圈也就是

8 个十，再加上 5 个一，最后都得到 385。

生 9：虽然看起来不一样，但是都表示 3 个百 8 个十和 5 个一，合起来就是 385。

师：这 385，大家说得非常清楚，一下子就找到了它们的联系，你觉得 385 个字怎么样？（有点儿多）现在呢，如果添上 5 个字是多少？你是怎么知道的？（屏幕显示 390、400 个字）

生齐说：390 个字，400 个字。

师：再继续看，（屏幕逐渐显示 850 个字）说说多少个字，你怎么知道的？

生 10：850 个字，因为有 8 个百和 5 个十，合起来是 850。

师：大家接着看，多少个字？

生齐说：900、910、920、930、940、990、991、999。

师：你怎么知道 999 个？

生 11：因为正好是 9 个百、9 个十和 9 个一。

师：你们能在计数器上拨出 999 吗？

生 12：我在百位上拨 9 个珠子，表示 9 个百，十位上拨 9 个珠子，表示 9 个十，个位上拨 9 个珠子，表示 9 个一。

师：999，再加上 1 是多少？谁能到前面来边拨边说？

生 13：那就在个位上再拨一个珠子，个位满十，就是向十位进一，个位珠子往回拨，十位拨一个，十位也满十向百位进一，百位满十向千位进一，就是一千了。

师：谁能再说说他是怎么做的？

生 14：他就是个位满十向十位进一，十位满十向百位进一，百位满十向千位进一，也就是一千。也就是 999 再添上 1 就是 1000。

师：（指着学生刚拨出千位上的珠子）这个珠子在哪一位？

生（齐）：千位。

师："千"是我们新认识的计数单位，它所在的位置叫千位。

现在屏幕上是 999 个字，再加上 1 个字是多少个字？对，就是一《千个字》，就是我们熟悉的千字文，你能快速地数出来这是 1000 个字吗？

生 15：就 100、100 地数，100、200……1000，10 个一百就是一千。

师：真好，刚才我们一起数了《千字文》，1000 个字你是什么感觉？

生 16：1000 个字太多了，密密麻麻的还这么多。

师：如果是 1000 个人呢？想一想。

生 17：我们班有 32 个人，大约 3 个班就是 100 个人，那 10 个 100 是 1000……也就是 10 个 3……啊，要 30 个班！咱们全校有 30 个班吗？好多啊！

师：如果是 1000 粒花生米呢？你再想一想。

生 18：1000 粒花生米需要装在一个大的袋子里……

四、评价反思

数的概念的形成，需要借助实际操作、亲身体验与经历。整节课中，学生积极参与活动，数数的热情十分高涨。透过同学们的发言与交流，我感受到孩子们的头脑在感受、在思考、在体会。《千字文》作为直观素材，每一个字所表示的物理意义是一致的，但是一个一个字聚拢会合在一起，就不断累积成一个新的数——1000。在这一千个字中，某一个字所处的位置决定它所表示的意义不同，在边圈画边数数的过程中，可以很好地感受数的组成。此时再与计数器相沟通，感受位值的意义，让抽象的感受变得有依托、可想象。

在数数的活动中，借助教师的引导，思考数的方法。虽然开课伊始，受制于以前数数的固化思维，没有关注到不同计数单位之间的关系，但经过交流数法、追问“你是怎么得到的？这几个同学的方法有什么相同？999 再添上 1 是多少？”提升了认识，学生逐渐从整体感受计数单位，明确进率，从整体上体会计数单位之间的十进制关系。学生通过自主活动、交流数法、提升认识，逐渐明确进率，从整体上体会计数单位之间十进制的关系。在后续活动中，安排了“找汉字”的练习活动——主要目的是进一步巩固数的组成，再一次突破进率。通过学生汇报，生生相互启发，我们可以看见学生的数概念逐渐清晰，例如“找 996，再减一行（1 个十）就是 986，比 1000 少 14”。以数《千字文》为例，加强各计数单位的表象认知，集中掌握计数单位之间的十进制关系，感受“位值”，紧握重点。

“数感的形成是一个渐进的、沉淀的、积累的、潜移默化的过程”，数感需要在教学过程中经历丰富的感知，更需要与实际生活相沟通，建立数与量的有效的体验和关联，我认为此时数感才会逐步建立起来。总之，千以内数的认识利用已有的知识经验，顺势迁移；抽象沟通不同计数单位之间的关系；联系生活，提升对数的感知，逐步形成感觉，数感的形成自然指日可待。

借助直观模型　理解小数含义

——《小数的初步认识》学习活动设计与分析

北京市通州区潞苑小学　贾晓辉

一、背景分析

小学阶段“数的认识”主要包括自然数、小数和分数，三者具有密切的联系。小数和自然数一样都采用十进制计数法表示，而小数被看作十进分数的另一种书写形式，小数和分数是帮助学生从“微观”的角度来认识数。数概念的学习离不开生活情境，充分依托学生的现实背景，进行生动的、具体的“意义”解释，有助于学生充分地了解数的具体含义及其背后所隐藏的丰富内涵，从而发展数感。

（一）学习内容分析

学生对于小数概念的获得是一个循序渐进、从具体到抽象的过程。在小学阶段对小数的学习分两次进行。第一次认识是在三年级，在学生学习了十进制数值系统和初步认识分数的基础上进行教学，是让学生在具体数量中，直观感受小数和整数、十进分数的关系，初步认识小数。第二次认识是在四年级，在初步理解小数含义的基础上，将“量”扩展为“数”，完善学生对小数的理解。人教版、苏教版、北京版教材在内容的编排上都是按照分数的初步认识→小数的初步认识→小数的意义→分数的意义展开的。北师大版是先认识小数再认识分数。

各版本教材关于“小数初步认识”教学内容对比

教材版本	人教版（三下）	北师大版（三上）	苏教版（三上）	北京版（三下）
主题图	百货商店	文具店	学生量桌子	生活中小数
具体素材	商品的价格、尺子、图形	文具的价格	桌子的长度、文具的价格	图形、人民币
什么是小数	描述性定义	描述性定义	描述性定义	描述性定义
小数的各部分名称	无	无	有	无

在教学内容的编排上，各个版本的教材有较大的差异。北师大版教材仅限于讲元、角、分表示成小数，没有沟通分数和小数的联系。人教版、苏教版、北京版教材均有沟通分数和小数的联系，但这三个版本对这一内容的安排也有不同，人教版和北京版都安排了主题图，通过身边常见的小数学习小数的读、写方法。人教版、苏教版都采用了长度单位学习小数，沟通小数与分数的联系，再拓展到元、角、分中的小数；而北京版直接采用面积模型学习小数，沟通小数与分数的联系，再拓展到元、角、分中的小数，在练习中安排了长度单位中的小数。相对而言，北师大版教材中的小数局限性较大，只限于人民币中的小数；人教版和苏教版由直观模型引入，建立分数与小数的联系，再拓展到图形中的小数，甚至是数轴上的小数。我认为小数的初步认识还是应该由直观模型认识小数，沟通小数与分数的联系更符合学生的认知规律。

（二）学生情况分析

在学习《小数的初步认识》之前，学生已经学习了人民币、长度单位的知识；认识了整数、分数，并积累了“数的认识”的学习经验。同时，为了充分了解学生的认知水平和已有的知识经验，教师进行了前测。题目如下：

1. 请你试着读出下面商品的价格，并说说 4.5 是什么意思。

三元 180g 老北京
酸奶
月售 22　好评 100%

¥4.5

2. 你能用画一画、写一写等方式来表示你心中的 0.1 米吗？

测试结果

测试人数	第一题	第三题
75 人	正确读出 4.5 元（70 人）	画图表示（30 人）
	正确读出 4.5 元并说出含义（67 人）	0.1 米 = $\frac{1}{10}$ 米 =1 分米 =10 厘米 =100 毫米（42 人）

测试结果分析：

1. 人民币模型是学生认识小数的基础。

前测显示，被调查的 75 名学生，在回答第 1 个题目时，有 70 名学生能正确读出 4.5 元，剩下的 5 名学生读的是 4.5，没有带单位，后期对这 5 名学生进行了访谈，只有 1 名学生不能说出 4.5 就是 4.5 元。这说明绝大多数学生能正确读出商品的价格，即使价格中没有单位，他们根据一年级学习的人民币的知识和生活经验也能准确地读出 4.5 元。也就是说，人民币中的小数是学生已有的学习基础。

2. 以长度单位沟通分数与小数的联系。

在回答 4.5 是什么意思时，67 名学生说出是 4 元 5 角，我又从这 67 名学生中随机抽取了 10 名学生进行访谈，追问：这里的 5 角要是也用元作单位，是多少元？有 8 名学生说出是 0.5 元，另外 2 名学生表示不知道，没人说是 $\frac{5}{10}$ 元，这说明学生已有的经验让他们直接跳过分数，想到用小数表示 5 角。在回答前测的第 2 个题目时，有近 40% 的学生能用图形正确表示 0.1 米，也有 60% 多的学生写出了 0.1 米 = $\frac{1}{10}$ 米 =1 分米 =10 厘米 =100 毫米，由此可见在表示 0.1 米时，学生先想到的是分数，于是便有了由分数到小数的探究感知过程，当分数的表示足够多时，学生自然会思考分数与小数的联系。

我的思考

在进行小数初步认识的教学时，主要是借助米制模型，在具体的“量”中去理解小数的含义。在这个过程中，要让学生初步感知一位小数的计数单位、个位与十分位之间的关系，建立小数与十进分数的联系，为四年级认识小数做好铺垫。在明确了教学目标之后，我进一步思考：如何借助米制模型帮助学生认识小数的计数单位、在数数时看见 0.1 累加的过程，以及展示 0.1 与 1 之间可见的十进关系？本节课我共设计三个活动，第一个活动，通过师生交流，学生能准确地在米尺上找到 0.5 米，认识到 0.5 米 = $\frac{5}{10}$ 米 =5 分米。第二个活动，借助米尺找一找 0.7 米、自己的身高以及姚明的身高，说说你的思考过程。在这个活动中，学生通过数 0.1 米的个数，感知 0.1 与 1 之间的十进关系。第三个活动，学生借助正方形这一面积模型表示 0.4，经历从具体到抽象的过程，明确一位小数与十进分数的关系。

二、活动设计

（一）活动目标

借助米尺认识一位小数，建立小数与分数的联系，培养学生数感。

（二）活动情境

给你一个米尺纸条，请你在上面找一找 0.7 米在哪里，你的身高、姚明的身高能找到吗？

（三）核心问题

小数和分数有什么关系？

（四）活动方式

学生独立完成，全班交流。

（五）活动时间

学生思考讨论与全班交流大约 15 分钟。

（六）学习单

学习任务单

学具准备：给学生提供一张米尺纸条。

1. 请你在米尺上找一找 0.7 米。

2. 你的身高大约是多少？能在米尺上找到吗？姚明的身高超过了 2.2 米，你能在米尺上找到吗？

3. 小组交流：把你的想法和小组的其他同学说一说。

三、活动实录

师：借助对 0.5 米的认识，你能在米尺上找到 0.7 米吗？

生 1：（指着黑板上的米尺）数 1、2、3、4……数 7 个格是 7 分米，也是 $\frac{7}{10}$ 米，因为 1 格是 0.1 米，所以数 7 个格就是 0.7 米，数 7 个格也是 $\frac{7}{10}$ 米。

生 2:（指着黑板上的米尺）这 7 个格表示 7 分米，也是 0.7 米，还是 $\frac{7}{10}$ 米，因为 1 米 =10 分米，1 格就是 1 分米，数个 7 格就是 7 分米，也是 0.7 米，还是 $\frac{7}{10}$ 米。

师：刚才这两位同学都提到了 1 格，这 1 格是多长？

生 1：这 1 格是 1 分米。

生 2：这 1 格是 0.1 米。

生 3：这 1 格是 $\frac{1}{10}$ 米。

师：就这 1 分米，用米做单位，写成分数是 $\frac{1}{10}$ 米，用小数表示是 0.1 米，所以米写成小数是 0.1 米，0.1 米也是 $\frac{1}{10}$ 米。$\frac{1}{10}$ 米和 0.1 米什么关系？

师边叙述边板书：

1 分米

$\frac{1}{10}$ 米 = 0.1 米

师：（指着 0.1 米）这是 1 个 0.1 米，这是（ ）个 0.1 米，接着数……7 个 0.1 米就是 0.7 米？0.7 米里面有 7 个 0.1 米。7 分米，用米做单位，可以写成什么？还可以写成什么？$\frac{7}{10}$ 米和 0.7 米是什么关系？

师：接着数 0.8 米，0.8 米里面有（ ）个 0.1 米，接着数 0.9 米，0.9 米里面有（ ）个 0.1 米，再数 1 米，1 米里面有（ ）个 0.1 米，10 个 0.1 米就是 1 米。

师：你的身高大约是多少？能在米尺上找到吗？

生 1：我的身高大约是 1.4 米，我认为这把尺子上没有 1.4 米，因为 1.4 米比 1 米长，应该在 1 米和 2 米之间。

生 2：这把尺子是 1 米，1.4 米比 1 米要长 4 分米，我认为还要再接 1 米才能找到 1.4 米的位置。

师：我这真的还有 1 把 1 米的尺子，我把它接上，谁来说说怎样找到 1.4 米的位置？

生 1：这是 1 米，再往上数 4 个格就是 4 分米，合起来就是 1.4 米。

生 2：这把尺子是 1 米，再往上数 4 个格就是 4 分米，4 分米就是 0.4 米，1 米和 0.4 米合起来就是 1.4 米。

师：姚明的身高超过了 2.2 米，能找到 2.2 米的位置吗？

生 1：不能，还得再接 1 把米尺，因为 2.2 米在 2 米和 3 米之间，比 2 米多 2 分米。

生 2：2.2 米就是 2 米和 2 分米，再接 1 把米尺，这两把尺子是 2 米，再往上数 2 个格是 2 分米，合起来就是 2 米 2 分米。

生 3：这两把尺子是 2 米，再接 2 个格是 2 分米，也是 $\frac{2}{10}$ 米，还是 0.2 米，合起来就是 2.2 米。

师：2.2 米中的两个“2”表示的意思一样吗？

生：不同，第一个 2 表示 2 米，第二个 2 表示 2 分米，也是 $\frac{2}{10}$ 米，还是 0.2 米。

师：是呀，相同的数字在不同的数位上表示的含义是不同的。

师：（展示图片）你能根据姚明的身高估计小朋友的身高大约是多少米吗？

生 1：大约是 1 米。

生 2：大约是 1.2 米。

生 3：大约是 1.1 米，差不多是姚明身高的一半。

师：分析得有道理。

四、评价反思

（一）借助多种直观模型理解概念本质

几何直观能借助图形把抽象的小数含义表征出来，达到外化于行、内化于心的效果。上面的教学活动，用米尺这一原型，帮助学生理解以“米”为单位的一位小数的含义。以人出生时的一般身高、学生的身高、姚明的身高为素材，组织学生在米尺上指一指、议一议、比一比、估一估，帮助他们逐步理解零点几米、几点几米等数量的含义，不断接上去的尺子，展示出学生对小数认识的加深。虽然本节课不涉及小数部分的计数单位，但学生通过数“长度单位个数”隐约体会到 1 与 0.1 之间存在着十进关系，初步感知小数的计数方法和整数的计数方法一致。这里几何直观贯通了学生对一位小数的理解，化抽象为具体，变静态为动态，充分体现了其在认数中的价值。后面的活动是借助正方形这一面积模型，让学生体会它可以表示 1 元、1 米，也可以表示 1 千克、1 吨、1 小时，去掉这些单位，它们就是整数 1。“你还能表示出 0.4 吗？”这一活动适时帮助学生经历从数量抽象到数的过程，有助于学生明确一位小数与十进分数的关系。

（二）鼓励学生在辩论中寻求真理

对于三年级的学生来说，完整、清晰地表达自己的想法还有一定的困难，对于来自同伴的质疑更是不知如何解答。同样，听的同学能根据发言同学所讲的内容提出自己的见解或者质疑也是很有难度的。面对这样的情况，我在课堂上给学生更多的表达、倾听、质疑的机会，让学生在专注倾听、安静思考的过程中学习理性地质疑、从容地表达，数学素养和思维品质逐步得到提高。

借“分”说话 由表及里

——《分数的初步认识》学习活动设计与分析

北京市通州区宋庄镇中心小学 纪艳霞

一、背景分析

数学概念是客观现实中数量关系和空间形式的本质属性的反映。小学生数学核心素养的培养是建立在核心概念的理解基础之上的。“分数的初步认识”是典型的数的概念课，是小学生第一次正式接触“分数”这个概念。从整数到分数，是数的概念的一次扩展，更是学生对数认识的一次质的飞跃。

（一）学习内容分析

小学阶段关于分数的认识要经历以下几个阶段：一是平均分；二是分数的初步认识；三是分数的再认识，使学生通过对意义和性质进行学习，理解比率和度量的内涵；四是综合运用，用分数意义的多个维度去解决分数的运算和简单的实际问题。五是在比的学习中沟通分数、除法和比的关系。

从数学发展史看，分数的产生主要源于测量和分物，其中“分物”更接近学生的现实经验。从意义角度讲，分数一是表示量，比如一半西瓜，四分之一块蛋糕。纵观多个版本教材中关于分数的初步认识，概念构建过程皆有相似之处：一是在实物情境中调动学生已有的“分数经验”，借助面积模型（圆形或正方形）获得对几分之一的“清晰认识”，方法是“因形认数”。二是借助动手操作，通过分一分、画一画、折一折等活动使学生形成正确的表象，借助多元表征方式理解“几分之一”的具体意义，感知分数的概念。但是对于量和关系并没有进行区分，而是直接由量拽到关系，并没有建立全面认识。我们都知道，一块月饼平均分给2个小朋友，每人分到半块，也就是 $\frac{1}{2}$ 块（量），这 $\frac{1}{2}$ 块又是整个月饼的一半，也就是 $\frac{1}{2}$（关系），这两个 $\frac{1}{2}$ 的意义是不一样的，那么这节课，究竟如何才能让学生分清楚量和关系呢？怎样认识分数才更接近分数概念本质？怎样的设计才能引导学生从经验的层面向抽象的思维发展呢？

（二）学生情况分析

三年级学生已经学习了平均分和份，生活中又有分东西的经验，对于“半个”“一半”是有着充分认识的，他们对半个的认识是否清晰？认识到什么程度呢？为此，我对全班30名学生进行了课前调研，题目如下：

1. 把8块糖平均分成2份，每份有（　）块。
2. 1个苹果平均分给两个小朋友，每人分到（　）个。
3. 你能表示出这些图形的一半吗？

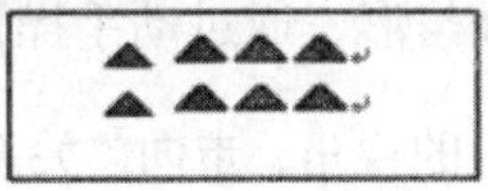

通过分析，我发现：对于第一个问题99%的学生能准确知道8块糖平均分成2份，每份有4块，说明学生对于平均分掌握得非常好，对份的认识也很清晰。

对于第二个问题，学生的回答主要有三种情况。75%的学生知道是半个，可以看出学生对半个的认识有着丰富的经验。约15%的学生用画图的方法解决，把1个苹果平均分成2块，得出每人分一块，此类学生未能从数学意义理解份与份、份与整体之间的关系。还有10%的学生直接写出 $\frac{1}{2}$ 个，通过访谈，发现他们只是从课外学习中知晓 $\frac{1}{2}$ 这个数，但是未经历来源的探究。

第三个问题，有95%的学生能够准确地圈画出8个三角形的“一半”，也就是4个三角形；有将近30%的学生用两种方法表示；还有的学生列出除法算式。足以看出学生对“一半”的认识是非常清晰的，即使是多个物体的“一半”也能掌握。

由此可见，学生从“一半”视角上认识分数是成熟的，只需要借助情境，唤醒内在经验，并在此基础上概括升华即可。同时，我们也看到：学生对于分数的认识停留在将一个物体或多个物体平均分开上，但是份数与整体之间的关系，还是不明所以的。学生学前知识经验还未能发现部分与整体的关系。正是这样的学情，要求我们在设计中，必须丰富“分”的情境，提升学生对于“分”的深一层次的认知，引导学生聚焦部分与整体的关系，逼近分数的本质。

我的思考

分数源于分，认识平均分是概念形成的基石。一半是学生知识的起点，

借助一半认识 $\frac{1}{2}$ 是形成分数概念的承重墙。为学生提供可供参考的“具体的形”，借助学具，在不同整体（某个物体或某些个物体）中，唤醒一半的印象，从 $\frac{1}{2}$ 个过渡到 $\frac{1}{2}$ ，在一半中充分认识 $\frac{1}{2}$ 。以此为根，通过比较、归纳，感知整体与部分的关系，建稳分数的概念。

基于以上认识，在设计《分数的初步认识》一课时，以“分”为依托，从具体分某个实物到抽象分某个图形再回到分多个实物（整体），从半个量到理解一半，再到认识 $\frac{1}{2}$ ，借助数与形，通过动手操作，引导学生感受份数与整体之间的关系，实现跳出“量”的视角，走向“关系”的认知的学习目标。

二、活动设计

（一）活动目标

知道把一个整体（一个物体或者多个物体）平均分成两份，其中的一份是整体的一半，也可以用 $\frac{1}{2}$ 来表示，初步建立分数概念，发展数感。

（二）活动情境

利用不同数量的学具，独立圈画，得到 $\frac{1}{2}$ 。

（三）核心问题

怎样才能得到 $\frac{1}{2}$ ？

（四）活动方式

学生先独立完成，然后小组、全班交流。

（五）活动时间

学生思考讨论与全班交流大约 20 分钟。

（六）学习单

（1）任意选择一个图形，独立圈出它们的一半。（　　）是（　　）的一半。

（1 个圆、1 个正方形、2 个苹果、6 朵花）

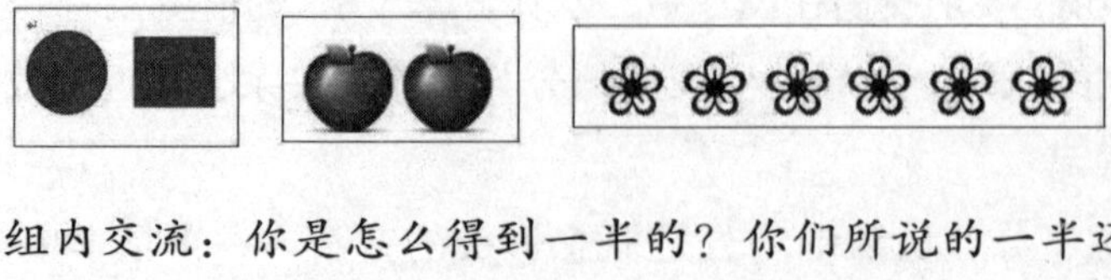

（2）小组内交流：你是怎么得到一半的？你们所说的一半还可以怎样

表示？

三、活动实录

（一）动手操作，分出图形的一半

师：一块月饼平均分成2份，其中的1份就是半块月饼，半块月饼是整块月饼的一半。那你们能找出这些图形的一半吗？认真阅读学习单，根据要求，完成任务。

生：（动手分一分、圈一圈、画一画，找出图形的一半，并记录。）

师：和大家说说你选择了哪个图形，怎么得到一半的？

生1：我选的是一个圆形，这样对折，这（指着其中一份）是圆形的一半。

师：对折也就是干什么？平均分是不是就能解释得更清楚？谁能再说说他是怎么得到圆形的一半的？

生2：把圆形平均分成2份，其中的1份就是圆形的一半，半圆是圆形的一半。

生3：老师，我是把正方形平均分成2份，其中的1份就是正方形的一半，半个正方形是整个正方形的一半。

师：谁还能读懂这个同学的想法？

生4：分法不一样，但他也是把正方形平均分成2份，1份就是一半，一份是2份的一半。

师：这两个同学分的不一样，都能表示一半吗？

生5：可以，因为都是平均分成了2份，1份就是半个，半个也就是整个的一半。

师：刚才这个同学说得非常清楚，强调了半个是整个的一半。我们再来看看这个同学的想法，谁看懂了？

生6：我看懂了，这个同学是把2个苹果平均分成2份，其中的1份就是它的一半，1个苹果是2个苹果的一半。

师：你们听懂了吗？谁还想说说？

生7：这2个苹果平均分成2份，每份是1个苹果，1个苹果就是这2个苹果的一半。

师：我们再看看，把2个苹果平均分成2份，涂黑的这一个是整体的一半，空白的这一个呢？

师：对，就像你们说的，这一个也是整体的一半。看看，这位同学选择的是什么？6朵花，你给大家介绍一下。

生8：我把6朵花平均分成2份，一份就是3朵，3朵是6朵的一半。你们听懂了吗？有什么不明白的吗？

师：你们都没有问题，老师有个问题，怎么3朵花会是一半呢？

生9：因为把6朵花平均分成2份，每份都是3朵花，每份都是6朵花的一半，这3朵是一半，另外的3朵也是一半。（根据学生的回答，圈画出每一份。）

师：刚才同学们动手分1个圆形、1个正方形、2个苹果和6朵花，都得到它们的一半，我们是怎么得到一半的？

生10：把这些图形都平均分成2份，涂上1份就是一半了。关键是平均分成2份，取其中1份，1份就是一半。

师：你还能说得更完整一些吗？是谁的一半？

生10：把这些图形都平均分成2份，1份就是整体的一半。

生11：只要是平均分成2份就行，每一份都是整体的一半。

师：同学们说得非常准确，一下子就找到了关键之处，一半表示的是一份和整体的关系。

（二）比较归纳，初步建立“二分之一”的概念

师：我们把1个圆形平均分成2份，其中的1份是整个圆的一半，这个一半也可以用一个数表示，你们知道是哪个数吗？

生1：$\frac{1}{2}$。

师：对，就是$\frac{1}{2}$。（指着圆形的图）你能说说谁是谁的$\frac{1}{2}$吗？

生2：半圆是整个圆的$\frac{1}{2}$。

生3：把1个圆平均分成2份，一份是整个圆的$\frac{1}{2}$。

师：谁还能说说其他几个图形，谁是谁的$\frac{1}{2}$，看谁说得最清楚最完整？

生4：把1个正方形平均分成2份，其中的1份就是这个正方形的$\frac{1}{2}$。

生5：把2个苹果平均分成2份，1份是整体的$\frac{1}{2}$。

生6：把6朵花平均分成2份，1份是整体的$\frac{1}{2}$。

师：刚才同学们说出了这么多的$\frac{1}{2}$，怎样才能得到$\frac{1}{2}$？

生7：只要是把某个东西或者很多东西平均分成2份，1份就是整体的$\frac{1}{2}$。

师：那请大家仔细观察，你们得到的这些$\frac{1}{2}$有什么相同点和不同点？

生8：相同之处都是平均分成2份，取其中的1份，都是用$\frac{1}{2}$表示；不同的地方是分的图形不一样，数量也不一样。

生9：我觉得不同的地方是每一份不一样，有半个、有1个和3个。

生10：我觉得图形多，1份就多。

师：是啊，就像你们说的，图形的形状、数量都不一样，为什么1份都是$\frac{1}{2}$呢？

生11：因为只要平均分成2份，取1份就是$\frac{1}{2}$。

师：真会思考，一下就找到了关键。大家再看看，（指着）同样都是$\frac{1}{2}$，怎么也都不一样啊？

生12：因为分的东西数量不一样，所以1份就不一样。

师：你还想得到谁的$\frac{1}{2}$？说说你怎么做？

生13：我想得到1个西瓜的$\frac{1}{2}$，只要把西瓜平均分成2份，1份就是……

四、评价反思

课堂上学生兴致盎然地动手分、画、描；热情洋溢地交流、讨论……教师借助丰富又贴近学生生活实际的分物情境，充分调动了学生学习的积极性，激发了学生的学习兴趣。

从分1个图形到分2个苹果、6朵花，平均分成两份，其中的每一份都能用一半来表示，这一半也就是$\frac{1}{2}$。借助学生对生活中与数学中的“一半”的成熟认识，借力打力，激发学生内在经验，从而让学生在熟悉的平均分中体会到“只要将一个整体平均分成2份，1份就是 $\frac{1}{2}$ ”，无关这个整体的大小、形状、多少，也不用在乎1份里的个数。学生在思辨中，走向对“ $\frac{1}{2}$ ”的理解，看到整体与部分的关系。

“分”是本节课的重要且唯一活动，在活动中，借助分出来的作品，感知 $\frac{1}{2}$ 的含义，引导学生从经验的层面向数学化、抽象性思维发展。“分”的活动，既是“因形认数”，更是“因数识形”。回顾本节课，学生的认识从单纯的半个起步，借助分的活动，经历探究 $\frac{1}{2}$ 的过程。在“分”中体验、比较、发现，积累足够表象，具象与抽象反复、更迭，为实现理解抽象概念提供可能性。

精彩的活动设计可以引导学生收获知识，但是生动的生成却是一场无法预约的精彩。动手分一分，借分说话，其认知过程独立、完整且独一无二。丰富的素材，多样化的分法，异中求同，揭示部分与整体的关系才是活动的精彩所在。

在比较中理解“分数”概念

——《分数的意义》学习活动设计与分析

北京市通州区中山街小学 于振娟

一、背景分析

《课标（2011 年版）》指出：“数感”是指关于数与数量、数量关系、运算结果估计等方面的感悟。数感的建立有助于学生理解现实生活中数的意义，理解或表述具体情境中的数量关系，因此在数学教学中发展学生的数感，应是教学中的一个重要目标。

（一）学习内容分析

“分数”的教学，在小学是通过两个阶段来完成的。第一阶段是在三年级下册，呈现的内容是直观、形象地把一个物体平均分成两份、三份或四份等，然后取其中的一份或几份，称之为分数。接着就是直观观察分数的大小，再比一比。这一阶段的学习并没有给出分数的概念。第二阶段是在五年级下册“分数的意义”这一单元，纵观这单元的内容，呈现了 4 个例题，分别是例题 1 介绍了分数的意义，即分数表示的是部分与整体的关系。例题 2 介绍了分数单位。例题 3 介绍了分数与除法的关系，即分数也可以表示具体量。例题 4 介绍了真、假分数。这一阶段的学习是学生系统学习分数的开始，也是学生对分数本质的理解和对分数的再认识。

纵观不同版本中呈现的《分数意义》，人教版注重概念单位“1”之间的过渡；北师大版强调分数的无量纲性；北京版兼顾了人教版和北师大版的特点；浙教版注重结合具体的数量为提示无量纲性；苏教版强调借助数轴表征分数。通过分析不同版本的教材，我们不难发现，虽然它们的呈现方式不同，但都体现了分数的本质，既可以表示有量纲性的“量”，又可以表示无量纲性的“率”。有量纲性的“量”是指分数可以表示一种有理数，它能像其他数一样参与运算；而无量纲性的“率”是指分数可以以一种比的形式出现，表示部分与整体的关系。

（二）学生情况分析

学生在学习《分数的意义》之前，已经借助操作、直观对分数有了初步的认识，知道分数各部分的名称，会读、会写，会比较简单分数的大小，能够知道一个东西中的一部分可以用分数表示，并对分数有了一定的生活经验。

但对于分数意义的形成，学生只有一个片面的、模糊的感性认识，不够全面，没有深入的了解。为摸清学生的已有知识经验，课前我对班级中的43名学生进行了前测：“请你画一画 $\frac{1}{4}$ 表示的意义。”测试结果显示：全班有96%的同学能够准确地平分一个物体来表示 $\frac{1}{4}$ 的意义，说明大部分同学头脑中出现的表象是单位“1”为一个物体时所表示的平均分。而在这部分同学中，又有27%能用多个物体的平均分来表示 $\frac{1}{4}$ 的意义。接着我又对这27%的同学进行了访谈，发现只有其中的45%能准确地理解并表述出 $\frac{1}{4}$ 的意义。由此我们可以发现：大部分同学对分数 $\frac{1}{4}$ 的原认知还停留在平均分一个物体上。说明学生对于单位“1”的认识还是片面的，没有沟通单位“1”作为一个物体或一个整体时所表示的分数意义之间的联系，也没有真正理解分数的本质表示部分与整体的关系，可见学生只观察到分数的表象，没能得其精髓。

我的思考

通过教材分析我们发现，例题1、例题2、例题3的内容，都是在介绍分数的意义，例题1介绍的是分数的无量纲性的“率”。例题3介绍的是分数的有量纲性的“量”。

首先，学生对于例题3分数有量纲性“量”的理解较容易，因为它和整数、小数一样都属于数的范畴，学生清楚地知道，在现实生活中进行测量或分物时，往往不能得到整数结果时，就需要用分数准确地表示出来，分数和整数一样都可以表示物体（数量）的大小，对于分数的这个含义学生能够清楚地理解。

其次，对于例题1分数的无量纲性的“率”。它表示的是一种部分与整体的关系，在学习中常常以比的形式出现，对学生而言比较抽象，比较难懂。所以在这3个例题中例题1的价值比较大，把它作为这一单元的核心内容，学生理解了例题1的内容，运用知识迁移学习例题2的内容就会容易多了。

因为例题1的内容比较抽象，比较难懂，所以我想利用学生的已有经验，通过多元表征唤醒学生的原有认知，充分展现学生的原有思维，使学生产生认知上的冲突，再借助直观，突破学生思维的障碍，抽象出分数的意义，从而在头脑中建构分数的模型，培养学生对于分数的感觉。那么如何让学生更好地理解分数的意义，建构分数表示的是部分与整体关系的模型呢？结合学生的年龄特点和学习经验及对教材的分析，教学中我设计了下面两个活动。

活动	活动内容	活动意图
活动 1	①独立尝试着用文字或图形的方式表示出你心中的 $\frac{1}{4}$ 。 ②小组交流，还有什么新的发现？	①理解分数无量纲性的意义，沟通单位“1”与分数意义之间的联系。 ②建构分数的模型，发展学生的数感，培养抽象概括能力。
活动 2	○○○ ▭ 露出的部分（3 个圆片）是整个图形的 $\frac{1}{4}$ ，你能想象出整个图形吗？请你用自己喜欢的方式解释出来。	学生经历双向思考，从部分回到整体，深化对分数意义的理解。

第一个活动主要是针对学生理解分数意义而设计的。学生在经历了第一个活动后，有了对分数意义的深度理解，可以借助第一个活动的经验进行知识迁移，自主解决第二个活动。因此，在这里我主要呈现第一个活动的设计与实录。

二、活动设计

（一）活动目标

经历抽象分数本质特征的过程，理解分数的意义（无量纲性），培养学生的抽象能力和发展学生的数感。

（二）活动情境

尝试着用文字或图形的方式表示出心中的分数。

（三）核心问题

分数能表示部分与整体的关系吗？为什么？

（四）活动方式

独立探究，合作交流，展示分享。

（五）活动时间

学生独立思考大约 5 分钟，讨论与全班交流大约 15 分钟。

（六）学习单

《分数的意义》学习单

1. 独立完成：尝试着用文字或图形的方式表示出你心中的 $\frac{1}{4}$。

2. 组内交流：先和同伴说一说你的想法，然后思考你们的方法有没有共同之处，你又有什么新的发现。

三、活动实录

活动：请你尝试着用画一画或写一写的方法表示出自己心中的 $\frac{1}{4}$。

学生看到活动要求后，兴趣盎然，静思默想后纷纷写出了自己的想法，在交流展示时可谓是精彩纷呈：

生 1：一条线段的 $\frac{1}{4}$。 

生 2：一个正方形的 $\frac{1}{4}$。 

生 3：一个圆形的 $\frac{1}{4}$。 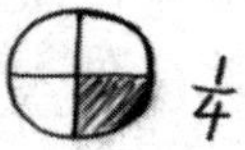

生 4：用一句话描述的 $\frac{1}{4}$。 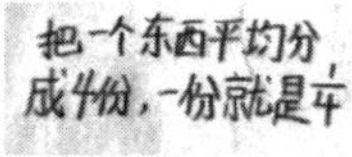

生 5：我是把 4 个苹果平均分成了 4 份，1 个苹果就占其中的 1 份，是 $\frac{1}{4}$。

生 6：生 1 到生 4 同学说的过程我听明白了，也同意，可是生 5 和大家交流的，我有点疑惑，1 个苹果怎么会是 $\frac{1}{4}$，不是 1 个吗？

生 7：我记得我们以前学过的分数都是把一个东西平均分，他分的是 4 个东西，我觉得好像不行？

师：（故作糊涂状），刚才生 1 到生 4，你们的意见我都赞同，生 5 的发言你们听清楚了吗？我就不明白了，一小块儿，一小段儿，说是整体的 $\frac{1}{4}$，这个好理解，可是这是 1 个苹果，1 就是 1 啊，怎么会又是 $\frac{1}{4}$ 呢？

生 5:（生 5 又起立继续解释道）我的意思是把 4 个苹果平均分成了 4 份，1 份是 1 个苹果，这 1 个苹果不就占总共的 $\frac{1}{4}$ 嘛。

（生 5 边表述边指着图解释）

师:（学生们似乎并不是很明白。有些似懂非懂的表情，老师又顺势质疑）对呀！ 你们思考思考，分 4 个苹果到底行不行？为什么？（一石激起千层浪，学生们热烈地讨论起来）

生 8：我觉得他是把 4 个苹果看成了一个大的整体，再把这个整体平均分成了 4 份，每一份占整体的 $\frac{1}{4}$，这一份刚好是 1 个苹果，所以他说 1 个苹果占 4 个苹果的 $\frac{1}{4}$。我觉得可以这么表示。

师：（此时教师抓住时机，出示课件，顺势引导）盒子中有 4 个苹果，把它平均分给 4 名同学，想一想，每个人得到几个苹果？占这些苹果的多少？

（借助教师出示的图，学生直观形象地理解了 1 个苹果占 4 个苹果的 $\frac{1}{4}$）

生 9: 上次我们小组得了总分第一，我记得老师给了我们每人 2 支签字笔，4 个人共得到 8 支，我觉得每人得到的也是 $\frac{1}{4}$。

（边说边展示她画的图）

生 10：我们以前学习的分数都是把一个东西，像 1 个苹果、1 条线段、1 个圆形等平均分成 4 份，其中的 1 份占 $\frac{1}{4}$。今天他们说的是把 4 个苹果、8 支笔平均分成 4 份，我发现其中的 1 个苹果占 4 个苹果的 $\frac{1}{4}$。而 2 支笔就是占 8 支笔的 $\frac{1}{4}$。

师：经过大家的讨论，你们觉得分多个物体可以吗？为什么？

生 11：不管以前我们分的是一个东西，还是今天分的好几个东西，它们都是平均分成了 4 份，取其中的 1 份，这样的 1 份占 4 份的 $\frac{1}{4}$。虽然和以前分的物体个数不一样，但是我觉得分的意思是一样的。都能用我画的图表示。

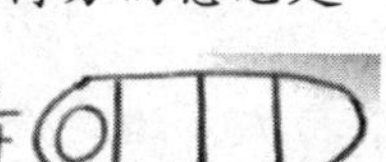

生 12：（补充道）我觉得也可以，不管分几个物体，都是平均分成 4 份，取其中的一份，就可以用 $\frac{1}{4}$ 表示。

师：（课件出示长方形直观图）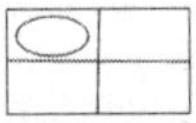 遇到问题，越辩才能越清晰，看，我们把这些物体看成一个整体，用长方形来表示，平均分成 4 份，其中的 1 份就可以用 $\frac{1}{4}$ 表示。这 1 份就是占 4 份的 $\frac{1}{4}$。

生 13：我觉得把这个整体平均分成 4 份，就是分母，而取得的 1 份就是分子，这个分数 $\frac{1}{4}$ 表示的就是 1 份和整体 4 份的比较。

师：其实，通常在数学上，我们把这一个物体或是多个物体看成一个整体，叫作单位“1”。（师指着长方形 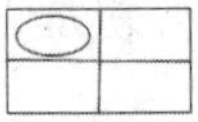）你们想一想：整体可以是什么，一份又可以是什么呢？静静想一分钟，然后咱们来交流。

生 14：我举的例子是把 12 个苹果看成整体，平均分成了 4 份，1 份是 3 个苹果，这 3 个苹果就占 12 个苹果的 $\frac{1}{4}$。（学生边说边板书出图）

生 15：我把 20 支笔看成整体单位“1”，平均分成了 4 份，1 份是 5 支笔，5 支笔占 20 支笔的 $\frac{1}{4}$。

师：那 $\frac{1}{4}$ 还能表示更多的苹果吗？

生 16：我觉得可以，比如总数是 20 个苹果，$\frac{1}{4}$ 表示 5 个苹果。总数是 24 个苹果，$\frac{1}{4}$ 表示 6 个苹果。总数是 40 个苹果，$\frac{1}{4}$ 表示 10 个苹果。我觉得多少个都行。

（学生举了很多正确的例子）

师：单位“1”表示的物体可以更多，还可以更少吗？

生 17：可以，单位“1”可以是半个苹果，或是半个苹果的一半……

师：你们举的这些例子，不管单位“1”是几个物体，它们之间有什么共同的特点吗？

生 18：我觉得不管是一个物体，还是一些物体，都是把单位“1”平均分成了几份，其中的一份就是几分之一。

生 19：平均分的份数是总份数，表示分母，取得份数是它的一部分，是分子，分数就是一部分占整体的几分之几。

生 20：我觉得分数表示的就是部分和整体的比较。

设计分析：本环节共设计 2 次让学生理解分数 $\frac{1}{4}$ 的活动，第一次是为了让学生初步理解分数的意义；为什么单位“1”既可以是一个物体，也可以是一个整体。而第二次的理解，为了让学生沟通单位“1”和分数之间的联系，聚焦到不管单位“1”是几个物体，它表示的都是部分与整体的关系，抓住分数的本质，建构了分数到底是一个什么样的数的模型，也为后续进一步学习分数积累了经验。

从学生在课堂上的表现来看，学生已经能够抓住分数的本质，真正理解了分数的意义。所以我让学生借助第一个活动的经验，自主完成了第二个活动，也没有再重复展示不同表征的过程，学生顺其自然地迁移得出：$\frac{1}{4}$“表示把单位‘1’平均分成 4 份，因为 1 份是 3 个圆片，所以有这样的 4 份就是 12 个圆片”的结论。两个活动的探究，让学生经历了从整体到部分，然后再从部分回到整体的双向思考过程，进一步深化了对分数意义的理解。

四、评价反思

（一）借助经验，沟通联系

本课的设计中，教师借助学生的已有知识、生活、思维经验，让学生创造分数 $\frac{1}{4}$，唤醒学生对已有经验的回忆，学生由最初对分数的感性认识——$\frac{1}{4}$ 只能表示把一个物体进行平均分，到产生认知上的冲突——“能不能平分 4 个苹果，$\frac{1}{4}$ 表示 1 个苹果？”，引发学生深度思考，沟通了新知与旧知之间的联系，不管单位“1”是一个物体，还是多个物体，它表示的都是 4 份与 1 份的关系。使原有认知发生了改变，学生的思维也上升到对分数的理性认识，对分数的认识更清晰、更深刻了。

（二）借助直观，建构模型

《课标（2011 年版）》指出“借助几何直观可以把复杂的数学问题变得简明、形象，有助于探索解决问题的思路、预测结果”。对于抽象的分数来说，恰当的几何直观往往是帮助学生构建理解的有力抓手，有助于将抽象的分数直观化、显性化。因此，在理解部分与整体的关系时，我尝试运用长方形面积的几何直观图，通过4份与1份，整体与部分的比较，帮助学生清晰、透彻地感受分数的意义。以分4个苹果能用 $\frac{1}{4}$ 表示的理解为基础进行拓展，引发学生思考用12个、20个苹果等能表示 $\frac{1}{4}$ 吗？通过直观和实物的支撑，化抽象为具体、化抽象为直观，进而借助长方形面积的几何直观图形，引起学生想象整体能是什么，1份又是什么。最后借助长方形直观图理解抽象概念，不管整体是多少，只要有这样的4份，每1份都能用 $\frac{1}{4}$ 表示。直观的体验帮助学生在头脑中建构了分数的表象，水到渠成地理解了分数的意义。同时在这个过程中，潜在地发展了学生的数感和抽象概括能力，同时渗透了模型思想。

算中求解　溯源求本

——《认识负数》学习活动设计与分析

北京市通州区中山街小学　穆健

一、背景分析

小学阶段“数与代数”部分内容包括：数的认识、数的表示、数的大小、数的运算、字母表示数与方程等。总体上是沿着两条主线展开：一个是从数量抽象出数，进行数的扩充；一个是从关系角度，从数量关系的等量关系到不等关系、变化关系。总体上这两条主线不是割裂的，而是相互融合、螺旋发展的，在认识数量的同时认识数量之间的关系。

（一）学习内容分析

“负数”是第二学段的内容，是学生在认识了自然数、分数和小数的基础上学习的，是数的概念的进一步扩充，并将为第三学段有理数及其运算的学习打好基础。为更准确深入地把握教学内容，我们对不同版本（北京版、人教版、北师大版和苏教版）教材内容进行了对比分析，共同点有：①“举例”说明什么是负数；②突出“0”的说明，它是正数与负数的分界点；③介绍正、负数的读、写法，“+”可省略不写；④强调用正、负数表示意义相反的量。不同点有：①编排年级：北师大版、北京版、苏教版及人教版分别编排在四年级上册、四年级下册、五年级上册及六年级下册；②情境选择：北京版通过“温度计、海拔、存折、楼层”等生活场景来认识负数；人教版教材设计了三个例子，即分别观察“气温引入负数”“家庭收支情况”“反方向的距离和数轴”来体会负数的产生和在生活中的意义；北师大版教材共两个课时：一是通过温度初步感受负数，二是通过连串的小情境，如“高山与盆地”“加分和扣分”“超市盈亏”“存款与取款”“上楼和下楼”“顺风和逆风”等来感受负数在生活中的意义；苏教版通过“显示城市最低气温”“海拔高度”“服装店每月盈亏”“以平面示意图的形式呈现从学校出发，沿东西方向的街道行走的情境”逐步认识负数。

这四个版本教材都是从观察气温引入负数，既能让学生体会负数产生的现实意义，又能帮助学生体会零上零下正负数的相对性。对温度计的观察，帮助学生从直观到半直观再过渡到比较抽象地认识正数、负数和0三者之间的关系。不同版本都使用了“海拔”这一素材来帮助学生认识负数，教材安排了比较这两者有什么相同点，这能有效地帮助学生概括出它们的本质属性，顺其自然地构建起数学模型。即都是以海平面为界，记作“0”，0上面的距离用正数表示，0下面的距离用负数表示。可以看出，在不同版本教材安排中，学生对于负数的理解与认识限定在与生活中的场景的一一对应，并在此基础上进行负数的抽象与数的扩充。

（二）学生情况分析

通过对不同版本中单元内容的分析，不禁思考，学生到底学到了什么？对于负数的认识提高了多少？如果没有本节课，这些知识学生是不是已经掌握了？

课前我分别选取二年级、四年级、六年级各10名同学进行了前测：

年级	前测题目	反馈结果
二年级	1. 你听说过负数吗？ 2. 你能说出几个负数吗？	70% 的学生听说过负数。有 30% 的学生能够正确写出负数。
四年级	1. 你能写出几个负数吗？ 2. 你能举出生活中负数的例子吗？	大部分学生能够写出负数。所有学生都可以举出例子，如：温度（零下）、电梯（地下几层）。
六年级	我们在四年级已经学习过负数，请你说一说，怎样可以得到一个负数。	所有的学生对于负数的产生主要还是从生活中举例，但对于为什么这样就是负数了还是说不清楚。

综合分析，我们发现小学阶段不论几年级，学生对“负数”并不陌生，但对于“负数”意义的理解，更多地停留在对生活的了解与一一对应上，而对于负数如何产生，其本质的数学意义到底是什么，却含糊不清。

在学习完“生活中的负数”一课后，我问学生：“这节课我们学习的‘负数’和你学之前理解的‘负数’有什么不同吗？”学生说：“之前我认为负数应该是比我们认识的最小数0要小，应该都没有了，但加分、扣分，存款、取款，楼上、楼下，都可以用正负数表示了。但这些是真实的数，怎么能叫负数呢？”显而易见，学生的认识程度和思维层次在完成本单元的学习任务后并没有得到一个质的提升，原有的还是原有，没有的还是未知。我也曾经问过初、高中的学生“什么是负数”，他们的回答都非常直接，“比0小的数才是负数”，可见这才是我们将来要走向的目标。同样的教学内容，不同版本教材编排在不同年级，为什么同一个教学内容在安排上又会有如此大的差异？

我的思考

那么，负数的本质是什么？

1. 生活中为记述与一个量相反的量的记录方式。

2. 与正数对应的数量相等、意义相反的数。

3. 突破减法运算封闭性的结果。

以上三点，哪个应该是学生最先认识的起点？很明显，第一点与第二点只是生活中负数的一种经验表现方式，而第三点才真正指向了负数的产生，才是负数概念一以贯之的结构主线。如果一味地在经验层面上积累正负数表示相反意义量的体验，产生不了更多的价值。经验提供了组织概念的基础，但不提供概念本身，不对感性进行理性拷问的话，经验永远是经验。要理解负数的意义，而不是记得负数定义的话，只有直面冲突，重组认知结构，才能真正地走进数学的意义世界。因此如何让学生通过自身所确定的经验，经历“0”的认知与突破，才是负数认识的开始。

基于以上的分析与思考，我设计了如下活动框架：

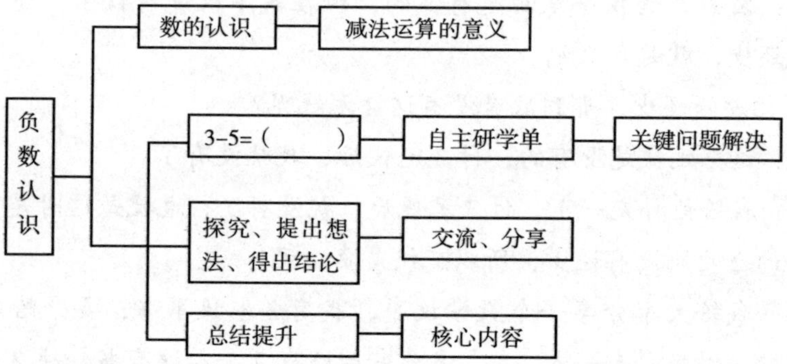

二、活动设计

（一）活动目标

通过减法运算的思考，感悟负数产生是突破减法运算封闭性的结果。

（二）活动情境

5–3=（　），你能通过一个数学故事来说明吗？ 3–5=（　）呢？

（三）核心问题

一个较小的数减去较大的数能得到一个什么结果？

（四）活动方式

独立探究与分享交流。

（五）活动时间

学生独立探究与全班交流大约20~25分钟。

（六）学习单

学习任务单

3−5=？你能用写道理、画图、讲生活中的数学故事等方法，给其他同学解释你的想法吗？把你的思考过程写在下面。

三、活动实录

师：好了，哪位同学来和我们交流一下，你是怎样理解3−5=（　）的？

生1：3−5 =(−2)。比如有一次我带了3元钱到小区的小卖部去买笔记本，一个笔记本5元钱，我手里面有3元钱，3元全给了老板，手里面没有钱了，还欠了老板2元，这欠的就是负2元。大家有什么问题吗？

生2：为什么欠2元就是负2元了呢？

生1：因为开始我手里面是有钱的，现在我不仅没有钱了，还欠2元，比没有钱还少，就是负2元。

师：比没钱还少，那到底有没有这2元钱呢？

生1：这2元钱是没有的，付3元钱后，我就没有了。

生2：我给他补充一下，付3元钱后，就没有了，也就是这时是0元了，剩下没给的2元比没有还少，所以应该是负2元。

生3：我给大家分享一个数学故事，我有3本故事书，要分给我们小组的5名同学，结果每人一本，3本书分完后还有2个人没有书，缺2本，缺的这2本就是负2本。所以3−5=（−2）。

师：这两个关于3−5 =（−2）的故事，有什么相同的地方吗？

生4：都是算的过程中没有了。

生5：没有后都已经是0了，而剩下的欠的就是比0还小，就是负2了。

生6：我是用一幅图来表示的，大家看（学生展示坐电梯去地下车库的画面）。我和父母从第三层坐电梯去地下车库，电梯经过三、二、一层到了地下二层，地下二层就是负 2 层。

生 7：负数不是比没有还少吗？可是地下二层还是存在的，这能看作负 2 吗？

生 6：我说的是地下 2 层。

师：从图里面我看到一共画了五层，怎么五层中就会出现“−2”层了呢？

生 8：我来补充，其实在这里，到了地面，是把地面看作 0 了，虽然地下一层、二层是存在的，但是地面以下是比 0 还要小，比 0 还要小当然就是负 2 了。

师：这个故事中的负 2 层和第二层有什么区别吗？

生 9：一个是地上二层，可以看作正 2，一个是地下二层，可以看作负 2。

师：和前面两个有什么相同的地方？

生 8：都是比 0 小。

师：这几名同学向我们介绍了他们认为的负 2 是什么，怎样得到的。在得到负 2 的过程中，它们有什么共同之处吗？

生 9：都没有了。

生 10：我再补充一点，没有了以后还缺，不够呢？

生 11：都比 0 还要小。

师：我明白了，你们的意思就是比没有还少，也就是比 0 这个数还要小的时候，就出现了“负数”，是这个观点吗？

生：是的。

四、评价反思

（一）从“算”入手，直切“负数”本质

通过学生学完“负数”的后测，我们发现如果仅仅从生活情境出发，学生并不能从数学本质上理解“负数”，仍停留在表象感知层面。由此，本节课的活动设计由“算”切入，把负数作为“记录生活中相反意义的量”这一学生所熟悉的生活经验认知与在运算中“突破减法运算封闭性结果”的数理理解结合起来，使学生对于负数本质特征与其产生的数理建立联系。通过学生间的交流、分享、汇报来认识和理解负数作为数学上的一种表达方式的产生过程，来突出“负数比 0 小，是一种运算，是对减法的突破”。活动结束后，通过“在足球赛比中，有进球，有失球，如果在一场比赛中，甲队进 2 个球，

乙队失 3 个球，你可以怎样来记录两队得分情况？请尽可能详细地记录下你的思考过程（可以写一写，画一画等）” 持续性评价题目，对学生的学习效果进行了诊断。分析总结后续评价来看，通过从数量抽象与数的运算这一相互融合、上升发展的体系来对负数进行认识，统一了“正数、0、负数”间的关系，对于负数产生的过程和价值有了更完整的认识，同时使学生对“数的认识”有了一个既清晰又与以往不同视角的理解，便于学生进入中学学习相关知识。

（二）知不足，而后进

教学中也发现虽然通过减法算式 3–5=（ ），注重沟通了学生实际生活经验与数学运算的关系，但在举例过程中，对于“突破减法运算封闭性结果”的认识，学生还不能很清晰地理解与融汇。从学生的年龄特征出发，既然负数是一种人为创造的数学表达方式，一方面要引导学生从数的原理去研究，另一方面要突出负数所表现出来的生活中相反意义的量的实际意义。例如如果能够利用图形与数轴相结合的方式来研究 3–5=（ ），通过图形数轴来让学生更好地理解运算与数的关系，以“数形结合”的方式，更多地突出“0”在负数认识中的突出作用，效果会更加突出。

总之，通过这样的学习研究，当学生再去分析与认识生活中的负数时，会少一些困扰，多一些思考，会有一种“因为站得高，所以看得远、看得深”的感觉。

聚焦本质　沟通联系

——《比的认识》活动设计与思考

北京教育科学研究院通州区第一实验小学　林蕊馨

一、背景分析

在字典上，“比”有很多种含义。从数学的角度来看，比即比较，而比较是建立在至少两个量的关系基础上进行的。比较关系包含相差关系和倍比关系，倍比关系即我们今天要认识的这个比。

（一）学习内容分析

比的认识是在学生已经掌握了整数、小数、分数、百分数的有关知识，掌握了常见的数量关系，以及掌握了有关方程的代数初步知识，并且具备了运用这些知识解决实际问题的能力的基础上进行教学的，在后续学习中，学生还要继续学习比的基本性质、按比分配、比例的意义、比例尺、正反比例的意义及用比例解决日常生活中一些实际问题，尤其为初中学习正反比例函数、图形的相似等相关知识积累可持续发展的能力。

比的本质是倍比关系，从这个角度说，它跟除法、倍、分数有着密切的关系。翻阅多个版本的教材，多数都是结合具体实例，从学生比较熟悉的同类量之间的倍数比较关系入手，列出除法算式解答，然后直接揭示这样的倍数比较关系还有一种表示形式，进而揭示不同类量的比，最后通过观察对比这些实例，联想到比和除法有着密切的关系，从而揭示比的概念：两个数相除又叫作这两个数的比，整个编排体现着比与除法的密切联系，概念的界定使人感受到比只是除法的另一种表现形式。

（二）学生情况分析

为了充分了解学生的认知基础，我对六年级一个班的 37 名学生进行了课前调研，调研题目是：

1. 用数学的眼光看“比”，你知道比可以表示什么意思吗？

2. 根据你对“比”的含义的解读，你能举出一个生活中表示这种意义的例子，并解释这个例子的意思吗？

调研结果：

有 67.6% 的学生认为比表示比较的意思，可以比多少，能够列举出甲店比乙店便宜等具有相差关系的例子，8.1% 的学生认为比就是比例，他们能够列举出金龙鱼调和油 1 ∶ 1 ∶ 1，某种食品的配料是 2 ∶ 3 等具有倍比关系的实例。24.3% 的学生认为只要带有“比”字的都是比，如今年比去年产量增加 10% 等，还有的学生列举出比赛中比分的例子。

看来多数学生对比的认知是比多比少，那学生对倍比关系的比是否真的一无所知呢？于是，我选择倍比关系的生活实例对学生又做了进一步的调研：你知道食品配料中的 2 ∶ 3 表示什么意思吗？ 48.6% 的学生能够从份的角度解读比，说出一种原料占 2 份，另一种原料占 3 份。18.9% 的学生给前项、后项分别赋予相同单位进行解读，例如 2 千克 ∶ 3 千克或者 2 升 ∶ 3 升，由此可以看出，学生只是没有想到，并不是不知道，但是当出示一辆货车 3 小时行 120 千米这样的例子时，学生认为同上面的例子不同，由于单位不同，因此不能写成比。看来，在多数学生的潜认识中，前后项是具有倍比关系的。

从调研结果可以看出，学生对同类量的比有一定的生活认知经验和知识经验基础，但是对于不同类量的比并不理解，看来认识不同类量的比是学生认知上的难点。

我的思考

1. 既然两个数相除就可以写成比，那有除法就行了，为什么还要学习比呢？比一定有除法所不能承载的价值。比的意义是什么，它的价值又是什么呢？生活中我们经常见到这样的现象：按照 1 ∶ 3 配置蜂蜜水，我们知道，即放一份蜂蜜，就要放这样的 3 份水。1 ∶ 3 是蜂蜜和水份数关系的直接描述，这时，我们并不关注比值是多少，我们只知道二者之间的关系是 1 份对应 3 份的关系就可以了，而且有这样的关系我们就可以调制出蜂蜜水了。还比如，一筐苹果按 1 ∶ 2 分给两个人，这时我们并不需要知道这筐苹果有多少个，只要按照你拿一个，我拿两个这样的分配方法来分就可以。而除法、分数更多强调的是两个量之间的一种运算关系，自然就会关注运算的结果。另外，生活中我们还经常见到这样的比：配制一种混凝土，水泥、沙子、石子的质量比是 2 ∶ 3 ∶ 5。从这个比中，我们能够直观地、清晰地感受到三个量之间的份数对应关系，而这是分数、除法不容易做到的。

2. 从教材内容中我们可以看出，比包括同类量的比和不同类量的比。在很多比的认识的课堂上，我们发现同类量的比的教学和不同类量的比的教学是毫无关系的两个环节，同类量的比学生容易理解，但不同类量为什么也能写成比，往往使学生一头雾水，它们之间有什么关系呢？学生对此不理解，但也只能生硬地接受。张奠宙先生认为同类量的比是源，是比的本质意义，不同类量的比是流，是由同类量的比衍生出来的，既然是源与流的关系，它们之间就一定具有一致性。如何将二者沟通起来呢？《辞海》中对“比”有这样的解释：如果以 b 为单位去度量 a，成为 a 比 b，如果从这个角度上看，不管是同类量的比还是不同类量的比，都可以看成以 b 作为一个标准去量 a，这时 a 与 b 的关系实际上就是在量的基础上产生的对应关系，在这一点上同类量、不同类量是相通的。如按照 1 ∶ 3 配置蜂蜜水，用一勺蜂蜜去量水，水有这样的 3 勺。它们二者之间是 1 勺蜂蜜对应 3 勺水的关系。又如沏奶粉，1 勺奶粉加 60 毫升水，即用 1 勺奶粉去量 60 毫升水，它们之间的对应关系是 1 勺奶粉对应 60 毫升水的关系。又如买 3 千克苹果 18 元，就是用 3 千克作为一个标准量 18 元钱，由于做标准的量与要量的量的单位不同，因此这种对应关系不再是倍比关系，而是产生了一种新的量——单价，但是总价与数量之间依然是一种对应关系，在这一点上不同类量的比与同类量的比是相通的。在同一情境中，这种对应关系是不变的，它就相当于一把尺子，可以量出蜂蜜水的浓度、奶的浓度、单价的贵与便宜等。

基于以上分析，我认为不管同类量的比还是不同类量的比，它们的本质内涵体现的都是固定不变的对应关系，这种对应关系可以是同类量的份数对应关系，也可以是不同类量的对应关系。而只从除法的角度认识比，给比下定义，并没有突出比的真正价值与内涵，为了凸显比的本质内涵，沟通同类量的比与不同类量的比的关系，我设计了三个活动任务：1. 借助稀释洗涤灵认识同类量的比，体会比的份数对应关系。2. 借助沏奶等活动认识不同类量的比，沟通同类量的比与不同类量的比之间的关系，理解比的本质内涵。3. 拓展应用，区分生活中比赛的比分，深化对比的本质内涵的认识与理解。在这三个活动中，第二个活动需要学生将对同类量的比的固定对应关系迁移到不同类量的比，从而同化认知结构，达成概念本质的一致性，因此，我认为第二个活动任务是学生认识的重点与难点，是学生真正认识理解比的关键所在，下面，我主要阐述认识不同类量的比这个活动任务的设计与开展情况。

二、活动设计

（一）活动目标

感受不同类量的比的固定的对应关系，沟通同类量的比与不同类量的比的联系，理解比的本质含义。培养学生分析、综合、抽象、概括能力。

（二）活动情境

这些生活中的实例，能用今天学习的比表示吗？为什么？

（1）沏奶：每 60 毫升水加 2 勺奶粉。

（2）洗衣服：每 8 件衣服加 1 勺洗衣粉。

（三）核心问题

比表示什么？

（四）活动方式

独立思考、小组交流、集体分享。

（五）活动时间

学生独立思考、与全班交流大约 20 分钟。

（六）学习单

温开水（毫升）	奶粉数量（勺）
60	2

衣物件数	8 件普通衣物
洗衣粉数量	1 勺

1. 独立思考，这两个实例，能用今天学习的比表示吗？为什么？

2. 小组内交流自己的想法。

三、活动实录

师：通过刚才稀释洗涤灵的例子，同学们对比已经有了一定的认识，看看学习单上的这两个实例，能用今天学习的比表示吗？ 先独立思考，再小组交流。

师：同学们都有了自己的想法，下面我们一起交流一下。我们先来交流第一个沏奶粉的例子。

生 1：我认为这个可以用比来表示。温开水和奶粉数量的比就是 60 ： 2，约分完就是 30 ∶ 1。

生 2：我认为不可以直接用比来表示，它们的单位不太相同。水的单位是毫升，而奶粉的单位不是毫升而是勺，一勺等于多少毫升我们不知道，所以不能直接写成 60 ∶ 2，假设这两勺有 20mL，就可以用比表示了，但是现在奶粉是两勺，两勺有多少毫升是不能确定的。

生 3：温开水确实有 60mL，奶粉确实有两勺，单位虽然不同，但是它们也有自己一个固定的值，只是用了不同的方法表示出来，所以我认为是可以用比表示的。

生 4：这个 60 ∶ 2 就是每 60mL 温开水放两勺奶粉，这和单位相不相同是没有任何关系的。现在每 60mL 温开水放两勺奶粉，如果是 180mL 温开水就放 6 勺奶粉，跟单位没有任何关系。

生 5：这里面是有两份奶粉就会有 60 份温开水，不过这一“份”的单位是不一样的，这个奶粉的份数单位是勺，以勺为一份，温开水是以一毫升为一份。虽然单位不同，但是它们的这种关系没变。

师：说得真好，也就是有 60mL 的温开水就对应着两勺奶粉。如果再有 60mL 水呢？

生：又对应两勺奶粉。

师：那水和奶粉量可以用比表示吗？

生（齐）：可以，水和奶粉的比是 60 ∶ 2。

师：对，是 60mL ∶ 2 勺（教师板书），再看看洗衣服时洗衣粉和衣服件数的关系，能用比来表示吗？

生 1：可以用比来表示，因为每 8 件衣服就放 1 勺洗衣粉，所以应该是 8 ∶ 1。

生 2：我认为这个比表示这两个量之间的关系，有 8 件普通衣服就加上 1 勺洗衣粉，假如是 16 件普通衣服就是 2 勺洗衣粉，所以这个有一个固定的关系，因此它们可以用比来表示。

师：衣服件数与洗衣粉数量的比是 8 件 ∶ 1 勺。沏奶粉和洗衣服这两个实例写出的比和我们前面稀释洗涤灵形成的比有什么相同点与不同点吗？

生 1：相同点就是它们都可以用分数或倍数关系来表示，比如 60mL 和 2 勺表示每 30 毫升对应 1 勺奶粉，它们之间也可以看成 30 倍的关系；稀释洗涤灵中的 1 ∶ 4 也表示 4 倍的关系。它们的不同点是 60mL ∶ 2 勺，这个比中前后项的单位是不同的，而稀释洗涤灵的1 ∶ 4，这个比中前后项的单位是相同的。

生2：比如原液和水是1 ∶ 4我感觉是按份数关系来比的，后面这个60mL比2勺，和8件比1勺它们的单位不同，但是这些比中前后项之间的对应关系是不变的。

师：这个比和前面稀释洗涤灵的比虽然长得有点不一样，但是它们也有共同点，也就是在同一情境中，前后项的对应关系是固定不变的。看来，比可以看作相比较数量的一种对应关系的记录。

四、评价反思

（一）精选生活实例，唤醒已有经验，沟通联系

学生在认识同类量比的活动中，已经感受到比表示固定的对应关系这一内涵，那么如何将这一认识过渡到不同类量的比中呢？于是在认识不同类量的比的活动任务中，我有意选择了这样两个生活中常见的实例——沏奶粉和洗衣服，为什么要选择这两个实例呢？原因有两点：一是这两个实例是生活中经常见到的，学生有生活经验，他们可以利用熟知的生活经验帮助自己思考；二是这两个实例介于同类量与不同类量之间，表面看属于不同类量，实际上它们都可以转化为同类量，比如奶粉和水都可以通过质量来界定多少，这利于学生从不同角度理解实例中蕴含着的固定对应关系，从而抓住同类量与不同类量的共同点。从课堂反馈来看，学生都能够借助生活中沏奶粉的经验帮助自己分析数量间的关系。

（二）借助生活实例，激发冲突，凸显本质

在学生看来，沏奶粉实例中反映的数量关系与前面出现的洗涤灵情境中的数量关系有很大差别，因此实例一呈现，就激发了他们强烈的认知冲突，多数学生更多地关注了二者外在形式的不同，不认可沏奶时水和奶粉可以用比表示。但是随着不同声音的出现，学生的思维开始由表及里，透过外在形式关注到了沏奶中数量之间的本质关系，发现原来这里面也存在固定的对应关系，在对比中找到了不同形态下的相同之处，完成了同类量的比与不同类量的比的对接，凸显了比的本质内涵，深化了学生对比的认识与理解。课堂上我们看到，之后学生对洗衣服问题中洗衣粉与衣服件数的关系，以及后面出现的单价（或数量）和总价之间的关系，90%以上的学生能够正确分析，非常明确地写出比了。

讲好数学故事　理解知识本质

——《认识加法》学习活动设计与分析

北京市通州区贡院小学　蒋志超

一、背景分析

运算能力是小学数学十个核心概念之一，要培养学生的运算能力首要的基础就是理解运算的意义。加法和减法是四则运算教学的开始，也是人类最早掌握的两种运算。小学数学教材没有对加法给出明确的定义，主要是通过生活化的情境，唤起学生的生活经验，这样不仅能让学生真正理解加法的意义，还能赋予加法算式丰富的现实情境。

（一）学习内容分析

《加法的初步认识》是北京版义务教育教科书数学第一册第五单元中的内容。加法的认识是本单元的起始课，理解好加法的意义是后续认识减法以及 10 以内加、减法计算的基础。

对比北京版、人教版、北师大版教材可以看到，对于加法的认识都是放在买金鱼、买气球、数铅笔这样的解决问题的具体情境中，北京版和人教版从现实的情境中半抽象到圆点图理解题意，北师大版是在两次的具体情境图中感知加法，最后抽象成加法算式。北京版和人教版教材以这样的安排认识加法，一方面体现加法的现实意义，另一方面凸显加法的数学本质意义：把两个部分合并起来。在三个版本的教材中，两个版本的教材都是从具体情境到半抽象的点子图再到抽象的算式的安排，相比之下，要比北师大版的两次具体情境感知加法更符合学生的认知规律、思维发展规律。本文主要围绕“加法含义的理解”建立“和”的概念开展数学活动，既引导学生在多种感官参与的活动中认识加法，理解加法的含义，建立“和”的概念，又为后续减法及 10 以内加减法的学习积累活动经验。

（二）学生情况分析

年龄特点：这部分内容教学对象是刚刚入学不久的一年级学生，他们的学习过程与学前儿童还有许多相似之处，无意性和具体形象性占很重要的地位。他们的学习需要在具体的情境中，借助直观的学习资源、多种感官参与到教学活动中，感悟加法的含义。

已有经验分析：

一方面是生活经验的积累。加法作为生活现象随处可见，学生在成长的过程中经常会遇到并经历具有加法含义的具体活动，天天都会感受具有加法意义的生活现象。比如：妈妈给他买了 3 本课外书，今天又买了 2 本，现在有了 5 本书；在幼儿园里上午老师奖励了他 3 朵小红花，下午奖励他 2 朵，一天得到了 5 朵。这些现象都是两部分的合并，也就是都具有基础结构的模型，学生在成长的过程中不知不觉积累了关于加法的直观感知，他们能正确判断出多了还是少了。

另一方面是知识学习过程经验的积累。在没有上小学之前学生已经开始接触认数、数数、加减法计算。在学习《加法》之前学生们也正式地学习过 10 以内的数及 10 以内数的分与合，他们有计算加法的知识基础。在前面的教学中，学生对画图、摆小棒等一系列的操作活动有接触，自已积累了一些活动经验。所以，已经具备了正式学习加法的知识与能力。

从上述的分析来看，学生有比较丰富的生活经验和知识储备，但是学生对加法这部分知识实际基础又是怎么样的呢？我对学生进行了前测，题目如下。

1. 做一做：5+3、4+2、5+1、7+2、3+3、4+1、6+4、8+1、0+6、4+5。

2. 看图列式：树上有 3 只小鸟，又飞来 1 只。

3. 说一说“4+2”表示什么意思？

选项	第一题		第二题		第三题	
	人数 / 人	百分比 /%	人数 / 人	百分比 /%	人数 / 人	百分比 /%
正确解答	85	100	81	95.3	59	69.4
不能解答	0	0	4	4.7	26	30.6

首先，一年级小学生对于 10 以内的加法计算是 100% 地掌握，可以肯定的是学生已经具备了简单的加法运算能力。其次，绝大多数的学生能理解加法的情境图，已形成初步数学符号化的意识，正确列式解答。最后，只有一小部分的学生能联系生活正确解释加法算式的含义。也就是说学生对加法含义的理解是浅层次的，能把具体的加法现实情境抽象成加法算式，但不能把抽象的加法算式用现实情境来进行解释，因此学生对加法含义的理解是不深

入的。

我的思考

首先，“加法的初步认识”是学生第一次正式认识加法，虽然是数学学习中计算教学的起始课，但是却是一节以建立“加法”概念为主的概念教学课。

其次，尽管“加法的认识”是初识性教学，我们却不可漠视它学习的现实起点。对于多数一年级学生来说，加法并非第一次接触，透过这种“似曾相识”乃至“比较熟悉”的感知经验，我们应该看到他们对加法的认识也都存在于表面：加法就是两个数字相加再计算结果。因此加法的认识重点一定要让学生在丰富的现实情境中真正理解加法的含义，而不是加法算法的探究。

最后，要让学生在活动中理解加法，通过多种表征感受加法的抽象魅力。学生认识的加法只停留在两个数相加计算出结果上，他们认为 1+2=3 既可以表示计算花朵的数量、计算水果的数量，也可以计算人员的多少……这样是不能清楚理解内涵的，对图片蕴含的加法意义缺乏准确的解读与口述，更不能从抽象的加法试题列举具体化的生活原型。也就是说，学生对加法含义的认识是模糊的、不明确的、不深刻的，加法结构并没有真正建立。只有当学生对图与式有了较好的对应性理解，对加法生活原型能顺利提炼与表述，才对加法含义有了正确认识，对加法结构有了初步构建。

图式表述和语言表达是落实加法含义这个教学重点的关键，也是教学的难点所在。因此，本节课将创设“正反”两次“讲数学故事”的活动，从现实情境到半抽象的图让学生顺向思维讲与图意相符合的“数学故事”，从抽象的算式到现实生活情境，让学生运用逆向思维讲数学算式的故事，从单一具体情境到半抽象的图，从半抽象的图到抽象的算式，再从抽象算式还原到具体情境，在这样的过程中真正理解加法的含义，建立“加法”的概念。

二、活动设计

（一）活动目标

通过创设不同“讲故事”的活动，感受不同信息中的相同数量关系，初步认识加法意义，培养学生倾听与表达的能力。

（二）活动情境

这个圆圈图讲的是什么“故事”呢？

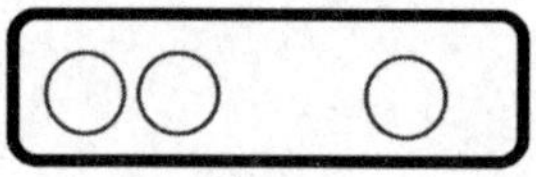

（1）○表示苹果，这幅图讲的是什么“故事”？

（2）你想让○表示什么，这幅图讲的是什么“故事”？

（三）关键问题

圆圈图为什么能表示“和”的意思？

（四）活动方式

独立思考，集体分享。

（五）活动时间

独立思考与集体分享大约需要 20 分钟。

三、活动实录

在学生对和的概念有过两次初步的体会之后，学生用以下○图表示老师拿铅笔的过程。

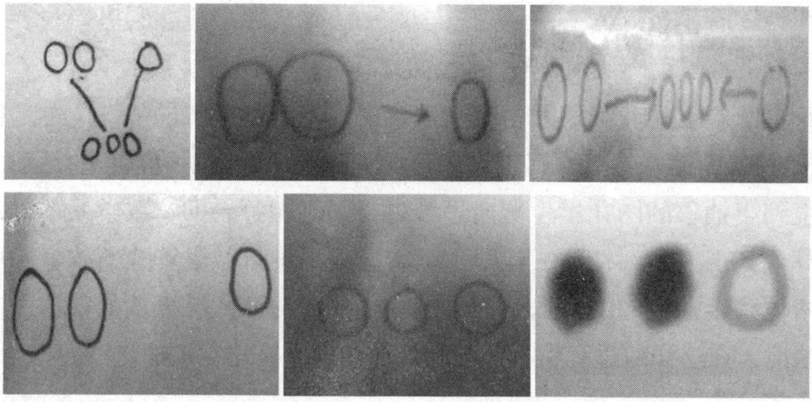

在梳理了各种图的含义之后，我在黑板上梳理学生的思维过程，出示了下面图式。

师：用这样的圆圈图可以表示老师拿铅笔的过程。如果说这个现在不表示铅笔，我们让它表示苹果（板书中贴出苹果图片），这时候，这个圆圈可能讲的是有关苹果的什么“故事”呢？谁能试着说一说？

生 1：老师我想的是，我们家有一盘苹果，我先吃了 2 个苹果，又吃了 1 个苹果，一共吃了 3 个苹果。

师：这个同学讲的是食物中苹果的故事，看看这个圆圈图可以表示吗？

生：可以（掌声表示通过）。

师：谁还能讲不一样的故事？

生 2：老师我想的是，周末我去果园里摘苹果。我先摘了 2 个苹果，又摘了 1 苹果，一共摘了 3 苹果。

师：哇，你讲的和他不一样，你讲的是摘苹果，是有关劳动的故事，真棒！

生 3：我妈妈先买了 2 个苹果，又买了 1 个苹果，一共买了 3 个苹果。

师：你是在讲买苹果的事，也是食物中苹果的故事！不一样的想法还有吗？

生 4：老师我先画了 2 个苹果，又画了 1 个苹果，一共画了 3 个苹果。

师：这个同学想的不一样，是美术课上画苹果的故事，真厉害！

师：同学们太棒了！有的讲了食物中苹果的故事，有的讲了劳动中苹果的故事，还有的讲了学习中苹果的故事，都可以用这个圆圈图表示。现在，如果○不表示苹果了，（板书摘下苹果图片）你想让○表示什么？这个圆圈图讲的又会是什么“故事”呢？

生 4：老师我让○表示梨，我先吃了 2 个梨，又吃了 1 个，一共吃了 3 个梨。

师：用圆圈代表梨可以，你讲的和刚刚老师想到的苹果一样都是水果的故事，有没有同学们想的不是水果的故事呢？

生 5：老师，我想让○表示小树，我先种了 2 棵树，又种了 1 棵树，一共种了 3 棵树。

师：大家听，她讲的就和老师想的不一样，她讲的是有关植物的故事，想的多好啊！其他同学还有想到别的吗？

生 6：老师我想○表示我的变形金刚。我家里有 2 个变形金刚，妈妈又给我买了 1 个，我一共有 3 个变形金刚。

师：他用圆圈图讲了自己身边最爱的玩具，真棒！

生 7：老师我想讲肯德基的故事。我先买了 2 个汉堡包，又买了 1 个汉堡包，一共买了 3 个汉堡包。

师：啊，你想到了你最爱的食物。还有同学想说的吗？

生 8：老师我想到了小鸟。树上有 2 只小鸟，又飞来 1 只小鸟，树上一共有3只小鸟。

师：这个同学们也很厉害，她讲的有关小动物的故事。同学们都很棒，有的同学讲到了水果，有的讲到了植物，有的讲到了玩具，还有同学讲到了动物等，用这幅圆圈图可以表示生活中很多很多的“故事”，只要是把生活中2和1这两部分合并起来，都可以用这个圆圈图来表示。这些有意思的故事不仅可以用这个圆圈图表示，还可以用一个算式来表示，大家知道是哪个算式吗？

生9：老师，可以用2+1=3这个算式。

师：这个符号叫加号，它就表示合并起来的意思。读一读这个算式，你知道这个算式表示什么意思吗？

生10：这个算式表示2支铅笔和1支铅笔合起来是3支铅笔。

师：你说的是老师拿铅笔的意思，还有吗？

生11：停车场有2辆车，又开来1辆，合起来是3辆。

师：你用算式讲了停车场的故事，真棒！

生12：我昨天数学课得了2个小印章，今天又得了1个，合起来是3个小印章。

师：你用算式讲的是自己小印章的故事，想得好！

生13：我家里有爸爸、妈妈，加上我就是3个人。

师：你用算式讲的是家庭成员的故事，也不错！

生14：上午来了2个快递，下午又来1个快递，合起来是3个。

师：你用算式讲快递的事也是可以的。

四、评价反思

数学活动的开展是助力学生理解数学概念的必要条件，《加法的认识》通过对加法本质的理解进而建立“和”的概念。低年级的学生和中、高年级学生知识基础、能力基础、学习经验等截然不同，特别是刚刚入学一个月的学生，对于书写、操作这种数学活动的驾驭能力还很有限，因此本节课结合学生特点设计了“讲数学故事”的活动。这样的活动不仅符合低年级学生的年龄特点，而且符合学生的认知规律；不仅能外化思维，而且能丰富对加法的认识。

首先，从一开始用圆圈图讲铅笔的“故事”到讲有关苹果的“故事”，从讲有关苹果的“故事”再到最后的你想用圆圈图讲什么“故事”，“故事”内容从指定到开放，学生的思维从聚焦到发散，通过“圆圈图”为学生插上联想的翅膀，将生活中常见的与之相符的事例与圆圈图对接，学生在举例的过程中潜移默化地感受到，不论是买苹果的事情还是种植小树的事情等都是把两部分合了起来，以此丰富学生对“和”的认识与理解。通过“讲故事”赋予“和”概念全新的形象，将抽象数学概念作为思维中存在的具体对象，从而真正建立起“和”的概念。

其次，通过“讲故事”的活动训练低年级学生听、说的能力。一节课中学生精彩的语言表达是让人记忆犹新的，这就需要从小训练学生口语表达能力。从一个同学讲“买苹果的故事”到另一个同学就会说到“摘苹果的故事”，从一个同学讲“植物的故事”到另一个同学就讲“动物的故事”，这些一年级的小学生学会了大声说完整话，学会了说与众不同的想法，学会了倾听小伙伴的发言等，从中不仅可以了解学生知识的掌握程度，也可以提升学生的语言表达能力，为后续数学学习打好基础。

总之，在整个的活动过程中，学生的认识由浅入深，思维从具体到抽象，他们在喜闻乐见的“故事”情境中，感悟各种情境活动中的共性，对加法本质的认识越来越清晰。通过多种活动学生也感受到了数学与外部世界的密切联系，增强了自己对数学价值的认识，培养了数学学习的兴趣。

参考文献：
[1] 展淑萍 . 小学数学概念教学中数学活动的研究与实施 [J]. 名师在线，2020(1):43−44.
[2] 周艳 . 基于 APOS 理论视角下的小学数学概念教学 [J]. 小学教学参考，2019(35):94−95.

建构基本模型　凸显本质内涵

——《倍的认识》活动设计与思考

北京教育科学研究院通州区第一实验小学　林蕊馨

一、背景分析

（一）学习内容分析

“倍”是小学数学里的一个重要概念，它的产生源于比较。在小学阶段，最初对于两个数量的比较是通过比多、比少来描述的，接着对于两个数量的比较又可以通过“倍”来实现，之后，还可以通过分数来表示两个数量或事物之间的关系，到了六年级，则出现了用比来表示两个数量或事物之间的关系。从以上这些比较关系来看，比多少是两个数量之间的一种绝对关系的比较，而倍、分数、比是两个数量之间的一种相对比较关系，可见，倍与分数、比有着重要的联系，对“倍”的理解与认识是后面继续从两个数量的关系的角度学习分数、比的基础。

从两个数量相差多少的绝对比较，过渡到用“倍”来进行相对比较，体现从“差比”到“倍比”的发展，更是学生对比较关系的认识的一个飞跃。因为虽然他们都是通过一个量去说明另一个量，但他们关注的点不同，比多少关注的是多出的部分，是直接看得见的，而“倍”关注的是多倍量中有几个一倍量，是建立在乘法意义的基础之上的，需要借助“份”来实现，因此它需要分析、圈画之后才能发现。从这个角度来说，倍对于学生来说并不是一个容易理解的概念，

对比几个版本的教材我们发现，教材编排都是借助实物图，让学生在比一比、数一数、圈一圈等活动中认识倍，这样编排的主要目的是借助形凸显隐性的份数关系，帮助学生认识倍数关系的本质内涵。看来，数形结合的直观体验对于学生理解“倍”有重要的帮助作用。

（二）学生情况分析

为了充分了解学生的认知基础，我对二年级一个班的 48 名学生进行了课

前调研。调研题目如下：

1. 桃子和苹果比一比，你发现了什么？（可以圈一圈，画一画）

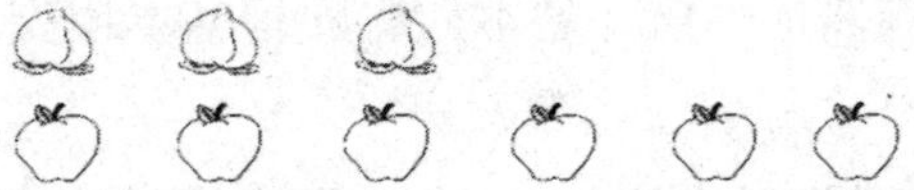

2. 你知道倍是什么意思吗？能举个例子说说吗？

调研结果如下：

第一题：74.9% 的学生只从比多少的角度发现两个数量之间的关系，有25.1% 的学生能够从“倍”的角度描述苹果和桃子之间的关系，但是其中有 8.4% 的学生对情境中表示的倍数关系的理解存在偏差。

第二题：有 58.3% 的学生不知道倍的意思，29.2% 的学生表示知道倍，但是解释不清倍的含义，12.5% 的学生能够结合具体实例正确解释倍的含义，其中有 6.3% 的学生能够将“倍”初步与“几个几”建立联系。

通过调研结果可以看出，加法的认知结构在学生头脑中的建构比较深入，对于两个数量之间的比较，多数学生还是停留在比多少的层面，对“倍概念”没有认知。只有少数学生知道两个数量之间还存在另一种关系——倍比关系，但是他们对倍的认识还存在偏差，比如弄不清谁是标准量，认为倍是多出的标准量的个数等，只有极少数学生对“倍”的真正含义有所认识。由于缺少已有经验的支撑，因此，建立起两个量之间的份数比较关系对于学生来说是认知上的难点。

我的思考

从绝对数量的比较到相对数量的比较，对于学生来说是思维上的一次飞跃，如何帮助学生实现由关注多出部分数量的加法认知结构过渡到站在整体的视角看待两个数量之间相对的关系，再关注到比较量中有几个标准量的乘法认知结构，从而建构起“倍”概念呢？我有以下三点思考：

1. 学生原有认知经验是比多少，如果巧妙地利用原有认知经验，不仅能够引出新知“倍”，还能将已有经验与新知建立起联系，站在整体的视角看待比较的这两种情况，沟通它们之间的关系，促进对新知的理解，一举两得。

2. 小学低中年级学生以具体形象思维为主，他们对抽象概念的理解，必须建立在足够的具体直观材料的基础之上，因此，教学中要为学生提供丰富的实例以及直观材料，让学生充分借助直观体验来理解抽象的数量关系——

“份数关系”，帮助学生建构“倍”概念。

3.倍是两个数量之间的一种相对关系，教学中，要帮助学生更好地体会“相对”，加强对比，在变与不变中，抓住“倍”的本质，建构基本模型，深化认识与理解。

基于以上分析，我认为让学生借助已有认知经验，在两个数量的比较中，由差比过渡到倍比，在比较中感受差比与倍比的异同，从而将学生对比较关系的认知引到另一个视角“份”，拉开认识倍的帷幕。另外，为了深化学生对“倍”的认识，我想，抓住一个基本模型，让学生深入理解至关重要，基本模型建立起来了，相关知识就融会贯通了。因此这节课，我设计了在比较中引出倍→建构2倍基本模型→认识几倍这样三个主要活动任务，建构2倍基本模型是最核心的活动，通过这个活动，引领学生对2倍的认识逐层深入，在动手圈一圈、画一画的直观体验中，感受两个量之间的份数关系；在变与不变的对比分析中，剥离出核心本质，理解相对意义关系；在抽象2倍基本模型和借助模型讲故事的过程中，实现由具体到抽象，再由抽象到具体的深层次认知。在建构2倍基本模型这三个层次的递进式任务中，我认为第二个层次的任务（在变与不变的对比分析中进一步认识2倍）是学生建构“倍”的核心本质的关键，下面我主要阐述第二个层次活动任务的设计及开展情况。

二、活动设计

（一）活动目标

1.在圈一圈、画一画的操作活动中，获得“2倍”概念的直观体验，数形结合，理解“倍”与“几个几”的联系。

2.在变与不变中，感受“2倍”的本质，深化对“2倍”概念的认识与理解，渗透函数思想。

（二）活动情境

森林公园里召开鲜花盛会，小动物们纷纷把自己种的花拿到了盛会上。

在借助红花3朵、黄花6朵，初步认识2倍的基础上，变换红花、黄花朵数，进一步认识2倍。

（三）核心问题

在黄花与红花的比较中，你对2倍有了哪些认识？

（四）活动方式

独立圈一圈、画一画、想一想，全班分享交流。

（五）活动时间

学生思考讨论与全班交流大约20分钟。

（六）学习单

1. 圈一圈，想一想，填一填。

（1）黄花是红花的（　　）倍。

红花

黄花

（2）黄花是红花的（　　）倍。

红花

黄花

2. 观察对比这三种情况（包括红花3朵，黄花6朵），你发现了什么？先独立思考，再小组交流。

三、活动实录

借助红花3朵，黄花6朵，学生已经初步认识了2倍。

师：继续看屏幕。小象和小马也带来了鲜花，他们提出了问题：我们带的黄花分别是自己带的红花的几倍呢？你能帮助它们解决吗？在学习单上圈一圈，画一画，填一填。

（学生完成学习单，老师巡视）

师：我们来一起交流一下。

生1：（展示学习单）黄花有8朵，红花有4朵，8除以4等于2，黄花有两个红花那么多，所以黄花是红花的2倍。

生2：他用8除以4等于2，意思是黄花有8朵，红花有4朵，每4朵是一组，8 朵里面有 2 组，所以黄花是红花的 2 倍。

生 3：展示学习单，4 朵圈上一个圈，黄花有 2 个 4 朵，圈两个圈，因此黄花是红花的 2 倍。

生 4：他用圈一圈的方式表达想法，看得特别清楚。

生 5：我把红花也给圈起来了，红花圈成一个圈，黄花有 2 个圈，所以黄花是红花的 2 倍。

生 6：他把红花圈起来了，让我们能够更清楚地看出红花是标准，黄花有 2 个标准。

师：把 4 朵红花圈起来，4 朵红花就是一份，是标准。黄花跟标准比，黄花有两份，所以黄花就是红花的 2 倍。

师：我们再来看看小马带来的花。

生：小马带来的黄花也是红花的 2 倍。我是这样做的，把红花 5 朵看作标准，圈起来，黄花也是 5 朵圈一个圈，共圈 2 个圈，所以黄花是红花的 2 倍。

师：刚才我们一共分析了三组红花和黄花比较的问题，这三组中红花和黄花的数量都不一样，可是每组中黄花都是红花的 2 倍，这是怎么回事呢，你发现什么了？

生 1：第一组黄花有 6 朵，红花有 3 朵，6 除以 3 等于 2，说明黄花是红花的 2 倍。第二组黄花有 8 朵，有 4 朵红花，8 除以 4 等于 2，第三组用同样的方法，黄花有 10 朵，红花有 5 朵，所以 10 除以 5 等于 2，黄花也是红花的 2 倍。

生 2：因为红花是标准，黄花里都有 2 个标准，所以黄花都是红花的 2 倍。

生 3：红花和黄花有多少朵都可以，只要黄花里有 2 份红花这么多，黄花就都是红花的 2 倍。

生 4：这三组红花和黄花的朵数虽然不一样，但是圈出来的圈都是一样的，都是红花有 1 个圈，黄花有 2 个圈，因此，黄花都是红花的 2 倍。

生 5：我画了一个图，只要符合这个图的，就都是 2 倍的关系。

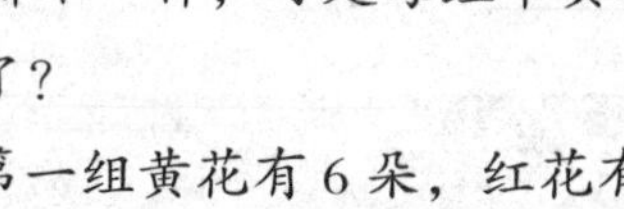

师：真好，你们能读懂这个图表示的意思吗？

生 1：把刚才红花和黄花里面的花去掉，就是这个图。

师：你有一双善于发现的眼睛，还有一个善于思考的大脑。

生 2：上面的圈是标准，下面有 2 个标准，下面的是上面的 2 倍。

生 3：我还知道，这个圈里可以放不同朵数的花，但是每个圈里的朵数得一样多。

生 4：除了花，还可以放不同的东西，比如上面圈里画 6 个▲，下面每个圈里画 6 个○，一共 12 个○。

师：看来同学们对 2 倍真的认识了，这个图能够非常清晰地表示出 2 倍关系。由图我们知道了不管标准是什么，也不管标准里面有几个东西，只要下面的这个量里面有 2 个标准那么多，那么这个量就是标准的 2 倍。

四、评价反思

（一）加强直观体验，凸显隐性关系“份”

通过课前调研我们知道，学生对于两个数量比较的“份数”关系很难发现，为了凸显这一关系，让学生有清晰的直观体验，在活动设计中，我注重让学生动手圈一圈、画一画，让学生在动手中将隐形的“份”直观显现出来，形成直观表象，这种直观表象深入学生大脑，强化了学生对份的直观认识。通过学生的课堂表现我们可以直接看到学习效果。比如，在让学生观察对比这三种情况的异同点时，学生发现这三组红花和黄花的朵数虽然不一样，但是圈出来的圈的个数都是一样的，都是红花有一个圈，黄花有两个圈；还有学生剥离具体事物，自己抽象出 2 倍的模型图，从中可以看出，圈一圈、画一画的直观体验帮助学生建构起了“份”的相对比较关系模型图，对倍的本质内涵有了深入的认知与理解。

（二）借助变与不变，凸显 2 倍核心本质

在借助红花 3 朵、黄花 6 朵初步认识 2 倍的基础上，变化红花、黄花朵数，在变中感受不变，变与不变交织在一起，引发认知冲突，为什么红花、黄花的朵数在不断发生变化，可是黄花朵数却都是红花朵数的 2 倍呢？从而引发了学生思维的碰撞，从课堂上学生的交流反馈看，学生能够在各种信息中聚焦本质，抓住关键信息，比如有的学生说出红花和黄花有多少朵都可以，只要黄花里有两份红花这么多，黄花就都是红花的 2 倍。学生在变化中发现了不变的份数关系，这就是 2 倍的核心本质。借助变与不变，学生真正感受到了两个数量之间的这种相对份数关系，对 2 倍有了深刻的理解。

经历建模　理解算理

——《乘法分配律》学习活动设计与分析

北京市史家小学通州分校　武海深

一、背景分析

运算是数学的重要内容，它渗透在数学学习的各个方面。在《课标（2011年版）》中提出“运算能力”，并给予了充分重视，它是数学十大核心概念之一。对于运算能力这个数学核心素养的培养分为如下三个阶段：第一阶段是计算技能，结果正确、方法灵活；第二阶段是运算能力，即理解算理、寻求算法；第三阶段是运算素养，即问题解决、设计算法、数学表达。基于对运算能力的深入理解，我们对乘法分配律的学习，就不再过分关注它的使用的熟练程度，而是更加关心“乘法分配律”是什么？什么情况下可以应用乘法分配律？这样做的道理是什么？这就要求教师在教学中，引发学生主动学习和深入思考，从而引向对于乘法分配律数学本质的思考。

（一）学习内容分析

本单元把加法运算定律与乘法运算定律放在一起编排，有利于通过系统学习，理解和掌握知识之间的内在联系与区别，构建比较完整的知识结构，也有助于进行学习方法和活动经验的迁移，从而发展运算能力。乘法分配律是在学习完乘法交换律和乘法结合律之后的又一重要定律，它沟通了乘法与加减法之间的关系，对于发展学生的运算能力起着十分重要的作用。在小学阶段极其重要，它不仅能应用到整数，还能应用到小数和分数之中，对于发展学生思维的灵活性是很好的学习素材。不仅在小学阶段很重要，而且是以后学习代数，进行提取公因数、合并同类项的基础。它不是单一的乘法运算，还涉及加、减法的运算，变式多，一直以来就是学生理解和应用的重难点。

在教材中，乘法分配律是以买衣服的情境呈现的，本节课在尊重教材的基础上，考虑到买衣服问题离学生的生活有一定的距离，所以将情境变化为旅游乘车问题，更加贴近学生的生活，并且在问题出示后安排学生进行圈一圈、画一画的活动，帮助学生感悟乘法分配律的发现过程。经历符号化的过程，抽象出乘法分配律的数学模型。然后再经历类似情境的强化，最终实现素养教育的落地，有理解有应用。

（二）学生情况分析

学生已经学习了加法和乘法的交换律、结合律，以及应用这些运算定律进行简便计算，初步具备探索和发现运算定律并运用运算定律进行简便计算的经验，为学习新知识奠定了基础。同时新知识在已经学习的知识中也有所体现，只是没有揭示这个规律罢了，比如学生在计算长方形的周长时，周长 = 长 ×2+ 宽 ×2，周长 =（长 + 宽）×2，在学习乘法口算、笔算、解决问题中都早已接触过乘法分配律。比如计算两位数乘两位数 24×12，在尝试计算这道题的结果时，就有学生会想到这样的方法：24×（10+2）=24×10+24×2=288，24×（6+6）=24×6+24×6=288，（20+4）×12=20×12+4×12=288 等，还利用点子图数形结合的形式与算式进行一一对应数学思想的感受，这些都是对于乘法分配律的具体的运用。这些具体的实践作为基础，都为以后探究乘法分配律积累了数学活动经验。

通过前测我发现 80% 的学生对于乘法分配律的算式结构特点还停留在能简单模仿阶段，尽管有长方形周长两种计算方法长 ×2+ 宽 ×2=（长 + 宽）×2 做基础，可是他们还是对于其中的内在联系并不理解，对于提取相同因数，写成两个数的和与一个数相乘的形式仅有 36.4% 学生能够正确填写。观察几组等式发现规律，58% 的学生能够模仿“乘加乘”的形式进行举例，注意到符号特征，却忽略了两个乘式中的相同因数，42.4% 的学生能够同时观察到数字特征和符号特征，正确写出例子。给出乘法分配律的正向反向两种形式的两个算式，让学生先计算再发现左右算式有什么联系，75% 以上的学生只看到两个算式结果相同，仅有 3% 左右的学生能发现两个算式之间的联系，并能用不太简洁的语言概括出来，可以看到一些乘法分配律的痕迹。用简洁的形式把自己的发现记录下来，只有 1% 的学生能写出来。学生缺乏全面观察和整体认识的意识，即使能够看到某种联系也难于用语言表达出来，抽象为符号表达出来就更难了。

对于四年级学生而言，在大多数学生头脑中，知识是零散独立的，对于可用两种方法进行计算，思维水平比较低的学生并不认可，他们认为一道题目只有一种计算方法；思维水平位于中间层次（绝大多数）的学生只是思考了两种算法都可以求出正确结果，但是很难在两种算法的基础上进行联系，进行乘法分配律的变化，也只是形式上的模仿；只有少数思维水平较高的学生可以统筹思考，建立联系。基于这样的学情来发展学生的核心素养，教学中应设计什么样的活动引导学生经历乘法分配律的形成过程，建构模型呢？

我的思考

学习运算律的推导和证明过程能加深学生对运算实质的理解，归纳、抽象、建模的过程也能发展学生的思维能力，使得学生在运算中对公式的选择、对式子的变形、估算更加灵活。

本单元前面学习加法交换律、加法结合律、乘法交换律、乘法结合律，经历了自主探究、数学建模的学习过程，积累了操作与数学表达的经验。对比北师大版、人教版、京版教材发现，都是联系生活实际，借助已有学习活动经验，通过数形结合与乘法意义相结合说理，获得对于乘法分配律的直观感受。

因此，有必要经历一个依托真实情境的操作性画图活动，学生在画图、讨论交流的基础上，可以依托数形结合的方式，建立乘法分配律的基础模型，起到支撑作用。这样的教学互动设计，对于学生核心素养的培养至关重要，是基于学生年龄特点和思维特点的教学，直观的合作探究式学习，学生的获得感更加深入、有效。

二、活动设计

（一）活动目标

经历乘法分配律的探究过程，建构不同算法之间的联系，理解乘法分配律。

（二）活动情境

学校组织四年级学生去秋游，每辆大车乘坐 40 人，每辆小车乘坐 20 人。一共多少人乘坐？

（三）核心问题

怎样理解乘法分配律？

（四）活动方式

利用学习单独立完成画图表征及算式表征，小组交流。

（五）活动时间

学生思考讨论与合作交流大约 15 分钟。

（六）学习单

1. 求一共有多少人乘坐？你能想到用什么方法来解决？

学校组织四年级学生去秋游，每辆大车乘坐40人，每辆小车乘坐20人。一共多少人乘坐？

2. 你想到的方法之间有联系吗？说说你的发现。

3. 你还能举出生活中这样的例子吗？并画出简单的示意图说明你这样做的道理。

三、活动实录

（一）初见模型

师：谁愿意把你的想法和大家交流一下？

生：（出示图）

40×3 求的是 3 辆大客车的人数，20×3 求的是 3 辆小客车的人数。再用大客车的人数加上小客车的人数就是一共能乘坐多少人。40×3+20×3=180（人）。还可以这样思考，大家请看图。谁能看懂我的意思？

生：你是先求出一辆大车和一辆小车一共可以坐多少人，因为它们都是3辆车，只要乘1个3就行了。我们竖着看，2辆车为一组，有这样的3组。就可以列出这样的算式（40+20）×3=180（人）。

师：我们再一起看看这两种方法之间有什么联系。（出示完整图）

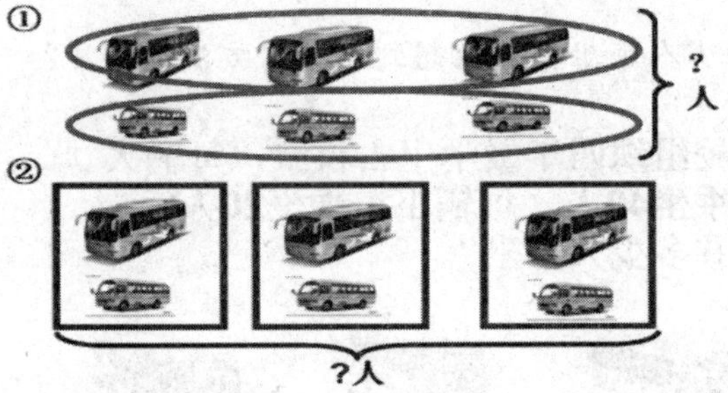

生：第一种方法是横着看，先求3辆大客车的人数，再求3辆小客车的人数，最后加起来，第二种方法是竖着看每2辆车为1组，有这样的3组，也能求出总人数。两种方法都得到180人。两个算式是相等的关系。可以得出相等的两个算式（40+20）×3=40×3+20×3。

师：从不同的角度思考，采用不同的方法得到了相同的结果，都解决了这个问题。

生：我们还可以接着举出旅游图中的事，来到了旅游景点每张门票20元，男生25人，女生15人，一共需要多少元？我们也可以得到两个算式（25+15）×20=25×20+15×20，25加15求出了一共有多少人，每张门票20元，再乘以20就是一共要花多少元。还可以用25×20先求出男生花的钱数，15×20求出女生花的钱数，再加起来就是一共花多少元。这两个算式之间是相等的关系。

生：左边的算式表示40个20，右边的算式表示25个20加上15个20，就是40个20，所以两边算式相等。

师：看来我们不光可以从算式的结果上判断，还可以从算式的意义上来判断两个算式相等。

（二）认识模型

师：你还能举出生活中这样的例子吗？并画出简单的示意图说明你这样做的道理。

（学生画图举例）

生：我是直接画图来表示的，（出示图，指着图说）一行先画5个小正方形，再画 3 个小三角形。画这样的 5 行，求一共有多少个图形？可以先求出一行有多少个这样的图形，再求 5 行一共有多少个。列式为（5+3）×5，还可以这样圈一圈，把小正方形和小三角形分开求，先求 5 行的正方形，就是 5 个 5，再求 5 行的小三角形，就是 5 个 3，再把它们加起来，列出的算式就是 5×5+5×3。大家听懂了吗？

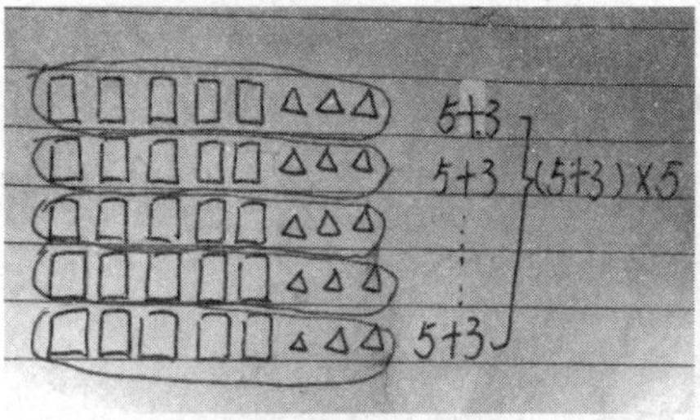

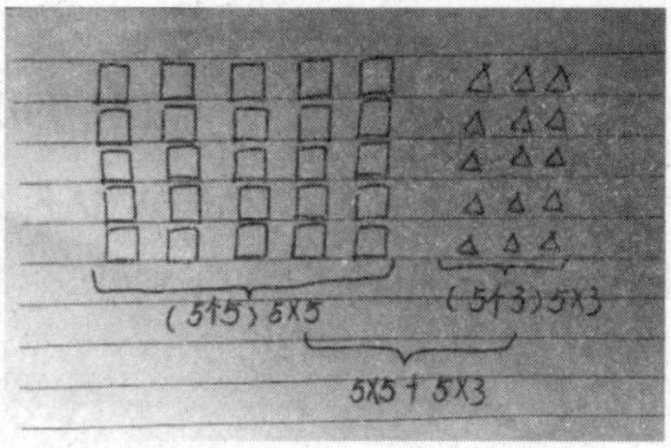

师：你还能举出生活中这样的例子吗？并画出简单的示意图说明你这样做的道理。

生：王老师为 10 名口算小达人买奖品，来到文具店发现一个笔记本 12 元，一支碳素笔 8 元，每人发一个笔记本和一支碳素笔一共要花多少元？既可以用（12+8）×10 得到，（又可以用 12×10+8×10 得到结果。）

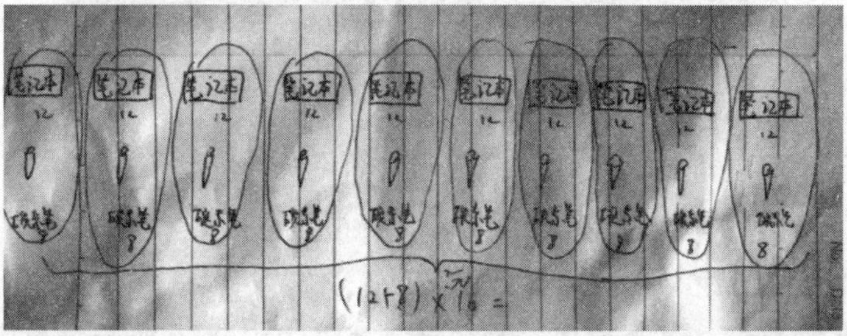

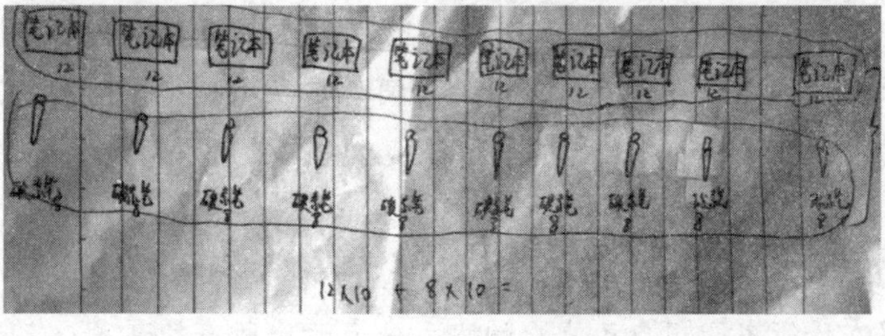

师：是否真的相等？谁能看懂他的意思，给他判断判断？

生：左边把一个笔记本和一支碳素笔当成一套奖品，一套 20 元，为 10

名同学购买奖品，就是 10 个 20 元。右边是分着买的，先算 10 个笔记本，也就是 10 个 12 元，再算 10 支碳素笔，也就是 10 个 8 元。10 个 12 元与 10 个 8 元合起来也是 10 个 20 元，所以两边相等。

生：我们还可以口算一下，左边等于 200，右边也等于 200，所以也是相等的。

师：谁还能再举出些例子？

生：三年级学生去春游，一条小船能乘坐 9 人，一条大船能乘坐 11 人，需要租 5 条小船和 5 条大船，一共有多少人？可以这样画图，用（9+11）× 5=100 人，也可以这样画图，用 9 × 5+11 × 5=100 人。

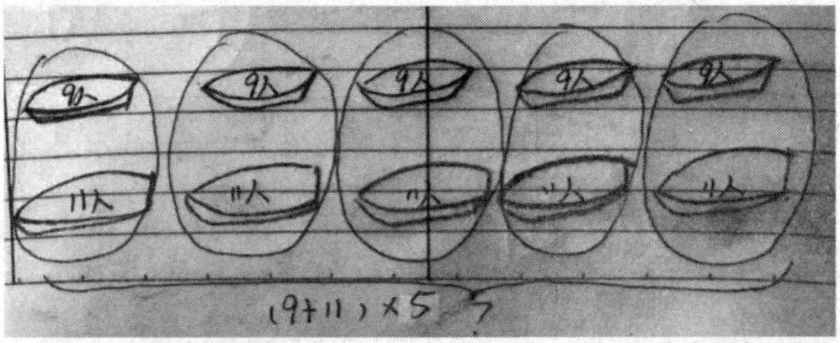

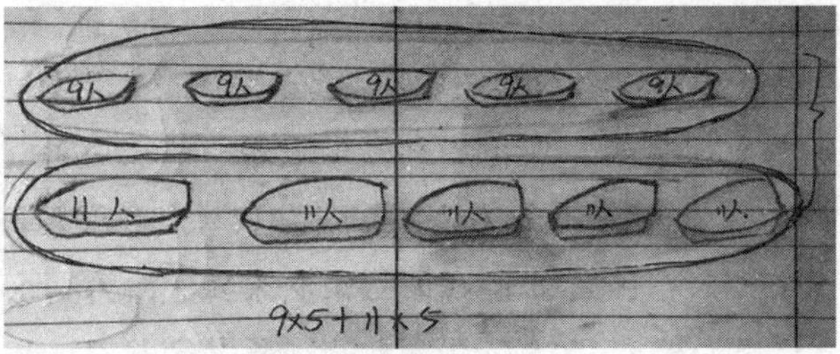

师：谁能把图和算式结合起来说一说？

生：大家和我一起来看图，左边的算式先算一条大船和一条小船一共能乘坐 20 人，分别要租 5 条大船和小船，所以是 5 个 20 是 100。右边是先算 5 条小船能乘坐的人数，也就是 5 个 9 人，再算 5 条大船乘坐的人数，也就是 5 个 11 人，5 个 9 加 5 个 11 也是 5 个 20，也是 100，所以两边相等。

……

（三）建构模型

师：现在你能不能用自己喜欢的方式来表示出所有的算式？

生：可以这样想，（汉堡 + 薯条）× 可乐 = 汉堡 × 可乐 + 薯条 × 可乐。

师：他说出了自己的理解，谁再说说你想怎么表示？

生：（a+b）×c=a×c+b×c。

生：（□+△）× ○ = □ × ○+△ × ○。

……

生：两个数的和与一个数相乘，可以用两个加数分别与这个数相乘，再把积相加，结果不变。

师：在数学中，把同学们发现的这个规律叫乘法分配律。你认为题目中的哪个词能代表这个定律的特点呢？

生："分"是分别的意思。我们讨论认为是外边的数把括号里面的两个加数给分配了。分配之后再把它们合起来。这样结果不变。

师：多种方法都可以表达，你觉得哪个更容易记住？

生：用字母表示乘法分配律，感觉很简洁。

师：（指着字母公式）a是3呢？你会写出等式右侧吗？

生：$(3+b)\times c=3\times c+b\times c$

师：c是0.5呢？

生：$(a+b)\times 0.5=a\times 0.5+b\times 0.5$

师：b是$\frac{1}{2}$，右侧写成怎样的算式？

生：$(a+\frac{1}{2})\times c=a\times c+\frac{1}{2}\times c$

……

四、评价反思

（一）借助直观图说理，理解乘法分配律的道理

本节课借助学校为学生租车去秋游，到了旅游景点购买门票的问题情境，就将直观的图与抽象的算式结合起来，使学生表达起来更容易。这都为学生提供了开展活动的参考。学生在活动中借助图进行理解与表达，这样参与的积极性更高了，他们有了学习的工具，生成的资源也是特别丰富的。在表达时，学生也能够用几个几加几个几就是几个几这样的语言模型进行表达，这样就更进一步明确了算法背后蕴含的道理了。这样紧扣着乘法的意义，双向理解算式之间的内在关系，有效地丰富了自己的感知。学生经历了直观图建模—实例建模—符号建模—语言建模的循序渐进的学习过程，一定程度上促进了学生对于乘法分配律内涵的深度理解。

（二）自主参与，经历有意义的乘法分配律模型的建构

对学生而言，经历有意义的数学建模过程才是牢固的、稳定的。数学建模为学生提供了一个比较充分的自主画图思考、合作交流的时间和空间，学生自觉地通过画图活动，进行观察、发现、表述，沟通算式之间的联系，大量的举例说理，借助数形结合直观形式，建构语言模型，再抽象为字母进行表示。通过活动，学生借助乘法的意义进行模型，达到了对于乘法分配律的深入理解，还经历了初见模型—认识模型—建构模型的循序渐进的建模学习过程。

通过本节课的学习活动，学生对乘法分配律的理解更加深入了，有的能举例说明，有的列举算式，有的数形结合来解释，还有的用数学语言描述，用字母公式进行表达，通过课后访谈，85% 以上的学生对乘法分配律不但知其然，而且知其所以然，懂得了背后的道理。通过后测和日常完成作业了解到，将近 90% 的同学有了简算的意识，通过数和符号的特点进行简便计算。75% 左右的学生能够主动运用乘法分配律使解决问题中的运算变得更加灵活、合理、简洁。还有个别运算能力比较薄弱的学生需要教师进行分层指导，他们当前仅限于在计算典型题时才想到运用乘法分配律，需要先巩固一些基础题型，逐渐进行乘法分配律的变式练习。

参考文献：
[1] 刘加霞 . 小学数学有效教学 [M]. 北京：北京师范大学出版社，2015.
[2] 吴正宪，刘劲苓，刘克臣 . 小学数学教学基本概念解读 [M]. 北京：教育科学出版社，2014.

理解算理　掌握法则

——《分数除以整数》学习活动设计与分析

北京第二实验小学通州分校　晁倍倍　李萌

一、背景分析

运算能力是数学学科重要的核心素养之一，不论在《课标（2011 年版）》还是《普通高中数学课程标准（2017 年版）》都对“运算能力”的培养提出了具体的要求。运算是小学阶段数学学习中十分重要且占比较多的内容，因此，如何培养学生的运算能力是小学数学教师必须认真思考的关键问题之一。运算教学的核心内容是理解算理，掌握法则，这就要求教师在教学中，不仅要使学生能够正确地运算，而且要理解运算过程中的道理。

（一）学习内容分析

“分数除法”的教学是小数数学教师最为苦恼的内容之一，并不是学生不会按照计算法则进行计算，而是算理的理解和法则的得出总是那么曲折。从各个版本教材内容的编排来看，分数除法计算法则的教学安排虽略有不同，但都是极为细致的，基本按照“分数除法的意义→分数除以整数→整数除以分数→分数除以分数”，分层次突破，循序渐进得出最终的计算法则，即“除以一个不等于 0 的数，等于乘这个数的倒数”（人教版）。与分数的加减法、乘法相比，分数除法的算理显然更为抽象和形式化，因此，教材安排的内容有梯度地引领学生在充分积累了计算分数除法的感性经验之后，通过归纳和比较，概括出分数除法的计算法则，从而培养学生的推理能力与抽象思维能力。

在环环相扣的知识点中，每一环都需要设计有效的学习任务。在“分数除法”单元整体建构时，我们确立了“算理突破”的核心目标，围绕这一目标，从“倒数的认识”到“一个数除以分数”进行内容重构。本文中，我主要选取“分数除以整数”教学中的活动，阐述其开展过程。“分数除以整数”是后面学习“一个数（整数、分数）除以分数”的基础，是学生最终得出分数除法运算法则的关键环节，学生在经历探究“分数除以整数”运算方法的过程中，真正理解其算理后，有助于将经验与方法迁移到“一个数除以分数”运算中，同时“分数除以整数”的运算难度稍小一些，能够使不同层次的学生从不同角度想方法去进行计算，从而使学生能够透过不同方法去找准知识联系，探寻知识本质。

（二）学生情况分析

在学习“分数除法”之前，学生已经掌握了“分数的意义”“分数加、减法”“分数乘法”的计算方法。同时，在我们正式进行“分数除法”运算教学之前，有32%左右的学生知道“除以一个不为0的数，等于乘以它的倒数”，访谈中发现，他们一部分是在课外辅导班学习过了，另一部分是自己看数学书或家长告诉的。我们对这32%的学生，追问“为什么等于乘以它的倒数”，有2名学生通过举例说明道理，比如“$\frac{2}{5}\div 3$，就是把$\frac{2}{5}$平均分成3份，求其中的一份，也就是它的$\frac{1}{3}$是多少，所以$\frac{2}{5}\div 3=\frac{2}{5}\times\frac{1}{3}$”，他们表示也可以把这个过程用图画出来；有1名学生运用“商不变的性质”来解释，如$\frac{3}{5}\div 2$，把“除数变成1，要$\times\frac{1}{2}$，被除数也要$\times\frac{1}{2}$，这样$\frac{3}{5}\div 2=(\frac{3}{5}\times\frac{1}{2})\div(2\times\frac{1}{2})$”，简单地写就是“$\frac{3}{5}\div 2=\frac{3}{5}\times\frac{1}{2}$”，除以1就省略了；除他们之外，剩下的学生表示不知道“为什么”，忘记了（课外班老师）是怎么推导的，就是记住了可以这么计算。

如何进行分数除法运算看上去不难，但学生在很长时间里还是不能理解为什么要乘除数的倒数。如果只让学生满足于记住这样的法则，那么学生也只能成为计算的操作工，而且在后续的运算中，可能会出现其他错误，如调查中，一名学生计算时，错误地将“被除数”写成它的倒数去乘除数，问他为什么这么算，他的回答是“记混了，应该是除数的倒数”。如何基于学生的认知，让他们真正地理解分数除法的算理，在理解算理的基础上掌握算法，进而实现“算理贯通、理法融合”，就需要我们设计合理的学习活动。

我的思考

在对比分析各个版本教材内容时，我们发现对于“分数除以整数”这部分内容，例题情境皆采用的是平均分模型，主要包括分数除以整数（被除数的分子能够被整除）、分数除以整数（被除数的分子不能被整除）两种情况（见下表）。巩子坤教授认为，要在这两个任务之间增加“单位分数除以整数”，它是“分数除以整数”学习中最有价值、最重要的任务，它有助于启发学生从“纵向”与“横向”两个角度去表征并理解算理，实现画法的一般化与算法的优化，并在此基础上总结算法，实现从算理到算法的融会贯通。基于此，我们在教学中，设计了分数除以整数（被除数的分子能够被整除）、单位分数除以整数、分数除以整数（被除数的分子不能被整除）三个任务，下面主要阐述“单位分数除以整数”的活动设计与开展情况。

各版本教材关于“分数除以整数”例题算式

新京版	人教版	北师大版	苏教版
$\frac{9}{10}\div 3=$ $\frac{5}{6}\div 3=$	$\frac{4}{5}\div 2=$ $\frac{4}{5}\div 3=$	$\frac{4}{7}\div 2=$ $\frac{4}{7}\div 3=$	$\frac{4}{5}\div 2=$ $\frac{4}{5}\div 3=$

二、活动设计

（一）活动目标

经历探究算法的过程，找到不同表征方式之间的联系，理解算理。

（二）活动情境

把一张纸平均分成3份，每份是这张纸的几分之几？

（三）核心问题

分数除以整数可以怎样计算？

（四）活动方式

学生先独立完成，然后小组交流。

（五）活动时间

学生思考讨论与全班交流大约10分钟。

（六）学习单

学习任务单

$\frac{1}{5}\div 3=$

1. 你可以画一画或者写一写，把计算的过程表示出来。
2. 小组交流：想一想你们的方法之间有什么共同的地方？
3. 通过交流，你们有什么新的思考？请把它记录下来。

三、活动实录

师：刚刚大家独立完成了$\frac{1}{10}\div 3$，小组也进行了讨论，接下来我们一起来交流一下，注意要把你们的思考过程讲清楚。

生1：前面$\frac{2}{5}\div 2$，5份中取2份，再把这2份平均分成2份，每份正好是$\frac{1}{5}$，这里是5份中取1份，再把这1份平均分成3份，可以这样分（如下图），看图知道结果是$\frac{1}{15}$。

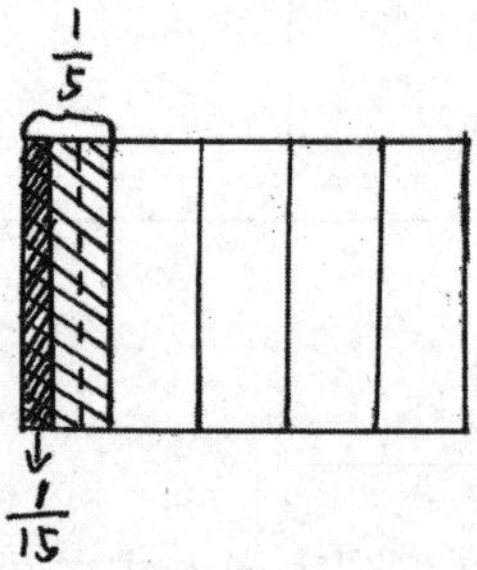

生2：我给他补充一下，他要是把图画完，我们就可以看出来是把这张纸平均分成了15份，更容易看出来是这张纸的$\frac{1}{15}$。

生3：我和他理解的一样，就是分得不一样，它是竖着把1份平均分成3份，我是横着画的（如下图），这样画完之后，也是相当于把这张纸平均分成15份，把其中的1份再画上斜线表示结果，是$\frac{1}{15}$。

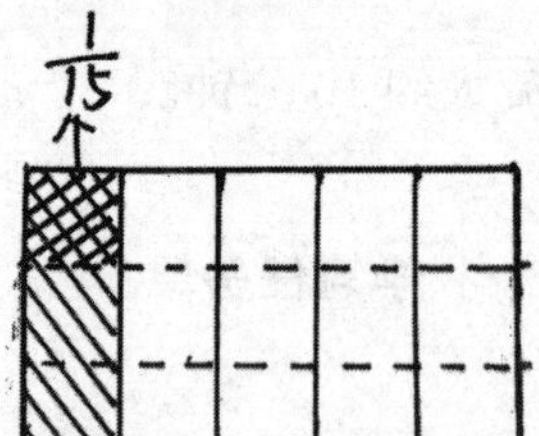

师：两种不同的画法（竖着分与横着分），有什么共同的地方？

生4：结果一样（生：都画的是同一个算式，结果当然一样）。

生5：他们都是先找到$\frac{1}{15}$，也就是把1份画出来，再把这1份平均分成3

份，找到里面的1份，画斜线表示。

生6：他们把1份平均分成3份时，要注意不能只画这1份，要把这张纸都画完整，才是最后的结果。

师：为什么要把整张纸画完呢?

生2：因为表示的是整张纸的几分之几，也就是单位1的几分之几。

师：（没有学生举手了）到底这两种不同的画法之间，还有什么共同的地方，待会儿我们再回来看一看。

生7：我是想到了分数乘法里我们算“分数乘分数”，比如说“$\frac{3}{4}\times\frac{1}{2}$”，它算的是$\frac{3}{4}$的$\frac{1}{2}$（一半）是多少，先画完$\frac{3}{4}$，再把它平均分成2份，取其中的1份，就是结果。这里也是一样的吧，先画完$\frac{1}{5}$，再把它平均分成3份，求1份，就是它是多少，所以是$\frac{1}{5}\times\frac{1}{3}=\frac{1}{15}$。

生8：我和他的想法是一样的，就是把除法转化成乘法计算，意思一样。

生9：把一个东西（谁）平均分成3份，就是求它的$\frac{1}{3}$，可以用乘法来算。

师：不平均分成3份可以吗?

生6：可以是2份、4份或其他份数，但得是整数份。

师：那现在我们再回到上面这两幅图，是不是都可以表示你们刚刚说的$\frac{1}{5}\times\frac{1}{3}$的意思?

生10：应该都可以，但是横着分的话更好一些，就像分数乘法的那个画法。

师：刚刚我们交流了一些思路，而且也知道了它们之间的联系，还有其他想法吗?

生11：我是这么写的，$\frac{1}{5}\div3=(\frac{1}{5}\times\frac{1}{3})\div(3\times\frac{1}{3})=(\frac{1}{5}\times\frac{1}{3})\div1=\frac{1}{5}\times\frac{1}{3}=\frac{1}{15}$。

师（打断）：谁看懂了?

生4：他运用的是商不变的性质，被除数和除数同时$\times\frac{1}{3}$，除数就变成

1 了，只算 $\frac{1}{5} \times \frac{1}{3} = \frac{1}{15}$。

生 12：我和他想法差不多，我想的也是要把除数变成 1，前面学倒数的时候，两个数的积是 1，3 的倒数是 $\frac{1}{3}$，所以就都乘 $\frac{1}{3}$。

师：长长的计算过程，看最后算的是 $\frac{1}{5} \times \frac{1}{3} = \frac{1}{15}$。经过这些不同想法的交流，你发现了什么？

生 1：都 $\div 3$，变成了 $\times \frac{1}{3}$。

生 2：平均分成 3 份，就是求单位 1 的 $\frac{1}{3}$ 是多少，就变成了分数乘法。

师：如果要问你分数除以整数怎么算？

生：除以几就是乘以它的几分之一。

生：（除以几）就是乘以它的倒数。

四、评价反思

在这个活动任务之后，原本设计的第三个任务是“$\frac{4}{5} \div 3$”，并没有再重复画图，展示不同表征的过程，学生顺其自然地迁移得出“$\frac{4}{5} \div 3$ 就是求 $\frac{4}{5}$ 的 $\frac{1}{3}$ 是多少”。可见，上述活动目标应该是初步完成了。在课后作业中，有学生把运用“商不变的性质”进行计算的完整过程写出来，他觉得这可以帮助他理解为什么是乘倒数。

（一）借助不同表征方式理解算理

教师引导学生画一画、写一写，把自己的计算过程表示出来，这就要求学生呈现思考路径。活动过程中，有学生用画图这种直观表征方式说明运算过程和结果；有学生运用抽象表征，即把 $\frac{1}{3}$ 平均分成 3 份，就是求它的 $\frac{1}{3}$，转化成分数乘法意义来理解；更有学生运用“商不变的性质”来进行计算，这是一种形式表征；这三种不同的表征方式都能够得出“除以整数等于乘以它的几分之一（倒数）”。同时，我们教学中发现学生更喜欢用画图的方式说明运算的过程和结果，它可以让学生获得更加清晰的直观感受，使抽象的算理变得具体，所以在“分数除法”教学时，我们必须有效地利用这种表征方式。课堂中，个别学生在独立思考时，是没有想到运用商不变的性质，听完分享后，帮助他换个角度理解算理，印象更加深刻。

（二）鼓励学生充分解释交流算理

按照皮亚杰的认知发展阶段理论，六年级学生处于从具体运算向形式运算过渡的阶段，同时积累了很多探究运算算理的经验，他们是完全可以用语言来解释说明分数除法（分数除以整数）的算理的，而且我们相信学生在反复讲“道理”的过程中，“算理”会越来越清晰。不论所画的图还是所写的长长的算式，我们需要学生把它们背后的“道理”说出来。所以活动中，首先小组交流，彼此之间分享交流，记录下自己新的想法。在这个过程中，我发现他们的交流停留在表面，找不到相互之间的联系。如何让不同的表征方式相互碰撞，促使学生深度学习，这就是我们在集体交流时，需要重点关注的。活动中，我再鼓励学生表达清楚自己的想法时，引导他们去倾听、观察、思考，找到不同方式之间的联系，由两两对比找，到全部放在一起再找，层层找，充分说，“算理”越来越明朗，数学表达能力也得以提升。

这个活动最后，已有学生得出“除以几就是乘它的几分之一”，实现认知上的飞跃，所以到下一个环节“$\frac{4}{5}\div 3$”，80% 的学生基本上没有问题，能够运用语言表述清楚运算过程和算理。剩下的学生中，一部分学生可以自己借助画图或运用商不变的性质再次体验与理解算理，还有极个别基础较薄弱的学生需要教师个别指导，给他们设计相应的变式练习，帮助他们循序渐进地理解。

基于已知　顺势而学

——《小数加、减法》学习活动设计与分析

北京市通州区芙蓉小学　林朝雪

一、背景分析

培养学生的运算能力是数学教学的核心使命所在，也是发展学生数学核心素养的重要抓手之一。不论在《课标（2011 年版）》还是《普通高中数学课程标准（2017 年版）》都对"运算能力"的培养提出具体的要求。从小学数学课程实际来看，整数、小数、分数的运算教学始终是学习的主线，其他数学知识都必须跟随这根主线的进程而穿插、展开。因此，培养学生的运算能力变得尤为重要，算理与算法构成运算能力的两翼。这就要求教师在教学中，最大化实现两者有机融合，让学生在理解算理的过程中，发现算法，驾驭算法。

（一）学习内容分析

小数的加、减法是小学数学的常规教学内容，从数的扩充角度看，小数既吸收了自然数十进制的优势，也兼具了分数等分的思想，因此它可以被看作一类特殊的分数，也可以被看作自然数的继续细分与扩展，从运算的角度看，小数加、减法与整数加、减法有相似之处（见下图），都是对计数单位个数的累加或减少，从自然数运算到小数的运算，学生很容易理解并迁移。那么，只要在学习过程中，聚焦小数加、减法运算的算理与算法，学生就能够理解"为什么小数点对齐也就是相同数位对齐"这一关键问题了。

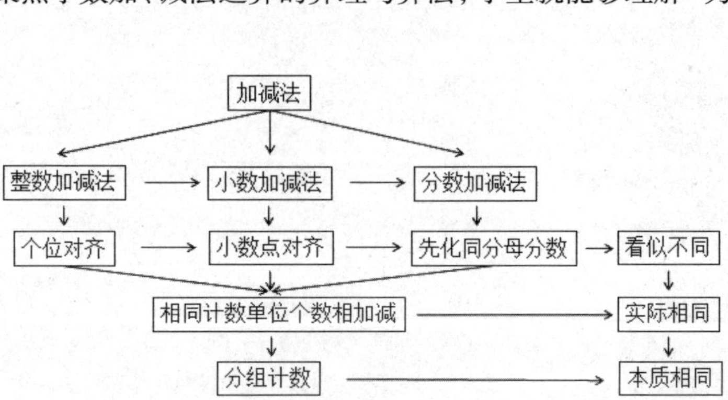

要想把看似简单的小数加、减法这一教学内容真正让学生理

解其算理，掌握算法，还需要我们分析各种版本教材编排的特征及其体现的教学思路特点，以便更深入地把握教学核心的共性。下表是对四个版本教材进行的简单对比分析：

对比项		四个版本教材			
		北京版（四下）	人教版（四下）	北师大版（四下）	苏教版（五上）
情境		买书情境：《童话故事》6.65元，《科学家的故事》2.72元。买这两本书要多少元？《童话故事》比《科学家的故事》贵多少元？	买书情境：《数学家的故事》6.45元，《童话选》4.29元。买这两本书要多少元？《数学家的故事》比《童话选》贵多少元？	买菜情境：一把油菜1.25元，一把芹菜2.41元。买一把油菜和一把芹菜，先估一估大约要付多少元？售货员收了3.66元，对吗？画一画，算一算，说一说。	买文具情境：一支钢笔8元，一本笔记本3.4元，一个讲义夹4.75元，一支水彩笔2.65元。小明买一个讲义夹，小丽买一本笔记本，小芳买一支水彩笔。小明和小丽一共要多少元？小明比小丽多用多少元？
首个例题	数据特点	6.65+2.72 6.65−2.72	6.45+4.29 6.45−4.29	1.25+2.41 3.66−1.25	4.75+3.4 4.75−3.4
	呈现要点	先估后精，多元表征（人民币、计数器）计算，帮助理解算理。提示：单位相同才能相加减，小数点对齐。	竖式计算正例，提示：小数点对齐。	先估后精，多元表征（人民币、几何图形、计数器）计算，帮助理解算理。提示：相同数位上的数相加减，小数点对齐，与整数计算一样。	尝试计算交流，竖式呈现正反例，辨析说理。
相同例题	数据特点	50−34.8	8.3+6.45 8.3−6.45	6−2.4	3.4−2.65
	呈现要点	竖式计算正例，呈现十分位有0和没0两种竖式写法。	竖式计算正例，提示：百分位上怎么减？	用计数单位个数减。	提示：为什么百分位上可以看作0？
算法总结		对话呈现，较详细。	对话呈现，较详细。	对话呈现，较详细。	无

通过对比，可以有以下发现：（1）各版本教材都采用情境教学，都涉及人民币——可见情境下的度量单位背景，是学生进行算法探索的重要直观支架；（2）首个例题所给数据有小数位数相同的，也有小数位数不相同的——可见新课的教学内容设计可以有较大的弹性区间，可以根据学生的实际情况灵活处理；（3）人教版和苏教版只出现竖式计算，人教版只有正例，苏教版

有呈现错例，北京版和北师大版采用了多种算法，利用元角分模型、几何图形、计数单位等帮助理解算理——可见多数版本(还有浙教版等)重视“多元表征”，可以根据学生实际借鉴和取舍；（4）四个版本都有一道被减数小数位数少的例题，呈现要点大致相同，都针对十分位或百分位上的计算提出了问题或做了说明——可见这一内容是小数加减法教学比较突出的难点，需要单独进行突破；（5）有三个版本通过对话的方式对算法进行了总结——可见多数的共识是：有必要在理解算理的基础上进行算法归纳，以促进学生形成技能。

“小数加、减法”这一知识点分散在北京版教材三年级下册《小数的初步认识》单元和四年级下册《小数的加法和减法》单元中。三年级“简单小数加减法”，局限于一位小数加减法，教材从生活情境入手(如下表)，借助具体的十进制数量单位（元角分、测量液体多少的单位——升）等为载体，是在具体数形的支撑下进行学习的，这时学生的学习方式以直观形象为主。为四年级下册进一步学习小数加减法做好铺垫。四年级的两位小数加减法，教材同样利用学生熟悉的生活情境（如下表），以计数单位为支撑展开学习，来理解算理，掌握算法。

京版教材三年级下册	京版教材四年级下册
一位小数加法：一瓶番茄酱 6.2 元，一瓶凉拌醋 5.8 元，买一瓶番茄酱和一瓶凉拌醋，一共需要多少钱？ 一位小数减法：1 升果汁饮料，蕾蕾喝了一部分，还剩 0.7 升，蕾蕾喝了多少饮料？	位数相同的小数加、减法：《童话故事》6.65 元，《科学家的故事》2.72 元，买这两本书要多少元？《童话故事》比《科学家的故事》贵多少元？ 整数减小数：一本词典 34.8 元，小明付给售货员 50 元，应找回多少元？

我们不难发现，三年级与四年级的小数加减法都需要借助具体的情境来体会或者探索小数加减法的算理或算法。但是它们的指向有一定的区别：三年级在理解算理的基础上计算一位小数加减法，四年级是在探索计算方法的过程中理解算理，再掌握一般算法。也就是在教学中我们要根据目标的指向适当地调整教学策略，三年级侧重于在情境中理解算理，四年级侧重于从数学的本质出发理解算理。因此，三年级需要更多地借助情境(如元、角等计量单位)来进行学习研究，四年级在创设购物情境时旨在借用三年级时的学习经验，用“元、角、分”去探究计算方法，在掌握具体计量单位的基础上，再从抽象的计数单位角度去理解为什么要小数点对齐的真谛。帮助学生理解算理，使得算理与算法两翼齐飞，并达到培养学生运算能力与推理能力的目的。

（二）学生情况分析

根据对教材内容及教学目标的分析，我对四年级 46 名学生进行了前测调研。设计了 3 个题目 4 个小题：第一题是计算 14.6–0.8 并阐述计算的道理；第二题是纯计算的两个小题 4.59+3.46 和 5.4–0.83；第三题是计算 7.26+6.3 并阐述理由。第一题倾向于对学生原认知的回忆，在没有具体情境下是否能解释清楚计算的道理；第二题主要考查学生对小数性质的掌握情况，特别是第二个小题，被减数数位不够学生会怎么处理和计算；第三题重点调查数位不一致如何解释算理。题目中借助具体情境少了，多了些小数意义的理解，这样更有利于从小数的本质意义上解释算理。

题目	计算正确率	算理阐述合理正确率	典型情况
计算 14.6–0.8 并阐述计算的道理	97.82%（45 人）	23.91%（11 人）	1. 计算正确率很高，只有 1 人出现计算错误。 2. 没有提供具体情境学生解释不清理由，大部分学生把算法当算理来阐述了，有的学生想表述理由但是表述不清。
计算 4.59+3.46	95.65%（44 人）	——	2 人计算时十分位满十没有向个位进 1。
计算 5.4–0.83	82.60%（38 人）	——	17.40% 都是下面的错因。 5.4 - 0.83 4.63 ×
计算 7.26+6.3 并阐述理由	80.43%（37 人）	39.13%（18 人）	1. 计算正确率很高，有 9 人出现错误。其中 1 人把 6.3 写成了 6.03，1 人小数部分 6 和 3 对齐。7 人末位对齐。 2. 因为没有情境，一部分学生开始尝试从计数单位的个数相加进行阐述，但还有一部分学生表述不清，也想不到。

从调查结果中清晰地发现，小数加减法在计算方面无明显的障碍，即使数位不一致的情况如“7.26+6.3”正确率也能达到 80.43%，当然对于如“5.4–0.83”即被减数小数部分位数少于减数时需在课堂上重点关注和交流。在统计中，我还发现，主动建构算理这一知识点与三年级时的情况相近，都存在一定的问题，特别是解释“14.6–0.8”这题时，大部分学生无法从小数的意义进行解释，也不能回忆起三年级是如何学习小数加减法的。但在阐述 13.84+14.6 的计算理由时，由于造成思维冲突反而勾勒起要相同的计数单位才能相加减的道理。

在调查中，我也发现部分学生能清楚地表达算理（见上图）。因此，小数加、减法的课堂教学中教师只要设计好的学习活动，学生就能把算理与算法进行有效的沟通与掌握。

我的思考

在对比分析各个版本教材内容时，不难发现“小数加、减法”这部分内容，主要包括两个核心内容：一是位数相同的小数加、减法，二是位数不同的小数加、减法。无论是哪个版本教材本身对这个知识的要求，还是学生原有知识和能力现状，都要求我们设计学习活动时，要借助生活情境，通过元角分模型、几何图形、计数器等帮助学生从“量”抽象成“数”来理解“相同计数单位上的数才能相加减”的道理，使学生进一步感悟小数加、减法计算的本质。

在小数加减法的运算中，从数学本质的角度分析，一位小数的加减法本质上就是数一数有几个“0.1”，两位小数的加减法本质上就是数一数有几个“0.01”和几个“0.1”，三位数的加减法本质上就是数一数有几个“0.001”、几个“0.01”和几个“0.1”，以此类推。当我们把小数加、减法运算和整数加、减法运算进行对比时，我们不难发现它们的数学本质都是一致的，都是数计数单位的个数，更进一步思考，我们会发现：运算对象（整数、小数）变了，运算法则的表述（个位对齐、小数点对齐）变了，其实，它们的运算本质不变——相同计数单位才能相加减、数计数单位的个数。那么在教学过程中，我们要逐步引导学生在更具一般化的层面上学会脱离直观，相对抽象地进行思考，从过程、方法上促进学生的深度学习，以促进学生形成运算技能。

本节课主要设计两个学习活动：活动一，探究小数加、减法的算理及算法。在这个活动中借助情境，学生自主选择研究位数相同或位数不同的小数加、减法在多元表征的支撑下来理解算理。活动二，讨论交流小数加、减法与整数加、减法的异同，在对比辨析中沟通小数加、减法与整数加、减法之间的联系，从而构建知识体系。下面围绕核心问题针对活动一中学生的学习情况进行简单阐述。

二、活动设计

（一）活动目标

经历探究算法的过程，找到不同表征方式之间的联系，理解小数点对齐就是相同数位上的数对齐，进而理解小数加、减法的算理。

（二）活动情境

6.65 元

2.72 元

8.3 元

（三）核心问题

计算小数加、减法时，为什么小数点要对齐呢？

（四）活动方式

独立思考，小组合作。

（五）活动时间

独立思考大约5分钟，小组内交流大约5分钟，集体汇报交流大约15分钟。

（六）学习单

1. 选择一个问题，列式并尝试计算。
2. 选择一种方式，如写一写、算一算、画一画等，说一说你这样做的道理。
3. 独立完成后小组内交流，说一说你的思考过程。

三、活动实录

（一）前期活动

学生根据情境提出数学问题，选择一个问题进行列式计算，并尝试用写一写、算一算、画一画等方式说明计算过程，小组内交流想法。

（二）汇报交流（只呈现学生交流位数不同的小数加法的思考过程）

师：关于计算 2.72+8.3 我看到了三种情况，你们看看有什么想法吗？

出示：

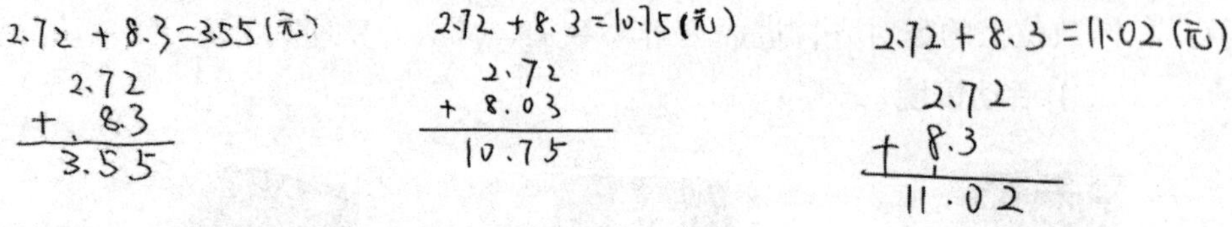

生 1　　　　生 2　　　　生 3

生 1：因为之前的整数竖式计算都是靠右边对齐的，所以我把“2”和“3”对齐再算的。

生 2：我觉得“2”和“8”都是整数，所以它们应该对齐，小数部分应该靠右对齐，所以我把“2”和“3”对齐了，8.3 中间空的就要写 0 了。

生 3：我觉得这里的“2”应该和“8”对齐，“7”应该和“3”对齐。我用下面的图进行说明。

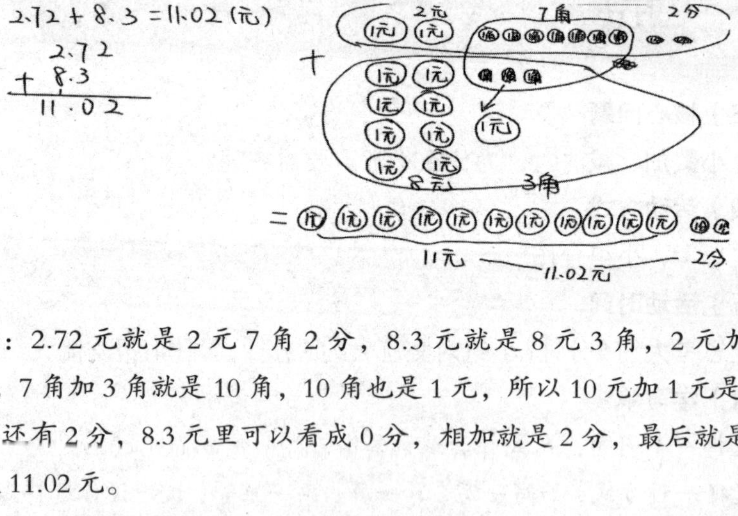

生 3：2.72 元就是 2 元 7 角 2 分，8.3 元就是 8 元 3 角，2 元加 8 元就是 10 元，7 角加 3 角就是 10 角，10 角也是 1 元，所以 10 元加 1 元是 11 元，2.72 元里还有 2 分，8.3 元里可以看成 0 分，相加就是 2 分，最后就是 11 元 2 分也就是 11.02 元。

生 4：生 1 的计算显然是不对的，要元加元，角加角，分加分去计算才可以。本来是计算 2.72+8.3，生 2 把 8.3 写成了 8.03 了，改变原数了，而且 8.3 元的 3 表示的是 3 角，要和 7 角相加才可以啊。

师：元加元，角加角，分加分说得特别好，这种方法借助人民币模型让我们更好地理解了 2.72+8.3=11.02 元的道理。

生 5：我用画图形的方式，也能解释 2.72+8.3=11.02 是对的，大家请看。

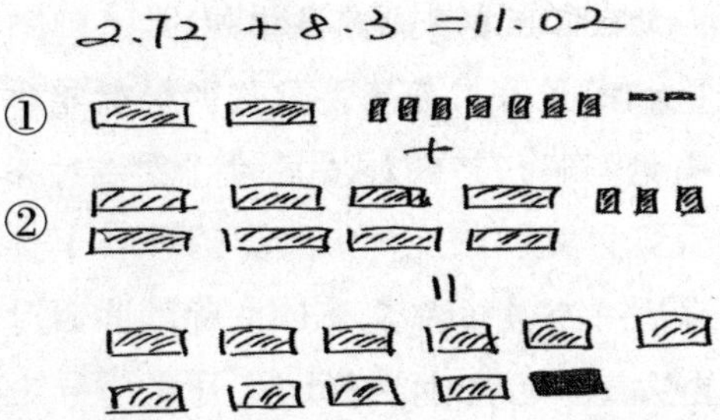

生 5：　表示 1，把　平均分成 10 份，一份就是　表示 0.1，把　平均分成 10 份，一份　就是表示 0.01。①表示 2.72，②表示 8.3，2 个　加 8 个　就是 10 个　，7 个　加 3 个　就是 10 个　，10 个　能组成 1 个　，所以 10 个　加 1 个　是 11 个　，就是 11，2 个　加 0 个　还是 2 个　，就是 0.02，最后就是 11 个　和 2 个　就是 11 个 1 和 2 个 0.01，合起来就是 11.02。

师：借助几何图形也能解释 2.72+8.3=11.02 的道理。

生 6：大家一定要注意这里的“7”和“8”还有“2”和“3”不能对齐，因为它们表示的意义不一样。

师：能具体说说为什么吗？

生 6：2.72 中的“7”表示 7 个 0.1，8.3 中的“8”表示 8 个 1，2.72 中的“2”表示 2 个 0.01，8.3 中的“3”表示 3 个 0.1，它们的计数单位不同，是不能直接相加的。

生 6：我直接列竖式进行计算的，大家请看。

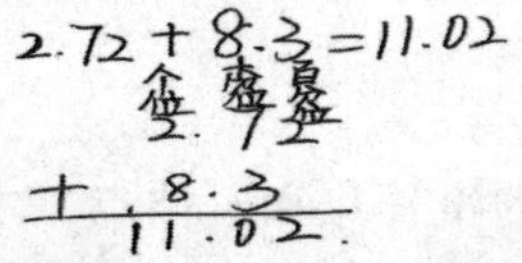

生 6：我发现竖式还能和第二种方法联系起来，2.72+8.3=11.02，小数部分百分位的 2 是 2 个 0.01 加 0 个 0.01 得到 2 个 0.01，就是 0.02，所以百分位上写 2，十分位上的 0 是 7 个 0.1 加 3 个 0.1 等于 10 个 0.1，也就是 1，那么这个 1 进到个位和 2+8 的和相加是 11，个位写 1，十位写 1，那么十分位上就写 0 了。

生 7：用竖式计算，我们会发现元就是个位上的数，角就是十分位上的数，分就是百分位上的数，只有单位相同、数位也相同才可以相加。2.72 中的“7”在十分位上，8.3 中的“8”在个位上，2.72 中的“2”在百分位上，8.3 中的“3”

在十分位上，它们的计数单位不同，是不能直接相加的。

师：你们解释得真好，相同数位对齐了，它们的计数单位也就相同了，也就可以直接计算了。回头想一想，整数加法里的“靠右对齐”为什么在小数加法里就行不通了？

生 8：因为整数的最右边一个数位都是个位，所以靠右对齐，其实就是个位对齐，个位对齐了，其他数位也就对齐了。

师：对呀，我们的学习不能只看表面。无论是整数加法还是小数加法，在列竖式计算时，都要做到相同数位对齐。

生 9：我发现计算小数加法，只要小数点对齐，相同数位就对齐了，那么相同数位对齐小数点也就对齐了。因为小数点前面是整数部分，小数点后面是小数部分。

师：你们觉得怎样计算小数加法呢？

生 10：我觉得不管是计算位数相同的小数加法还是位数不同的小数加法，都要保证小数点对齐，相同数位就对齐了，就可以相加了。

生 11：整数和小数相加时，整数的小数点在个位后面，所以整数也可以写成小数的形式，再把小数点对齐相加就可以了。

师：没错，你们说得特别好，在计算小数加法时，关键就是要把小数点对齐，也就是相同数位对齐，这样才能保证是相同计数单位上的数进行相加。

（三）后期活动

沟通小数加、减法与整数加、减法之间的联系。

四、评价反思

数学教学关注教学内容的生长点和延伸点，本节课内容的“生长点”为整数的加减法、整数的笔算、小数的意义。本节课内容的“延伸点”是使学生能从实际情境中抽象出数学问题，构建简单小数加、减法的计算模型，寻求计算的道理与方法。本着立足“生长点”，关注“延伸点”的教学原则，本节课采用情境化教学，多元表征与数形结合的方式，让学生在独立探索与小组交流等有效活动过程中，打通小数运算与整数运算的联系，用小数意义理解简单小数加、减法的算理与算法。

（一）找准“生长点”，促进算理的理解

《课标（2011 年版）》明确指出：“在基本技能的教学中，不仅要使学生掌握技能操作的程序和步骤，还要使学生理解程序和步骤的道理。”对于计算，“学生不仅要掌握如何进行计算，而且要知道相应的算理”。由于每个学生的认知经验不同，思维发展水平不同，当他们面对上述不同的算法时，对错误的认识和分析水平必然表现出差异。所以，教学时要鼓励学生积极展开思维活动，辨识知识间的联系，认清知识的“本质”，促进学生深刻感知数学知识的本源，构建知识网。

数学知识是环环相扣的，一个地方出了问题，一定要回到原点，慢慢找到其脱节的地方。理解“小数加、减法”算理的源头在于小数的意义。当我们发现学生在计算过程中的错误，可以先让他们回到具体问题情境来解释算法是否正确。在此基础上，再引导学生联系小数计数单位的知识进行解释，从而理解抽象的算理。这种回到他们认知原点的教学，有助于学生真正理解抽象的算理。这样的教学也顺应了学生的思维由具体形象思维逐步向抽象逻辑思维过渡的特点，有利于促进学生的思维发展。

（二）把握“延伸点”，建立算法模型

数学是一个有机联系的整体，相关的数学知识之间往往存在紧密的联系。如果学生能够弄清楚新知与旧知的相同点和不同点，形成相应的认知结构，就可以说真正理解了这些知识。因此，教师在教学时要引导学生有意识地迁移运用旧知，探索新的知识。将小数加法的学习作为重点，引导学生尝试计算小数减法，这样一方面给学生提供了自主迁移运用旧知的机会，同时便于学生感悟小数减法与加法的内在联系。在学生初步学会小数加、减法之后，教师适时引导学生将小数加、减法与整数加、减法建立联系，形成初步的知识结构。建立合理的知识结构并内化为认知结构，不仅有利于学生理解新知，而且便于提取和应用。

总之，计算教学既要重视学生对算法的探究和掌握，也要重视学生对算理的理解，体现计算教学在发展数学思维过程中的价值。同时，计算教学既要关注必要的练习以便形成计算技能，也要关注现实问题中的应用，以便形成运算能力。

参考文献：

[1] 马云鹏．深度学习：走向核心素养（学科教学指南 小学数学）[M]. 北京：教育科学出版社，2019.

[2] 郭元祥．深度学习：本质与理念 [J]. 新教师，2017(7):11–14.

彰显数学本质　发展符号意识

——《用字母表示数》学习活动设计与分析

北京市通州区中山街小学　于振娟

一、背景分析

符号意识是《课标（2011 年版）》中提出的核心词之一，它主要指：“能够理解并且运用符号表示数、数量关系和变化规律；知道使用符号可以进行运算和推理，得到的结论具有一般性。建立符号意识有助于学生理解符号的使用是进行数学表达和数学思考的重要形式。”

其实，学生从接触数学开始，就已经接触符号了。自然数就是一种符号，用来表达数量的多少，而《课标（2011 年版）》所说的“符号意识”是指比自然数更为抽象的符号，在小学主要是指用字母表示数，以及运算、数量关系、计算公式等的符号表达。史宁中教授在《基本概念与运算法则》一书中专门提到：“在教学活动中，应当创造一些情境，让学生逐渐感悟符号表达的重要性以及符号表达的实质。”对于小学数学来说，其“重要性”与“实质”主要表现为两点：一是知道符号可以像数那样进行运算和推理；二是知道通过符号运算和推理得到的结果具有一般性，这也是代数思维不可或缺的认识基础。

（一）学习内容分析

在小学阶段，学生的学习主要以算术思维为主，而随着学习的不断深入，会面临着从算术思维到代数思维的过渡。“用字母表示数”的教学是学习方程的基础，也是培养学生代数思维的典型课例，它既是学生系统学习代数知识的开始，也是对已经认识的简单数量关系和运算定律等知识的一次整理与提升。“用字母表示数”将学生引入数学知识的新领域，为学生分析问题、解决问题提供了新的方法和策略，不仅使学生抽象、概括水平得到提升，也是学生思维认识上的一次飞跃。

纵观不同版本教材中“用字母表示数”的内容，苏教版教材呈现了用字母表示公式，用含有字母的代数式表示关系，用乘法分配律化简代数式和代数式求值四部分内容；北师大版教材呈现了用字母表示公式和用含有字母的代数式表示关系两部分内容；人教版教材呈现了六部分内容，比苏教版多了用字母表示运算定律和求字母或图形表示的数两部分内容；再看北京版教材，共呈现了两部分内容，分别是例题 1 用含有字母的代数式表示数量间的关系，例题 2 代数式求值。通过教材分析我们发现，不管哪个版本的教材，都借助具体情境，呈现了用含有字母的代数式表示关系这一内容，说明这一内容是重点内容，它表明“用字母表示数”的本质是让学生在具体情境中发现变化的数量中有不变的规律，抽象出含有字母的代数式的模型，并理解它既能表示数，也能表示数量间的关系。

（二）学生情况分析

为了充分了解学生的认知基础，我对五年级一个班的 30 名学生进行了课前调研，内容如下：

问题 1：生活中你在哪见到过字母？

问题 2：你认为一个字母（例如字母“a”）表示什么？

问题 3：1 只青蛙 1 张嘴，2 只眼睛 4 条腿；

2 只青蛙 2 张嘴，4 只眼睛 8 条腿；

……

你能照着上面的样子再写出两句话吗？

（　）只青蛙（　）张嘴，（　）只眼睛（　）条腿；

（　）只青蛙（　）张嘴，（　）只眼睛（　）条腿；

你能用一句话概括这首青蛙儿歌吗？

（　）只青蛙（　）张嘴，（　）只眼睛（　）条腿。

调研结果见下表

问题	回答情况	占百分比 /%
问题 1	专有名称等，如“KFC、P、cm”等	66.7
	含字母 a 的单词、拼音等	16.6
	未知数	10.0
	面积公式、运算定律	6.7
问题 2	特定的量，图形的底、边长、乘数等	60.0
	特定的未知数	33.3
	含字母 a 的单词	6.7

（续表）

问题	回答情况	占百分比 /%
问题 3 第 1 问	能正确写出两句儿歌	83.3
	一句都写不出来	16.7
问题 3 第 2 问	用具体的数（如 20 只）表示	50.0
	用"无数只"表示，但没有体现关系	43.3
	想到用字母表示数量，但关系不正确	6.7

调研分析：

1. 学生对于"字母"虽然并不陌生，但仅仅停留在表示特定含义、特定数值这个层面，只是把它们当成某个特定物或数的"替代符号"。比如，字母可以作为某种商品的标识，肯德基"KFC"等；计量单位可以简写为字母，直尺上的厘米"cm"等；"找规律"中有字母，"2、4、6、a、10"等。学生虽然在四年级时也接触过用字母表示一些运算定律和计算公式的例子，但并没有理解这些字母式子的含义，也没有感受到它的概括简洁性的特点。可见学生思维中理解的字母含义实际上还是算术思维的方式，和代数中的字母含义是有区别的。

2. 从学生的认知中，我们可以看到，学生最难理解的是：含有字母的代数式既表示数的结果，又表示数量间的关系。因为受算术思想的长期熏陶，学生习惯于关注具体可见的"结果"，具有强烈的"得数情结"。因此，要接受"含有字母的代数式能够表示数"已经是勉为其难了，"还能表示关系？"，学生更是感到困惑不解，这也是学生认知上的障碍。

我的思考

"用字母表示数"的包含两个意义：一是字母可以表示一个变化的不确定的数；二是含有字母的代数式既可以表示数，也可以表示数量之间的关系。本课中我设计了两个活动，第一个活动解决第一个意义，第二个活动解决第二个意义。对于用字母表示数的第一个意义而言，学生理解起来并不难。因为学生已经具备一些字母的认知经验，教师又将抽象的知识具体化，借助具体情境中的数量作为学生理解字母的形象支撑，学生通过探究，能够理解字母可以表示一个变化的数这个意义。但对于第二个意义，学生理解起来有一定的困难。我们知道，学生思维的具体性和知识的抽象性，再加上学生头脑中理解含有字母的代数式的思维障碍，都是我们设计活动时所要思考的问题。那么围绕如何让学生更好地理解"含有字母的代数式既可以表示关系，又可以表示结果这一抽象的知识”和“如何突破学生头脑中固有的算术思维障碍”这两个问题，我设计了第二个活动。

我仍然采用学生感兴趣的数青蛙情境，情境中增加了多组数量间的关系，这样不仅能保持学生探究的热情，还能将情境中的具体数量作为理解抽象知识的形象支撑。学生在解决问题中，教师引导学生更多地关注数量间的变化关系，学生经过交流、质疑、思辨，经历从具体的、确定的数到用字母表示抽象的、变化的数，由表示一句句特殊的算式到一般规律的概括，聚焦到变化的现象中永远不变的是数量间的倍数关系，并抽象出含有字母的代数式，然后再运用抽象出的代数式进行解释验证，思维经过双向思考后，理解含有字母的代数式的意义。

我设计的两个活动内容见下表。

活动	活动内容	活动意图
活动 1	1 只青蛙 1 张嘴； 2 只青蛙 2 张嘴； 3 只青蛙 3 张嘴； …… 你能用一句话概括出来吗？ （ ）只青蛙（ ）张嘴。	打破学生固有的思维习惯，感受同一情境中，相同字母表示相同的数；理解字母可以表示变化的、不确定的数；并体会用字母表示数的价值。
活动 2	一、独立完成： 1 只青蛙 1 张嘴，2 只眼睛 4 条腿； 2 只青蛙 2 张嘴，4 只眼睛 8 条腿； （ ）只青蛙（ ）张嘴，（ ）只眼睛（ ）条腿； （ ）只青蛙（ ）张嘴，（ ）只眼睛（ ）条腿。 你能用一句话概括这首青蛙儿歌吗？ （ ）只青蛙（ ）张嘴，（ ）只眼睛（ ）条腿。 二、小组交流：说一说你的想法和困惑。	①让学生经历用字母表示数的形成过程，会描述和表达具体情境中的数量关系。②体会用含有字母的式子表示数量关系的方法，即在变化的数量中找到不变的关系；理解含有字母的代数式既可以表示数，又可以表示数量间的关系；培养学生的抽象概括能力，发展符号意识。

学生在经历了两个活动后，头脑中积累了一些用字母表示数的经验，也感受到这里的字母是那么的神奇，不仅可以表示数，还可以表示关系，和以前认识的字母是不一样的，学生的这些感受说明了学生的思维也发生了改变，代数思维在头脑中慢慢地生根发芽，符号意识也得到了发展。这里主要呈现的是本课的第二个核心活动。

二、活动设计

（一）活动目标

理解用字母表示数的意义，感悟使用符号的数学表达的价值，发展学生的符号意识和抽象思维能力。

（二）活动情境

一起唱“青蛙儿歌”，你唱得完吗？研究在这首儿歌中的数学知识。

（三）核心问题

怎样用字母表示这首儿歌呢？

（四）活动方式

独立探究，合作交流，展示分享。

（五）活动时间

学生独立思考大约 3 分钟，讨论与全班交流大约 10 分钟。

（六）学习单

用字母表示数

1. 独立完成：填一填。

1 只青蛙 1 张嘴，2 只眼睛 4 条腿；

2 只青蛙 2 张嘴，4 只眼睛 8 条腿；

（ ）只青蛙（ ）张嘴，（ ）只眼睛（ ）条腿；

（ ）只青蛙（ ）张嘴，（ ）只眼睛（ ）条腿。

你能用一句话概括出儿歌吗？

（ ）只青蛙（ ）张嘴，（ ）只眼睛（ ）条腿。

2. 组内交流：和同伴说一说你的想法和困惑。

三、活动实录

学生独立完成后，先在组内交流了自己想法和困惑，然后展示自己的作品，集体交流思辨：

学生作品 1：（无数）只青蛙（无数）张嘴，（无数）只眼睛（无数）条腿。

学生作品 2：（a）只青蛙（a）张嘴，（a）只眼睛（a）条腿。

学生作品 3：（a）只青蛙（b）张嘴，（c）只眼睛（d）条腿。

学生作品 4：（a）只青蛙（a）张嘴，（$2a$）只眼睛（$4a$）条腿。

生 1：（无数）只青蛙（无数）张嘴，（无数）只眼睛（无数）条腿；（展示学生作品 1 并解释）因为有很多只青蛙，这些青蛙有很多条腿，所以我就用无数表示青蛙的只数和腿数了。

生 2：（a）只青蛙（a）张嘴，（a）只眼睛（a）条腿；（展示学生作品

2 并解释）因为青蛙的只数、嘴的张数、眼睛的只数、腿的条数都很多，不知道有多少，所以我就用 a 表示这些数了。

生 3：（a）只青蛙（b）张嘴，（c）只眼睛（d）条腿；（展示学生作品 3 并解释）因为青蛙的只数、嘴的张数、眼睛的只数、腿的条数都很多，不确定，它们的数量也不一样，所以我就用字母 a、b、c、d 表示这些数了。

生 4：（a）只青蛙（a ）张嘴，（$2a$）只眼睛（$4a$）条腿；（展示学生作品 4 并解释）因为青蛙的只数、嘴的张数、眼睛的只数、腿的条数都不确定，它们的数量也不一样，而且也有一定的关系，所以我就用 a、$2a$、$4a$ 表示了。

师：对这 4 种方法你有什么想说的？

生 5：我不同意作品 1 的这种方法，我觉得你用文字表示没有用字母表示简便，也没写清楚这几个数是不一样的。

生 6：我想对作品 2 说，虽然字母 a 能表示出很多只青蛙、很多条腿，但青蛙的只数和腿的条数是不一样的数，你怎么能用同一个字母表示呢？

师：（看到生 2 有些迷茫的眼神，指着作品 2，问）你们认为这里的 a 可以表示哪些数呢？

生 7：a 可以是 1、2、3……任何一个整数，如果是 5，（5）只青蛙（5）张嘴，（5）只眼睛（5）条腿；这是畸形青蛙了。（听了生 7 的话，全班哄堂大笑起来）

师：你的意思在这里 a 应该表示的是同一个数。一般情况下，在同一个情境里相同的字母表示相同的数。不同的字母表示不同的数？

生 8：我觉得作品 3 用的是不同的字母表示可以，比如 $a=1$，$b=1$，$c=2$，$d=4$。（1）只青蛙（1）张嘴，（2）只眼睛（4）条腿。

生 9：我觉得作品 3 不成，假如是 $a=2$，$b=5$，$c=6$，$d=7$ 也是可以的，那（2）只青蛙（5）张嘴，（6）只眼睛（7）条腿。（全班再次哄笑起来）

师：你们把字母假设成数试一试，这个方法特别好。那么到底作品 3 的问题出在哪？

生 10：我觉得 a，b，c，d 是不同的数，但是青蛙的眼睛是青蛙的只数的 2 倍，腿是 4 倍，在这里是看不出来的。

生 11：我觉得作品 4 就表示出来了，（a）只青蛙（a）张嘴，（$2a$）只眼睛（$4a$）条腿；可以看出腿是只数的 4 倍，嘴是只数的 2 倍。

师：我们来一起看一看这些数据，是不是有那样的规律。

1 只青蛙 1 张嘴，2 只眼睛 4 条腿；

2 只青蛙 2 张嘴，4 只眼睛 8 条腿；

3 只青蛙 3 张嘴，6 只眼睛 12 条腿。

生 12：我发现眼睛数 = 青蛙只数 ×2，腿数 = 青蛙只数 ×4。

同学们听了生 12 的话，默默地点着头。

师：你们也可以把字母 a 假设成数字试一试。

生 13：如果 a=1，那么 2a=2，4a=4 就是（1）只青蛙（1）张嘴，（2）只眼睛（4）条腿；我觉得可以。

生 14：如果 a=30，那么 2a=60，4a=120 就是（30）只青蛙（30）张嘴，（60）只眼睛（120）条腿；我觉得也可以。

师：看来通过我们代数求值，可以发现作品 4 是可以的。那我们来看 4a，我们把它称为含有字母的式子，观察这些算式，它在这里都能表示什么呢？

生 15：青蛙有多少条腿。

生 16：青蛙的腿是青蛙只数的 4 倍。也是眼睛的 2 倍。

师：看来这个 4a 真的很神奇，从 4a 你能知道什么？

生 17：我们知道了青蛙的腿数，还能知道腿数是只数的 4 倍。

生 18：我能知道不管 a 怎么变化，4a 永远是 a 的 4 倍。

师：你能透过现象看出本质，太棒了，其实我们用含有字母的式子来表示，首先要观察，在变化的现象中找到不变的关系才能表示出来。

师：你们想一想，还能用其他字母表示吗？

生 19：我用 x 表示，（x）只青蛙（x）张嘴，（2x）只眼睛（4x）条腿。

生 20：我用 t 表示，（t）只青蛙（t）张嘴，（2t）只眼睛（4t）条腿。

生 21：我觉得用任何一个字母都可以，只要表示出青蛙的腿数和青蛙只数间的关系就行了。

师：不管青蛙的只数是几，只要抓住青蛙只数和腿数、眼睛数之间的 4 倍、2 倍的关系，用含有字母的式子表示出来就可以了。

四、评价反思

（一）尊重学生特点，促进思维发展

由具体形象思维向抽象逻辑思维过渡是小学生思维发展的基本特点，它不但表现在整个学习阶段，也应体现在数学学习的每一个环节之中。教师设

计的活动，就充分尊重了学生思维发展这一特点，让学生循序渐进地发展。学生通过从探索青蛙只数用字母表示到用含有字母的代数式表示青蛙的只数与嘴、眼睛、腿的数量及之间的关系，都体现了由简单到复杂、由具体到抽象的认识过程，符合学生的认知规律和思维的发展。如：在对问题的探索中，教师先通过问题情境呈现具体的数量，让学生借助问题情境直观地理解数量关系，然后用自己理解的方式表达这种关系。最后再逐步抽象出用字母来表示的数量关系简洁而概括，具有一般性的特点，这样的学习过程有利于促进学生抽象概括思维的发展。

（二）经历符号化过程，发展符号意识

课堂中，学生先通过独立思考，用一句话概括儿歌，然后再通过观察、比较、抽象、验证儿歌的合理性和简洁性。一方面让学生经历了“抽象概括→符号表示→深化理解”这一系列具体数量的符号化的过程，对用字母表示数和数量关系及变化规律获得了比较深刻的理解。另一方面让学生体验到了用字母表示的结果具有一般性和概括性的特点，获得用字母进行数学表达与思考的体验，既实现了由算术思维向代数思维的过渡，又发展了学生的符号意识。

根据小学生的认知规律，用字母表示数或数量关系。这一教学内容是小学生学会一般抽象的开始，而建立符号意识对于学生将来的学习是至关重要的。无论是从形式上还是从思想上，用抽象的字母进行数学思考和表达都不是一蹴而就的。所以通过一节课就实现由算术思维向代数思维的过渡是不现实的。对于字母表示数的不确定性和含有字母的代数式可以表示问题的结果和关系等内容，学生在开始的学习中难以理解是正常的，需要在以后的学习中不断地去领悟、去体会，从而逐渐地发展代数思维。

参考文献：

[1] 陈海连 . 落实核心素养，促进学生发展 : 培养学生“数感”，渗透核心素养 [J]. 数学学习与研究，2017(20):116.

解密“变与不变”

——《图形中的规律》学习活动设计与分析

北京第二实验小学通州分校　晁倍倍　闫润恒

一、背景分析

“探索规律”内容编排较为分散，各版本教材不仅将其渗透在“数与代数”“图形与几何”等各大领域中，而且专门增设“数学百花园（北京版）”“数学广角（人教版）”“数学好玩（北师大版）”等单独板块呈现有关规律的专题内容，同时教材的练习题和思考题中也有很多“探索规律”的素材。这些内容皆以与生活紧密联系的事例呈现出来，引导学生在观察、实验、猜想与验证的过程中，领悟各种数学思想方法，提升问题解决、分析推理与归纳概括能力。学生探究、发现和表达规律的系列活动就是完成数学建模的过程，“模型思想”是《义务教育数学课程标准（2011 年版）》修订过程中新增加的一个核心词，“数学建模”也成为《普通高中数学课程标准（2017 年版）》中六大学科核心素养之一。如何基于学生实际情况，将“模型思想”融入我们教学之中，是值得探讨和实践的。

（一）学习内容分析

本内容出现在“用字母表示数”单元学习之后，各版本教材编排有较大不同，具体来看：北师大版五年级下册在“数学好玩”板块编排“图形中的规律”和“点阵中的规律”两个方面的内容。第一方面是按图中规律去摆三角形，通过一个一个按照图中的规律去摆三角形，发现三角形数量和小棒数量的关系；第二方面是先看点阵图说一说、画一画，找到图片序数和点阵中点的数量关系，再让学生从不同的角度观察并画一画、圈一圈，找到一些新的规律。其中借助“摆三角形”的活动，探索其中隐含的规律，主要有三个层次：一是利用表格记录摆 10 个三角形的数据，二是结合数据猜想“摆三角形”中隐含的规律，并解释自己的猜想，三是验证“摆三角形”中的规律，并应用这个规律解决问题。

苏教版五年级上册《用字母表示数》单元中的例 4、后面“钉子板上的多边形”内容均要求学生探索、发现、总结规律，并用含有字母的式子表示所发现的规律。其中例 4 设计的内容是先借助表格，学生根据图示的变化列出式子表示出要求的数量；接着观察表格探寻“增加的三角形个数和共用的小棒根数之间的关系”，理解存在的共性知识；最后引出用含有字母的式子表示数量关系。“钉子板上的多边形”内容是通过列表格记录的方式让学生数一数、算一算不同平面图形在钉子板上围成的面积和钉子的数量，借助数据猜想、验证钉子数量和围成面积的关系，使学生经历由特殊到一般、从具体到抽象的知识形成过程，逐步将现实问题数学化，建构数学模型。

人教版没有单独编排这部分内容，在五年级上册《用字母表示数》单元课后练习题和六年级下册的总复习中有这样的练习，并标注 *。北京版教材未出现任何相关内容和题目，但这一类型的练习在学生的练习册和综合质量检测中却并未缺席。不论是出现课后练习还是练习册，如果我们教师不给学生单独教授这部分内容，那这些题目或许只是“学霸们”的盘中菜，而与大部分学生相对无缘。而如果我们教师只是就题论题，那它的价值也无法得以显现。“图形中的规律”是一盘营养丰富的佳肴，如何让学生能品尝到它的美味，是值得我们去探索和研究的。

（二）学生情况分析

从低年级“找规律”到高年级“用字母式表示规律”，学生在每个学期的学习中都会有和规律打交道的机会。随着学生认知水平的发展，规律也变得越来越复杂，不再是圈一圈、画一画，就能直接发现，尤其是当“规律”遇上“字母”，让许多学生为之叹息，“虽然只隔了一层窗户纸却怎么也无法捅破”，因为“捅破”过程变得越来越复杂，需要经过探索、猜想、归纳、解释、验证等步骤。在五年级上册学习完《用字母表示数》单元后，为了接下来开展“图形中规律”的教学，我们对学生进行了前测，前测题目为北师大版和苏教版教材中的例题内容的改编，具体题目见下表：

三角形个数	摆成的图形	小棒根数
1		3
2	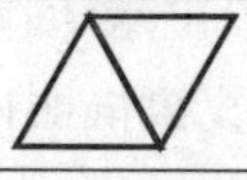	5

三角形个数	摆成的图形	小棒根数
3	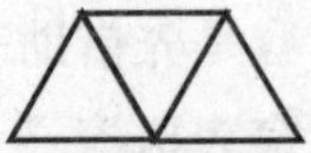	
4	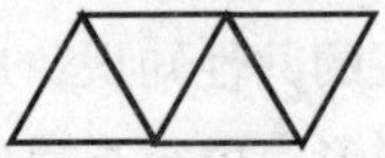	
…		…
10		
…		…
n		

请你先仔细观察表格，可以圈一圈、画一画，你发现了什么？记录在空白的地方，然后试着将表格填完整。在这个过程中，如果遇到什么问题或困惑，也请你写下来。

从前测结果分析来看：（1）超过 90% 的学生发现“每多摆一个三角形增加 2 根小棒”或者“后一个图形比前一个图形多 2 根小棒”；（2）54% 的学生发现“相邻的两个三角形共用 1 根小棒”；（3）28% 左右的学生发现“多摆一个三角形只需要 2 根小棒”，“增加一个三角形，小棒的根数就多 1 个 2，增加 2 个三角形就多 2 个 2，增加 3 个三角形就多 3 个 2，以此类推，多几个三角形就多个 2”。最后约 20% 的学生能够找出规律，并能用字母表示，3+2（n–1）。此外有 2 名学生发现“可以看成一个三角形摆 2 根，最后再加上 1 根”“两个为一组，再加 1，一个三角形是 2+1，两个三角形是 2+2+1，三个三角形是 2+2+2+1，以此类推，有几个三角形就是几个 2 再加 1”，用字母表示为 $2n$+1。

学生遇到的问题或困惑：一是能够找到规律，但最后不会用字母表示；二是能继续画出后续的图形，但找不到规律。还有个别学生只填写了 3 和 4，后面的小棒根数，没有往下数。访谈中，学生提到“老师，我真的知道它们之间的那个规律，但就是写不出来那个式子”“我能看出来前后两个相差 2，试着编一个算式，但发现不对”“我搞不明白三角形个数、图形还有小棒根数这三个之间什么关系”等。由此，我们可以看出学生所发现的规律层次、水平存在差异，而且在用字母表示规律时，更是学生的难点。

我的思考

“图形”遇上“规律”，“规律”遇上“字母”，这应该是本节课要突破的两个关键点。因此，我们教学中，主要从两个层面着手：一是引导学生从连续拼摆的图形中如何对它们进行拆分，找出它们之间“变”与“不变”的地方，从而发现规律；二是将发现的规律用含有字母的式子表达出来，完成“规律字母化”的推导过程，即实现形→数→字母的递进认知。在这节课，学生将经历完整的数学建模活动，也是一次将实际问题初步抽象成数学模型并进行解释与表达的过程。在这个过程中，学生通过观察对“图形”进行拆分，找到“不变与变化”的地方，从“变”的现象中发现“不变”的本质，从“不变”的本质中探索“变”的规律，从而找准它们之间的关系，抽象概括出用字母表示的关系式，让默会知识不再沉默。

二、活动设计

（一）活动目标

经历直观操作与探索的过程，发现图形中蕴含的规律，并能用字母式表示出来，发展归纳与概括能力。

（二）活动情境

苗族千人长桌宴是苗族宴席的最高形式与隆重礼仪，已有几千年的历史。长桌宴沿着古街一字摆开，旁边坐满了当地寨老和村民、从外地赶回家乡过年的农民工，还有专程赶到苗寨过大年的中外游客，共约 1000 人。用每边坐 2 人的方桌拼成一行长桌（见下图），要坐 1000 人，需要多少张方桌呢？

（三）核心问题

在找规律时，哪儿是不变的，哪儿又是变化的？

（四）活动方式

学生先独立完成，然后小组交流。

（五）活动时间

学生思考讨论与全班交流大约20分钟。

（六）学习单

学习任务单

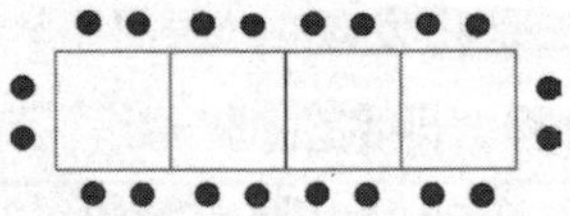

1. 请你认真观察，可以圈一圈、画一画，你发现了什么？然后填写表格。

方桌（张）	1	2	3	4	5	…
可坐（人）						

2. 小组内交流各自的想法。

3. 通过交流，你们有什么新的思考？

三、活动实录

活动之前，学生交流对“长桌”的认识，将实际问题转化为用图形表示，同时将“长桌”拆分，即一张方桌是什么样子，两张方桌拼在一起是什么样子……将复杂问题简单化。同时，学生尝试着猜一猜，简单说明理由。

师：接下来，我们一起来交流，请注意将你的想法表达具体一些，可以结合你圈画的图，如果有算式，也请解释清楚你的算式是怎么列出来的，让大家都能听明白。

生1：通过观察，我们可以发现左右两边人数是不变的，每边2个人，一共4人，也就是说不论增加几张方桌，这4个人不变，先不看。增加1张方桌，就增加4个人，增加2张方桌，就增加8人，也就是2个4，依次往下推，增加几张方桌就增加几个4，所以如果有n张方桌就是左右不变的4人，加上增加的人数$n\times4$，算式是$4+n\times4=4+4n$。（配上学生作品）

生2：我给你概括一下，就是参加的总人数=4+方桌数量×4，用字母表示就是$4+4n$。

师：在这个过程中，哪儿是不变的，哪儿是变化的？

生3：左右两边4个人不变，变化的地方是增加一张方桌，就多坐4个人。

生 4：我是这么看的，因为左右两边都有 2 个人，所以我发现第一张方桌和最后一张方桌都坐了 6 个人，而其他桌坐了 4 个人，那就看有几个 4，减去头和尾两张方桌，还剩（$n-2$）张，每张坐 4 个人，就是（$n-2$）×4，一共坐的人数是 2×6+（$n-2$）×4。

生 5：这个算式化简之后，也是一样的，2×6=12，（$n-2$）×4=$4n-8$，结果还是 $4n+4$。

生 3：他把头和尾两张方桌看作不变的，把中间那部分看作变化的，但最后的规律是一样的。

生 6：一开始我们知道一张方桌的话是坐 8 个人，那我就把最后两个人挪到前面来，这样第一张方桌就坐满了 8 个人，剩下的方桌就都一样了，坐 4 个人，剩下的方桌是（$n-1$）张，人数是 4（$n-1$），总人数就是 8+4（$n-1$），我化简了之后，发现也是 $4+4n$。

生 7：我听明白了他的想法，先让第一张方桌变成完整的，然后保持不变，剩下方桌坐的人数是变化的。

生 8：我这个思路有点儿复杂，就是假设每一张方桌都坐 8 个人，人数就是 $8n$，多算了的人数就在两张方桌之间的间隔，每个间隔多算了 4 个人，一共有（$n-1$）个间隔，和植树问题一样，算式就是 $8n-4$（$n-1$），化简以后也是 $4n+4$。

师：谁听明白他的想法了，哪儿不变，哪儿变化？

生 9：不变的是每张方桌坐 8 个人，变化的是两张方桌之间的人数，两张方桌的话就 1 个间隔，就多算了 4 个人，三张方桌的话就有 2 个间隔，多算了 2×4 个人。

师：大家找规律的方法各不相同，这是为什么呢？

生 6：因为我们每个人观察的角度不一样，可以从前往后看，也可以先看两头，再看中间。

生 3：看的角度不一样，找到的不变的地方和变化的地方就不一样了。

生 1：但是规律是一样的，最后的算式也是一样的。

师：请你结合我们大家的交流与讨论，修改和调整自己的方法，可以再选择一种你认为比较好的方法，自己进行操作。如果有问题，举手示意或者与同伴交流。

学生自主反思、调整修改。

师小结：我们从不同角度观察，可以将图形进行拆分，找到“变与不变”的地方，发现它们之间的关系，最后写出关系式。

看：不同角度
↓
拆：变与不变
↓
推：关系 关系式

师：让我们回头看这个算式 $4n+4$，结合着图，具体再来看一看，它们分别表示什么意思呢？当有 1 张方桌时，就是 $4\times1+4=8$，有 2 张方桌时，$4\times2+4=12$，有 3 张方桌时，$4\times3+4=16$……

$$4\times1+4=8$$
$$4\times2+4=12$$
$$4\times3+4=16$$
$$4\times4+4=20$$
$$4\times5+4=24$$
……

每张方桌坐人数　方桌张数　左右两边不变的人数　总人数

利用所得出的数量关系式，进行变式，解决课堂最初始的问题，方桌张数 =（总人数 −4）÷4，求出需要 249 张方桌。后续渗透等差数列相关知识，借助前面递增关系式“模型”的经验去解决问题，由具体的“形”向抽象的“数”过渡，进而强化学生头脑中数学“模型”的意识。

四、评价反思

（一）抓住变与不变

活动中，我们发现有学生对“图形中的规律”没有感觉、无从下手，主要是没有找到进入“图形”的入口，不能对图形进行拆分。有学生会将所坐人数抽象出来成为一组等差数列，能够找到“前后两个相差 4”，但无法往下推进，会尝试蒙一个关系式，如果不对，接着蒙，进入无限循环中……由此，我们在教学中，会注重引导学生数形结合，找到图形中“变与不变”的规律，跳出局部，整体把握。集体交流时，教师通过追问“哪儿不变，哪儿变”，引导其他学生能够听明白，能够清晰地理解从图形到关系式的产生过程。在这里“几何直观”与“语言描述”的结合也是非常重要的，看得明白，说得明白，才算真正理解。

（二）注重反思与调整

给予学生反思和调整的时间是很重要的。课堂上学生交流分享后，我们常常是直接跳过反思和调整的步骤，开展下一个活动，这就容易导致原本不太会的学生依旧不会，或者当时会了转头却忘了。通过及时的反思和调整，可以使不同层次的学生对所经历的活动过程和获得的知识方法都能进行再次的认识，在这个过程中，或修正自己错误认识，或改变思考问题的角度，或优化先前策略和方法等。本节课活动时，在集体交流结束完，给予学生自主调整的时间，我们发现之前没有思路的学生在倾听完大家交流后，可以选择一种自己能够接受的方法进行尝试，而原本有思路的同学也没有浪费时间，他们会尝试选择一种比较简洁的方法，还有学生之间相互请教、求助，这都让我们教师觉得等待是值得的。正所谓“千金难买回头看”，教学中我们让学生带着听完的思考和感悟进行调整和修改，这样才能将新学到的经验和方法得以积淀，从而实现迁移，举一反三，学会学习。

一定至少有两个吗？

——《抽屉原理》学习活动设计与分析

北京市通州区东方小学　杨小东

一、背景分析

曹培英认为“数学广角”（注：北京版教材中称为“数学百花园”）这一小学数学教材的创新性板块，无疑是21世纪初启动的新一轮课程改革中的一抹亮色，它作为教学内容的拓展，为学生提供了具有更大探索、思考空间的学习素材，让学生能够更加深切地领略数学的魅力与光彩。抽屉原理作为其中的主要内容之一，它是体现数学三大基本思想（抽象、推理、模型）的非常生动而有趣的案例，对开拓学生的数学视野、发展学生的数学思维具有独特的功效。因此，看似简单的抽屉原理，因其深刻的内涵与特有的表达方式，给教学构成了一种挑战。

（一）学习内容分析

“抽屉原理”出现在北京版四年级下册“数学百花园”，而人教版则是安排在六年级下册“数学广角”中，均为“综合与实践”领域的探究内容。具体来看教材内容：北京版以“乒乓球与盒子”情境贯穿其中，由3个球2个盒子→4个球3个盒子→5个球4个盒子这样一个过程来展现。而人教版安排了一个主题情境与三道例题，主题情境为给学生表现“魔术”，使学生产生探究魔术背后的数学原理的强烈欲望；三道例题分别是：（1）4支铅笔放进3个笔筒，呈现两种思考的方法——枚举和假设，并要求学生理解问题中关键词语“总有”和“至少”的含义，感知这类问题的基本结构，形成对“抽屉原理”的初步认识；（2）7本书放进3个抽屉，突出当数据变得越来越大时，“枚举法”会受限，这时需要运用“反证法”，同时再有8本书、10本书分别放进3个抽屉，借助除法算式，学生发现至少有1个抽屉有“商+1”本书；（3）最后是抽屉原理的逆向运用，引导学生将“摸球问题”转化为“抽屉问题”，可先猜测再验证来解决问题。

对比两个版本教材中“抽屉原理”虽然都属于同一领域，北京版的题目是“兵乒球与盒子”，在四年级学习。说明北京版教材更偏重数学活动本身，想让学生在活动中获取知识的同时，体会更多的数学思想和方法。而人教版设计三个例题安排在六年级下册学习，要求学生不仅利用活动探究抽屉原理的形成过程，而且会用算式解决问题，并建立模型，要求知识更有深度，明显更偏重知识本身的应用。

（二）学生情况分析

“抽屉原理”在生活中运用广泛，学生在生活中常常能遇到实例，但并不能有意识地从数学的角度来理解和运用“抽屉原理”。

1. 调查题目与结果

为进一步了解学生对“抽屉原理”的理解情况，我对全班 40 名学生进行了问卷调查。

问题 1：听说过“抽屉原理”吗？你能讲个生活中的小故事说明一下吗？

问题 2：你能结合下面这幅图利用“总有”“至少”两个词，说一说什么是抽屉原理吗？

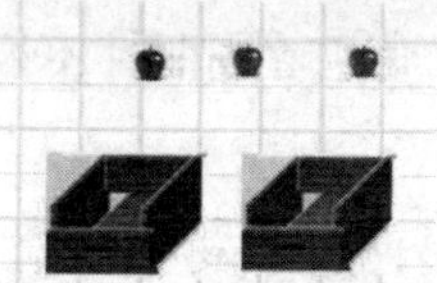

问题 3：你认为下面这两幅图的放法，是一种情况，还是两种情况？简单说说为什么。

前测结果：

问题 1，全班有 30 名同学听说过抽屉原理，但是能用生活中的故事讲的几乎没有。

问题 2，有 18 名同学在这个问题上有所回答，只是简单说苹果一定比抽屉多一个就是抽屉原理，在描述中用到 “总有” “至少”这些词来描述的只有 2 位同学。

问题 3，有 38 名同学认为是两种，理由：第一种是（2、1），第二种是（1、2）。

有 2 名同学认为是一种情况，理由：都是一个抽屉两个苹果，一个抽屉一个苹果。

2. 结果分析

（1）我们发现有相当一部分同学对于抽屉原理，处于只知其然，而不知所以然的状态。因此，教学中需要让学生经历探究过程，运用实验、枚举、有序思考、反证等多种解决问题的方法，才能达到培养学生数学素养的目的。

（2）问题 2 中我们发现在经历探究过程中，虽然“抽屉原理”看似简单，但因为其实质是揭示了一种存在性，比较抽象，要让四年级的小学生建构起自己的实质性理解，还是很有难度的。“抽屉原理”的精练表述，明显超出了大部分学生的抽象概括能力。对“总有一个抽屉里放入的物体数至少是多少”这样的表述，学生很少用，理解也有一定的困难，造成在活动中学生也很难用“总有”“至少”这样的语言来陈述。

（3）“抽屉原理”研究的是物体数最多的一个抽屉里最少会有几个物体，只研究它存在这样一个现象，不需要指出具体是哪一个抽屉，也就是说，对“抽屉”是不加区分的。而小学生容易受到思维定势的影响，理解起来有难度，在枚举时会把（2、1）、（1、2）理解成两种不同的情况。

我的思考

1. 通过分析，我发现无论是两种教材本身对知识的要求，还是学生原有知识和能力现状，都要求我们设计活动时，注重“穷举检验”，通过一一枚举，可以增强学生的确信感，同时能让学生经历概括的过程并体会数学的抽象。

2. 在活动设计时，我把在具体情境中探究抽屉原理，概括出“总是至少有 2 个”的方式，转变成利用具体情境来通过感受“总是至少有 2 个”，来说明抽屉原理的存在，为学生降低语言陈述的困难。

3. 大多数学生对抽屉原理有一定的了解，但他们没有经历过抽屉原理的探究过程，活动中难点多并且比较集中，所以我把活动设计分为两部分（见下表）。

活动	活动内容	活动意图
活动 1	52 张扑克牌（没有大小王），任意抽出其中 5 张，一定至少有 2 张花色相同，你认为是真的吗?	借助情境激发学习兴趣，在情境中理解“至少 2 张”。

活动	活动内容	活动意图
活动 2	把 4 根吸管放入 3 个杯子里，找出所有不同的放法，共（　）种，并用自己喜欢的方式表示出来。 小组交流，你还有什么发现？	1. 学生在小组合作中使用“枚举”法说明抽屉原理的存在，并夯实总是至少 2 个。 2. 渗透在排列中有序思考。 3. 再次制造认知冲突，引导学生思考，引出“最不利”原则。

其中，活动 2 是主要活动，在活动交流中要引导学生对“枚举法”等方法进行比较，使学生逐步学会有序思考，做到“不重复、不遗漏”，最终延伸到“最不利”原则，发展学生的思维能力。

二、活动设计

（一）活动目标

通过动手操作、观察、比较，发现总是有一个杯子至少有 2 根吸管，从而理解“抽屉原理”的含义。

（二）活动情境

把 4 根吸管放入 3 个杯子里，共有几种放法。

（三）核心问题

是不是总有一个杯子至少有 2 根吸管，你还有什么发现？

（四）活动方式

小组合作，集体汇报交流。

（五）活动时间

小组合作与全班交流大约 20 分钟。

（六）学习单

学习任务单

把 4 根吸管放入 3 个杯子里，找出所有不同的放法，共（　　）种，并用自己喜欢的方式表示出来。

小组交流，你还有什么发现？

三、活动实录

师：我们试一试把 4 根吸管放进 3 个杯子里，会有几种不同的放法？小组交流后你还有什么发现？

老师巡视了解学生的活动情况。

师：哪个小组到前边汇报?

生1：我们小组发现有10种放法，分别是：先用2牵头的有，第一个杯子2根吸管，第二个杯子1根吸管，第三个杯子1根吸管，第一个杯子至少有2根吸管，还有（1、2、1）（1、1、2）。第四到第七种放法是3牵头有（3、1、0）（1、3、0）（1、0、3）（3、0、1），第八到第十种放法是4牵头的有（4、0、0）（0、4、0）（0、0、4）。这10种放法都至少有一个杯子有2根或2根以上的吸管。

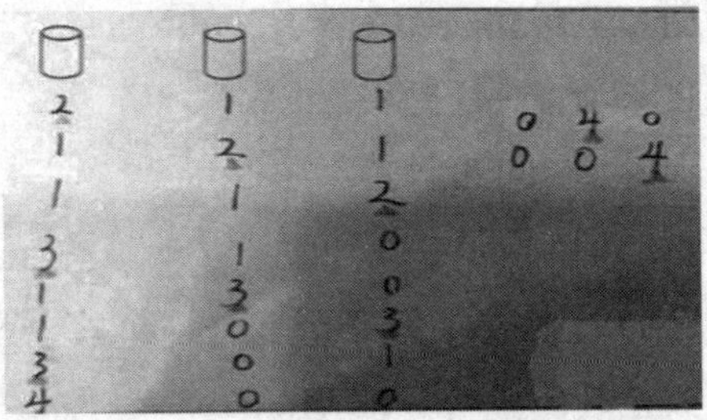

师：你们其他小组有不同意见或者需要补充的吗?

生2：我们组认为是15种，他们少了5种。

师：你们组上前面来补充。

生2：首先是3牵头的缺少（0、1、3）（0、3、1），还有2牵头的缺少（2、2、0）（2、0、2）（0、2、2），一共加在一起15种放法，而且都满足至少有一个杯子有2根或2根以上的吸管。

师：一共15种不同的放法，而且总是有一个杯子至少有2根吸管，你们认可吗?

生3：老师，我们组有不同意见，我们认为有4种不同的放法。

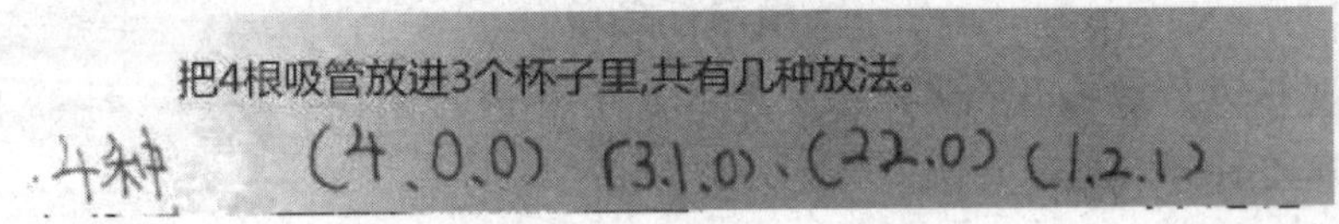

生3：我们认为比如（4、0、0）（0、4、0）（0、0、4）看着是三种，其实也可以说成一种，无论怎么放，这三种都是只有一个杯子有4根吸管，其他两个杯子没有吸管。所以我们认为15种放法，其实就4种。

生2：我们不同意你们的意见，就像（4、0、0）（0、4、0）（0、0、4）是它们都有一个杯子有4根吸管，其他没有。但是有的是第一个杯子，有的是第二个杯子，有的是第三个杯子有4根吸管，它们所在的位置不一样，所以我们认为这是 3 种不是 1 种。

生 2：老师我还要补充，就像数字大家认为 25 和 52 一样吗？

师：我明白大家矛盾点在哪里，就是考虑不考虑杯子的位置问题，我们今天的实验关注的是吸管的数量，不考虑杯子的位置，就好像无论（4、0、0）（0、4、0）（0、0、4），我们都看成只有一个杯子有 4 根吸管，其他杯子没有，就 1 种情况，所以只有 4 种不同放法，而且这 4 种都能满足总是有一个杯子至少有 2 根吸管，现在你们同意吗？

生：（一起）同意。

师：同学们，开始我一直听有的小组说一个词，牵头。想一想这四种放法如何排列就能保证不重复、不遗漏了？

生 4：我们先用 4 牵头，把 4 的找全，再用 3 牵头，把 3 的找全，最后用 2 牵头有（2、2、0）和（2、1、1），1 牵头不用了，因为前面有了，这就保证不重复、不遗漏了。

师：同学们你们真棒！解决问题真有方法，可以利用有序排列的方法保证不重复、不遗漏了。

师：我们做一次实验成功了，就能说明抽屉原理的存在吗？

生 5：不行，老师我们还要继续做实验，做 5 根吸管放 4 个杯子里。

师：假设也成功了，就能说明抽屉原理的存在吗？

生 6：好像不行，还要多做几次才可以。

师：实验就这样下去没有止境，能不能只做一次实验就能发现抽屉原理的存在呢？

生 7：有，我能上前面边演示边说吗？

师：可以。

生 7：我们把事情翻过来想，我就想让总是有一个杯子至少有 2 根吸管不成立，所以就让每个杯子有一根吸管，不能没有，要是有的杯子没有，其他杯子吸管就会变多，现在大家看我手中还剩 1 根吸管，这根吸管无论放在哪个杯子里都能保证总是有一个杯子至少有 2 根吸管。所以只做一次实验就能说明抽屉原理的存在。

师：你真棒！只做一次实验就说明成立，这就是我们数学中的“最不利”原则。关于他说的有谁听懂了，能不能举例子说一说？

生8：老师我觉得这也是一个平均分的问题，比如把10根吸管放入9个杯子里，要想不满足总是有一个杯子至少有2根吸管，就把吸管平均分。10除以9商1余1，就说明每个杯子有1根吸管，但是剩1根吸管没有放入杯子，无论放入9个杯子中哪一个里，都一定会满足有一个杯子至少有2根吸管，所以抽屉原理一定存在。

师：同学你真会思考，而且十分有深度，我建议大家把掌声献给他。

四、评价反思

（一）活动因生而变，研究不设限

课堂中的“好活动”不是看着精彩的活动，就是好活动，而是应该视授课班级的情况而定，关注活动的实施是否引发学生的积极思考，从而培养学生核心素养。本次活动设计方面有两个版本，第一种只开展两个活动，让学生在活动2中通过“枚举”法发现抽屉原理的存在，在汇报交流中发现“重复”“有序排列”“最不利”原则。第二种开展三个活动，在活动2之前增加一次实验操作，就是把3根吸管放入2个杯子里。利用这个实验让学生经历“枚举”法，发现“重复”问题，这样做可以分散实验中的难点，避免没有良好活动经验的班级在交流中纠结重复问题，导致活动时间拖沓，影响渗透有序思考和“最不利”原则。如果授课班级有良好的活动经验，只开展两个活动，会使活动更加充实、丰满。在活动开展过程中，学生的活动经验也会得到进一步提升，思考也会更加有深度。

（二）活动生根发芽，迈向深度

课后我和学生交流，你们上完这节课有什么感受？同学说：“今天的课真嗨！不像数学课，像科学课，还有扑克牌呢，数学还能用实验证明呢。”听完学生的回答，我对数学活动的价值有了更深入的思考，数学的综合实践领域重视过程、重视活动经验的积累，数学课中的“好活动”，就是完成这一目标的载体。学生在评价这节课时提到用扑克牌来上数学课，说明抽牌情境激发了同学们学习的兴趣，使我感受到，如果说“好活动”是打开学生深度学习大门的钥匙，那么好情境就是“好活动”的基石。

参考文献：
[1] 曹培英.“数学广角”教学系列研究（一）[J]. 小学数学教学，2014(1):4-9.

圈画中理解本质

——《方阵问题》活动设计与思考

北京市史家小学通州分校　邱冬梅

一、背景分析

《义务教育数学课程标准（2011 年版）》提出：数学课程要面向全体学生，适应学生个性发展的需要，要从学生已有的生活经验出发，让学生亲身经历将实际问题抽象成数学模型并进行解释与应用的过程，在获得数学知识的同时，掌握解决问题的基本方法，形成基本的数学思想方法。“方阵问题”是北京版四年级上册“数学百花园”中的内容。教学中通过生活中的方阵问题，为学生搭建思考的支架，引导学生在观察、分析、动手操作中发现其中蕴含的规律，从而建构方阵问题的数学模型。

（一）学习内容分析

教材由生活中熟悉的“摆花坛”的事例引入，帮助学生认识“方阵问题”的基本特点。在此基础上，通过“棋盘图”的直观素材，引导学生在画一画、圈一圈、比一比的活动中，发现隐含在其中的规律，逐步构建出“方阵问题”的数学模型，从而运用所发现的规律解决生活中相关的简单问题。在其他版本教材中没有出现独立的“方阵问题”这一教学内容，人教版五年级上册在教学完“植树问题”内容后，课后练习题设计了有关“方阵问题”内容（见右图）。但我们知道“方阵问题”的思考方法有其特殊性，不能单作为“植树问题”的自然引申，需要正面突破，单独教学。

14. 围棋盘的最外层每边能放 19 枚棋子。最外层一共可以摆放多少棋子？

15. 为迎接六一儿童节，学校举行团体操表演。五年级学生排成下面的方阵，最外层每边站了 15 个人，最外层一共有多少名学生？整个方阵一共有多少名学生？

（二）学生情况分析

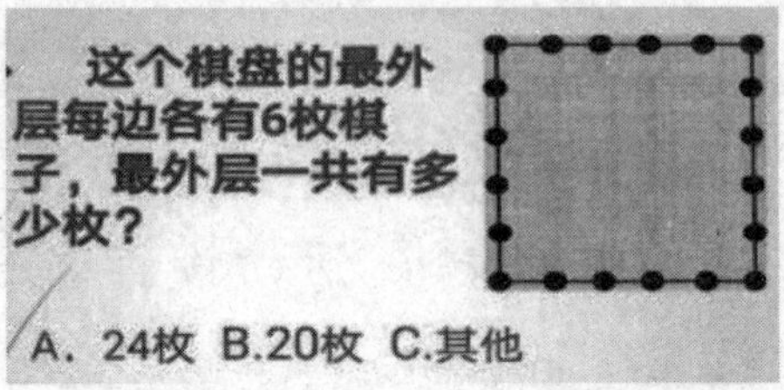

为准确把握学生原有的认知水平和能力，我对全班 48 名学生进行了前测（如上图所示），让学生借助互动技术“按按按”功能，进行“按点”选择。

选项	人数 / 人	占比 /%
A.24 枚	18	37.5
B.20 枚	13	27.1
C. 其他	17	35.4

通过对不同层次的学生进一步访谈，了解到：选择“24 枚”的同学借助了正方形的周长公式 $4\times6=24$ 计算得到结果，没有考虑“顶点处重复计数”这一现象。选择“20 枚”的同学中，一部分有课外辅导班的经验，考虑到“顶点重复计数”的问题；另外一部分是通过看图数个数完成的，不能与算式建立联系，说不清其中的道理。选择“其他”的同学，一部分是没有思路，另一部分是还没数出来。由此可以看出：只有不到 27.1% 的学生能够正确理解“方阵问题”，并能通过列算式得出结果。其他学生的问题主要集中在理解有误，即忽略了顶点重复计数的问题，没有思路。由于四年级的学生思维正处于从形象思维到抽象思维的过渡阶段，所以本节课主要借助直观模型，重点解决顶点重复问题，从而找到解决“方阵问题”的数学方法，体会数学模型思想。

我的思考

基于以上分析和思考，本节课我主要设计两个活动，第一个活动是学生在大胆猜想的基础上，通过在学习单上圈一圈、画一画，经历探索规律的全过程，带着自己丰富的体验，表达对“方阵问题”的认识，从而找到解决方法。同时学生深刻体会到解决问题方法的多样性，并在比较和应用的过程中对众多方法进行优化，具体问题具体分析，依据实际情况灵活地选择方法。

第二个活动作为拓展延伸，让学生充分想象“当正多边形的边数增加或减少时”情况会发生怎样的变化，问题又该如何解决。从一个典型问题逐渐拓展到一类问题，使学生运用规律解决问题的同时感悟到数学模型所带来的便利之处。下面我重点介绍第一个活动的开展情况。

二、活动设计

（一）活动目标

学生在圈、画及勾连中发现方阵问题的特点，掌握解决方阵问题的策略，感悟模型思想。

（二）活动情境

同学们，你们喜欢下围棋吗？今天我们就来借助围棋了解一下棋盘的特点，让我们先去看一看棋盘最外层有什么奥秘吧。

（三）核心问题

棋盘最外层有多少颗棋子？

（四）活动方式

独立画图、小组交流、集中反馈。

（五）活动时间

独立思考大约 5 分钟，汇报交流大约 20 分钟。

（六）学习单

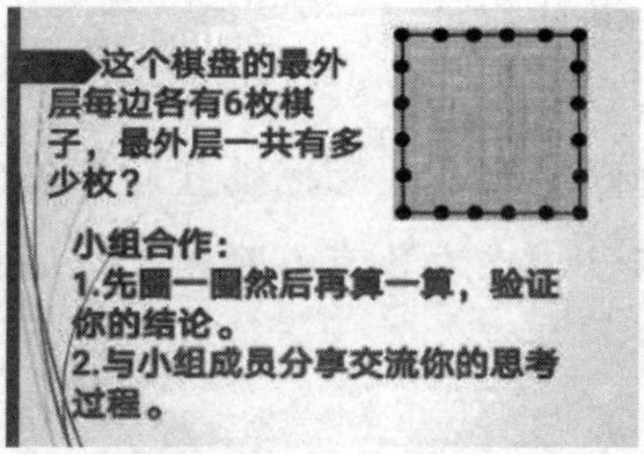

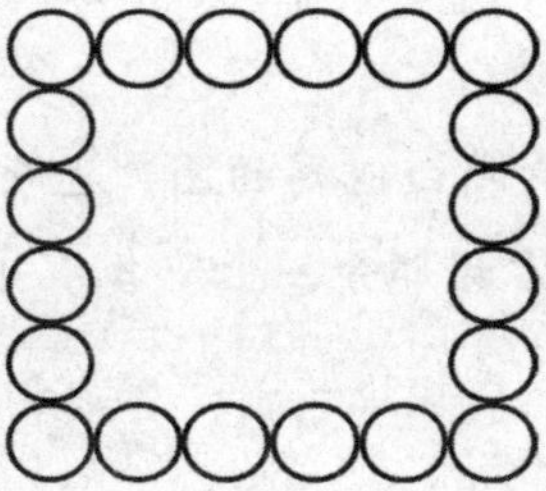

列式

三、课堂实录

（一）提出问题

师：要想准确知道最外圈一共有多少枚棋子，怎么办？

生 1：数一数。

师：数，的确是最有效的方法，但是除了这个方法，我们还可以采用什么方法？

生 2：算一算。

（二）出示小组活动要求

（1）先圈一圈，然后再算一算，并用算式解释你所圈画的过程。

（2）与小组成员分享交流你的思考过程。

师：自己读要求，并思考第（1）点共提出了几点要求，分别是什么？

生：共提出三点要求：一是圈一圈；二是算一算；三是能够解释明白。

师：请大家先在自己的学习单上独立完成，然后再交流。

（三）汇报与反馈

（1）邀请不同圈法的学生进行展示、板书。

（2）请学生当小老师进行讲解，其他同学提出质疑。

（3）展示不同圈法及算法并讲解。

方法 1：

生 1：我先在左右两边分别圈出 6 枚棋子，列式是 6×2；再把上下分别圈出 4 枚棋子列式是 4×2，最后把两个积相加 12 + 8=20。

师：谁听明白了？

生 2：我看明白他圈的图，也听明白他说的了，他把棋盘最外面的棋子分成上下和左右两部分，上下各有 4 颗棋子，左右各有 6 颗棋子，这样就能算出来了。

方法 2：

生 3：我和他的圈法不同，我依次把每 5 枚棋子圈一起，圈了 4 个 5，正好圈完，列的算式是 5×4=20。

生 4：我觉得他的圈法很好理解，5 个为一组，一圈正好有这样的 4 组。

方法 3：

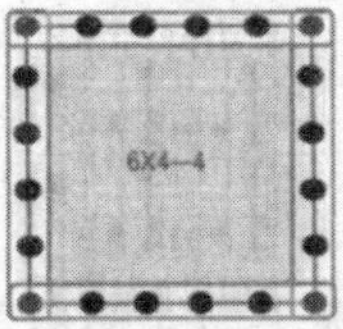

生 5：我看到棋盘的每一条边都有 6 枚棋子，那就是 4 个 6，但是这样的话，还要再减去 4。

生 6（质疑）：为什么要减去 4？

生 5：因为你看这个棋盘的 4 个顶点上的棋子都圈了两次，也就是重叠了，所以要减去。

师追问：刚刚小老师有一个词用得特别好，是什么？

生齐说：重叠。

师：你们能借助图来说说重叠之处在哪里吗？

生 5 再次指出重叠部分。

师：你还有什么发现？

生 7：正方形的四个顶点上，重叠数和图形顶点的个数相同。

师：其实在我们之前的学习过程中，也遇到过类似的问题，还记得吗？

生 4：我们之前学习过重叠问题，两个东西会有重叠，要减去。

师追问：方法 3 中有两个 4，它们表示的意思一样吗？

生 8：不一样，第一个 4 表示正方形有四条边，第二个 4 表示 4 个顶点上的棋子数。

方法 4：

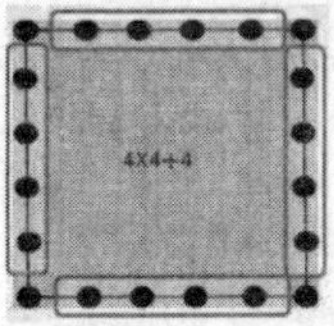

生 9：我是先在每条边圈 4 枚棋子，然后再加上 4，列的算式是：4×4+4=20。

师追问：方法 4 中的 3 个 4 看来意义也不同，请你们结合图再来说一说每个 4 表示的意思。

生 10：第一个 4 表示正方形有四条边，第二个 4 表示每条边上圈了 4 枚棋子，第三个4表示4个顶点上有4枚棋子。

师：刚刚我们一起交流了四种不同的方法，现在请你选择一种你喜欢的方法，同桌互相再说一说。

同桌相互交流。

师：我们再来一起看看黑板上的4幅图和4种算法，如果让你分分类，你打算怎么分？分类的依据是什么？

生11：方法1与方法3可以分成一类，它们都是借助了已知条件，每条边都有6枚棋子圈的，方法2和方法4每一条边圈的数都相等。

生12：方法1和方法2是一类，因为它们都是根据“圈”的数量列式的，方法3和方法4都是跟重叠有关的。

生13：方法3和方法4相同点是它们都借助了求正方形周长的方法，边长×4;不同点是方法3把重叠的去掉，而方法4没有算重叠的部分，最后把四个角上的数相加。

师小结：刚刚大家的分析各有各的道理，我们借助老朋友正方形又学习了一些新知识，是谁帮助我们学会了这些新知识？（画图）对呀！画图是我们数学中常用的一种策略。画图有什么好处呢？

生14：把抽象的问题变得更加直观。

生15：通过画图可以找到很多解决问题的方法。

生16：帮助我们理解算式的意思。

生17：画图使我们的头脑变得更聪明。

……

师：画图是我们解决问题时最常用的方法，它的作用可真不小。不仅帮助我们发现了数学中蕴含的规律，而且帮助我们解决了数学问题。

四、评价反思

（一）洞察学生思维的关键点，引导学生捋清思路

在数学课堂教学中，教师鼓励学生主动思考、自主探究。但是学生在思考数学问题时，推理的过程难免有疏漏或浅显之处，可能跳过了思维路径中的一些关键节点，或是对关键步骤的思考不够清晰。这时，教师不能仅满足于学生求出了正确答案，更要让学生阐明自己的思考过程，并在学生阐述的模糊之处进行追问，为学生的思维发展搭建支架，帮助学生丰富、完善自己

的想法。通过圈画，学生找到了解决问题的方法，但在具体讲解方法和思考过程时，我们看到学生对为何要减去 4 等问题的阐述不够清晰，于是学生质疑为什么要减 4，学生解释“因为你看这个棋盘的 4 个顶点上的棋子都圈了两次，也就是重叠了，所以要减去”。这时我发现仍有学生比较困惑，于是我再次追问学生:“你们能借助图来说说重叠之处在哪吗？”在学生再次找“重叠”的过程中，我引导学生联系旧知，使他们恍然大悟，发现这边角上的 4 颗棋子不过就是重叠问题中的重复的部分。

（二）凸显知识的形成过程，感悟数学思想方法

数学思想的形成需要在知识的学习过程中实现。只有经历问题解决的过程，才能体会到数学思想的作用，才能理解数学思想的精髓。著名数学家华罗庚先生曾经说过“数少形时少直观，形少数时难入微，数形结合百般好”。活动 1 的设计让学生充分经历了猜想—验证—得出结论—应用的全过程，学生借助“棋盘图”圈画的过程把数学“数与形”之间建立了联系，数形结合的思想悄然在学生头脑中萌芽。练习中当正方形边上的棋子不断地增加，学生不再去想数量，而是借助这个直观模型，解决了问题。最后拓展延伸中，提出“当正多边形的边数不断增加该如何解决呢”这样的问题。这样就把典型问题拓展为一类问题，帮助学生顺利抽象出了解决问题的方法。同时让学生再次思考“正多边形的边数增加了，你又会有什么发现”。当然，在这里教师没有让学生凭空想象，而是再次借助直观图形让学生进行观察想象。学生想象出：当边数不断增加（见下图），正多边形的角也随之增加，极限思想巧妙地融入其中。

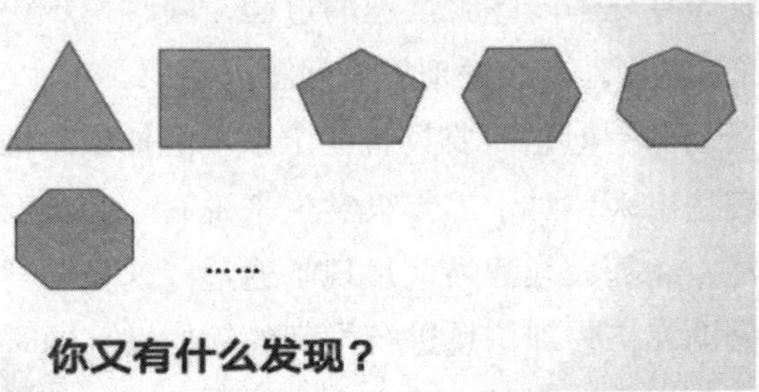

借助直观分析推理

——《分析与推理》活动设计与思考

北京市史家小学通州分校 邱冬梅

一、背景分析

《义务教育数学课程标准（2011 年版）》提出：在数学教学活动中应当注重发展学生的数感、符号意识、空间观念、几何直觉、数据分析观念、运算能力、推理能力和模型思想。关于“推理能力”，《课标（2011 年版）》明确阐述“推理能力的发展应贯穿于整个数学学习过程中，推理是数学的基本思维方式，也是人们学习和生活中经常使用的思维方式”。对于小学生来说，推理是较为抽象的。如何结合低年级学生认知特点，发展分析与推理的能力？结合教学实践来看，我认为关键之处不是让学生直接得到结果就行，而是要通过“线索—分析—推理—结论”这一完整过程发展学生的逻辑思维能力。

（一）学习内容分析

北京版、人教版、北师大版教材分别在二年级下册和三年级下册编排“分析与推理”这一内容。综合分析来看，教材内容都将推理的数学思想借助学生日常生活中最简单的事例，以游戏的方式呈现出来，引导学生通过观察、猜测、对比、列表等直观手段体验推理的过程，同时初步获得一些简单推理的经验，逐步形成有顺序地、全面地思考问题的意识。

虽然内容看着简单，但是需要具备一定水平的抽象思维，特别是将推理的过程有条理地表达出来，对于二年级学生来说有一定难度。由此，相对于其他两个版本教材，北师大版清晰地呈现了通过“列表”尝试推理的方法，引导学生体会到借助表格整理信息进行推理的简便性。同时借助表格进行推理，能够更清楚地看到肯定判断与否定判断在推理过程中是不对称的，从而逐步得出结论。

（二）学生情况分析

学生在生活中接触过简单的推理游戏，在一年级学习“找规律”时，经历了探索规律的过程，积累了一些简单的推理经验。但二年级学生思维以具体形象为主，在解决问题时，不清楚什么是线索，自己又是如何进行推理的，更多的是凭感觉，缺少有理有据的分析过程。其次，在交流的过程中我们会发现，低年级学生往往不会清楚表达自己的思考过程，更多的是直接说出结果。在试讲的过程中也尝试让学生说说“你是怎样想的”，但是多数学生只是把例题又读了一遍，表述含混。可见学生的思维缺少一定的条理性，不会全面有序地进行思考和表达，引导学生想得明白、说得清楚是必须思考的问题。

我的思考

1. 编者意图思考

北京版教材呈现的内容较少又相对简单，例题在问题难度的设计上不是很大，都是有一个直接判断的条件，让学生找准关系句，就能轻松地推理出其他的相关结论，如编者到底想让学生通过本节课学习，获得哪些基本的数学活动经验，本节课的提升点在哪儿。

2. 试讲对比思考

同样的内容在两个不同的班级进行了对比教学，两个班的学生都能够按照老师的要求，通过画示意图、线段图、条形图、表格等方式呈现出来，说明学生思维条理性是比较清晰的。一个班学生借助表达的范式，基本能够把自己的思考过程有序地表达出来，另一个班自主表达，多数学生表现的是说不清，只知道结果。

基于以上分析与思考，我认为让学生借助已有认知经验，抓住画图这个抓手进行分析推理至关重要。画图不仅可以帮助学生明确信息之间的关系，更有利于学生把自己的思考表达出来。其次，对于低年级学生来说，语言表达能力的培养至关重要。良好的语言表达能促进学生思维的深化。教学中帮助学生把基本语言模型建立起来，学生的思维通道就会更加顺畅。因此，我把整节课贯穿在一个完整的教学的情境之中，让学生在解决问题的过程中借助一定的方式辅助推理，理解感受到什么是逻辑推理。

我将从三个基本的数学活动展开：第一个活动主要通过让学生猜猜老师的姓名中有几个字，明确线索的作用；第二个活动是把画图作为学生学习数学的抓手，帮助学生理解题目的意义，变抽象为具体，化复杂为简单，拓展学生的思路，使学生的问题更快得到解决；第三个活动给学生呈现三条线索，当线索多了，逻辑关系相对比较抽象。让学生用自己喜欢的示意图表示，借助图展现 A、B、C、D 间的逻辑关系，进一步帮助学生巩固梳理思维的过程。在这三个活动中，第二个活动是本节课的核心活动，目的不是得到结果，而是让学生在这个完整的过程中掌握逻辑推理的方法。

二、活动设计

（一）活动目标

通过画一画，体会“线索”的作用，能够有理有据地分析问题，培养学生简单的推理能力。

（二）活动情境

春节过后邱老师发现很多同学都长高、长胖了。小飞、小月和小方他们一见面就比起了身高，快来看看吧。

（三）核心问题

你是怎么知道三名同学谁最高，谁最矮的？

（四）活动方式

独立画图、小组交流、集中反馈。

（五）活动时间

独立思考大约 5 分钟，汇报交流大约 20 分钟。

（六）学习单

《分析与推理》学习单

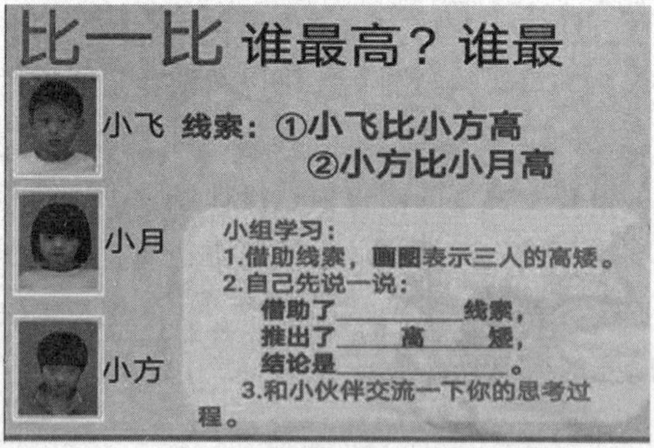

学生画一画：

三、活动实录

（1）小飞、小月和小方到底他们谁最高，谁最矮呢？

（2）反馈交流

图 1 交流：

生 1：通过第一条线索小飞比小方高，我推出小飞高，小方矮。又通过第二条线索我推出小方高，小月矮。因此我得到的结论是小飞最高，小月最矮。

师：刚才这幅作品不仅生动形象地画出了三个人的高矮，名字的标注一眼就让我们知道谁是小方，真是太棒了。她还有一个细节做得特别好，你们仔细看看。

生 2：她还画了一条直直的线。

师：这条直直的线有什么作用呢？

生 3：有了这条线就表示他们站的地方都一样高。

师：他和你的想法一样吗？

生 1：一样。

师：这条直直的“线”作用可真大，它清楚地告诉了我们在比较的过程中要标准统一。不能有人站的地方高，有人站的地方矮，只有统一了比较的标准才公平。把掌声送给细心的女孩和会思考的男孩。

图 2 交流：

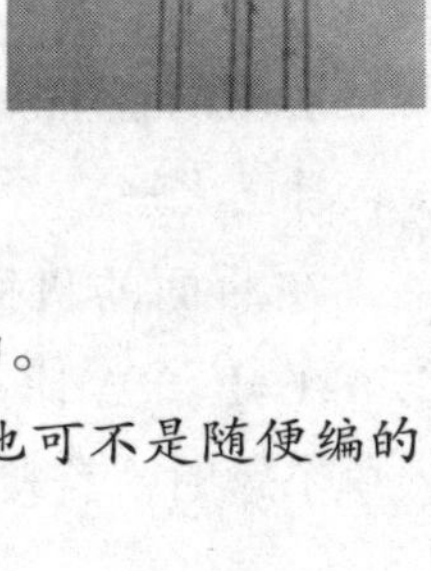

生 1：我用三个长条表示三个人的高矮。通过第一条线索小飞比小方高，我推出小飞高，小方矮。又通过第二条线索我推出小方高，小月矮。因此我得到的结论是小飞最高，小月最矮。我还假设小飞是 1.35 米、小方是 1.30 米、小月是 1.25 米。

师：对于他的图你们有没有想说的？

生 2：我觉得可以不写数，他的图就已经可以看出谁高谁矮了。

生 3：我觉得他的图虽然写了数，但是很简单，挺好的。

师：老师觉得生 1 数据用得特别妙。仔细看看这个身高他可不是随便编的，他巧妙地结合自己的身高进行了假设，这就是小学阶段常用的一种数学思想：假设思想。我觉得生2说的话也很有道理。不用写数据，借助这个直条图我们一眼就能看出谁高谁矮，这就是直观的价值。看！数学的简洁美就在这里，一个符号、一个数字、一幅直条图就能清楚地表达出其中所含的深刻含义。

图3交流：

师：刚刚我还看到了这样一幅图。

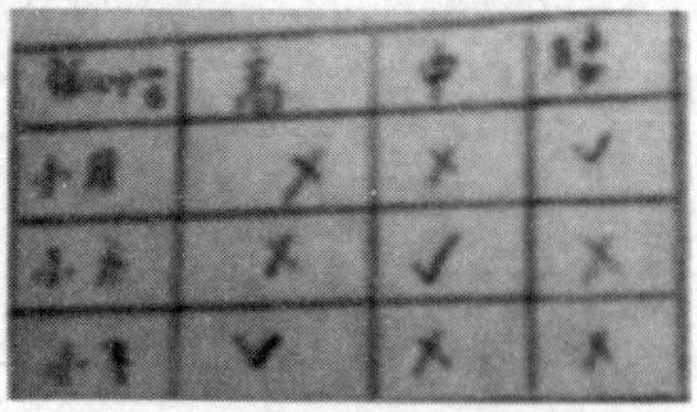

生齐说：她是在“学而思”学的。

师：赶快让它的作者给大家讲讲吧。

生1：我借助第一条线索“小飞比小方高”推出小飞高，因此我就把小飞高画上了“√”，其他画上了“×”；我又借助第二条线索“小方比小月高”推出小方高，我就在小方中画上了“√”，在小月矮画上“√”，其余画上了“×”。因此我推出小飞最高，小月最矮。

师：同学们，你们听明白了吗？

生1：听明白了，但是我觉得太麻烦了。

师：方法是有些复杂，但是用掌声感谢她又给我们提供了一条解决问题的方法。老师还为每个人准备了3张同样长的小纸条，请你借助小纸条边折边说一说推理的过程。

师：这么多方法你更喜欢哪一种？说说你的理由。

四、评价反思

（一）化静为动，思维跃然纸上

低年级学生的年龄较小，他们的思维主要以具体形象思维为主，并且伴随一定的直观动作思维，逐渐过渡到抽象思维。通过画图，学生将自己的思考过程直观而清晰地呈现出来。画图不是为了得到结果，而是让学生掌握画简单示意图的方法。从反馈的过程中，我们可以清晰地看到不同层次的学生所呈现出的直观图形也是各不相同。在交流反馈的过程中学生学会了取人之长，补己之短。

在后面的巩固活动（从重到轻排一排：A、B、C、D四个同学比体重①A+C=B②A比C轻③D最重）中，线索变得复杂，而且把字母与数字融入一个题时，直接推理得到结论显得尤为困难。学生边思考，边画线索，使线索之间的逻辑关系逐渐清晰，结论直接呈现出来。学生在画一画的过程中呈现了多种不同图形，教师在反馈的过程中让学生逐渐体会到几何直观图的作用，也在比较的过程中让学生充分感受到了数学的简洁美。

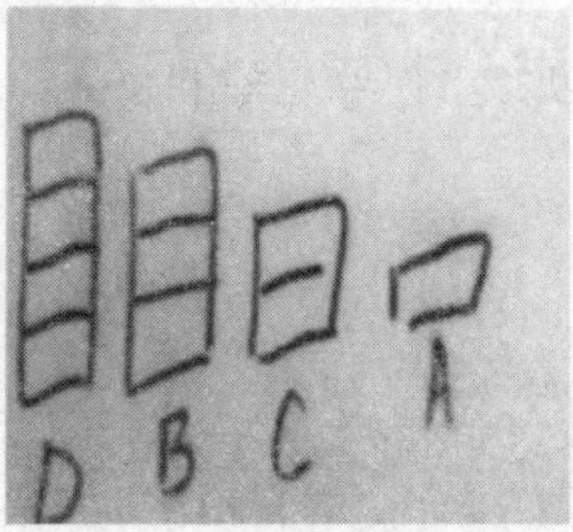

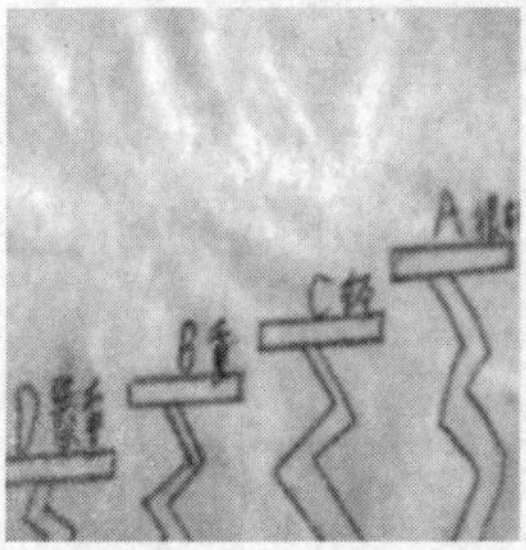

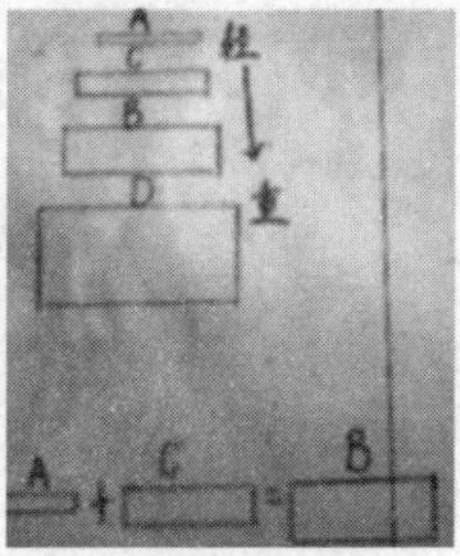

（二）耐心等待，交流生成智慧

教师是启迪儿童心灵智慧的钥匙，应该掌握好启迪的最佳时间，这个最佳时间就是课堂。这就要求教师在课堂上要尊重学生数学学习的现实情况，舍得慢下来等待学生。第二个活动是本节课核心，思考和交流的时间约为 25 分钟，给足学生独立思考的时间，亲身经历推理的过程，充分地让学生在学习单上呈现自己的想法。正是因为每个学生都有自己的思考，能够为接下来的生生交流做好准备，才能碰撞思维，使理解走向深入，从而呈现“真活跃”的课堂氛围。

整个活动中，学生不断地体验和感悟，调整组织自己的想法，逐步有条理地表达出来。在三幅图的对比中很多学生受到了启发，在回答“说一说你最喜欢哪幅作品，你的理由是什么”这一问题时，学生们的喜好各不相同，我没有让学生整体划一，而是尊重学生存在的差异，让他们收获属于自己的成长。在对比中学生达成了共识，各个沉浸在讨论交流之中，精心地描摹着自己的杰作，充满善意地品评着小伙伴的作品，大胆地发表着自己的见解，这样我们的数学课堂才充满生机与活力。

点段对应解决实际问题

——《植树问题》学习活动设计与分析

北京市史家小学通州分校　武海深

一、背景分析

模型思想在《义务教育数学课程标准（2011 年版）》中被明确为十大核心概念之一，意在培养学生的高阶思维。模型思想的建立是学生体会和理解数学与外部世界联系的基本途径。史宁中教授指出，数学建模是指用数学的语言描述现实世界所依赖的思想。数学建模使数学走出数学的世界，是建构数学与现实世界的桥梁。

利用数学方法解决实际问题，首先需要进行的工作就是数学建模，建立数学模型解决实际问题的过程，就是将实际问题除去非本质的因素，抽象成数学问题进而运用数学解决问题的过程。因此，帮助学生建立较好的数学模型是解决实际问题的关键。而植树问题，就是最直接的通过数学建模解决实际问题的类型，所以模型思想是本节课的根本思想。

（一）学习内容分析

植树问题通常指沿着一定的路线植树，这条路线的总长度被平均分成若干份（段或间隔），由于路线不同、植树的要求不同，路线被分成的段数（或间隔数）和植树的棵数之间的关系也不同。它是一类数学问题的统称，生活中的敲钟现象、爬楼梯、锯木头等问题，都属于植树问题，其本质是研究点与段的对应关系，这也是学生认知的难点。理解“点段模型”这个根本思想，将“点段模型”深入学生的头脑中，将是本课的学习关键。

在立足教材的同时，本课依托数学核心素养，帮助学生通过活动情境发现并提出数学问题，经历积累数学经验—建立数学模型—求解模型—验证模型—完善模型的过程，最终实现提升应用能力，增强创新意识。具体操作中，本课给予学生更加开放的情境，通过研究在学校一条 20 米长的甬路一侧种树问题，探究植树棵数和间隔数的关系。这样的设计，可以充分调动学生的自主探究积极性，培养小组合作能力，也有助于“点段模型”的建立。目的就在于引导学生在掌握知识的同时逐步学会自主获取知识的方法与能力，体现猜想—举例—验证的研究过程。在发现规律、总结规律中给学生留有自主探索的空间，安排有效的学习活动，让学生经历了解决问题后的观察、猜想、比较、举例、验证等活动，总结出规律，发展学生的合情推理的能力。

（二）学生情况分析

学生在正式学习本内容之前就已经接触过“点段对应”的例子了，比如二年级学习厘米后借助直尺测量物品长度读数，三年级学习经过时间。通过课前访谈，学生尽管有这种点段问题的经验，但是大多数学生不能将这些经验迁移到植树问题的情境之中。

为了更好地了解学生的情况，我对我校四7班的32名学生进行了前测。

前测的内容是：在一条长10米的小路一侧种小树，每隔2米种一棵，可以怎么种？（采用你喜欢的方式表示出你的想法）

前测的结果是：学生大都采用列算式解答。有15人采用两端种树，占46.9%，其中只列算式求出答案的有6人，列算式与画线段图结合表示想法的有5人，只画线段图或示意图表示想法的有4人。采用只种一端的方法有7人，占21.9%，列算式解答的有4人，列算式与画示意图结合表示想法的有1人，只画图表示的有2人。采用两种植树方式解答的有3人，占9.4%，2人用语言描述与列式相结合，1人只用算式解答。采用三种植树方式解答的有4人，占12.5%，2人运用示意图、线段图与算式相结合，2人语言描述与列算式相结合。全班有3人不理解题意导致完全出错，占9.4%。看来大多数学生有丰富的生活经验和解题能力，大多数学生用列算式的方式解决问题，他们是否明白这样做的道理？他们是否已习惯于抽象思维想问题？经过课下追问访谈发现个别学生说不清这样做的道理，还有待于建立直观表象。通过本节课的学习不但让学生知其然还要知其所以然。如何在学生的原有认知上进行深入学习，理解植树问题的规律，根据实际需要思考问题，是教学的重点和难点所在。

我的思考

1. 植树问题难在哪里？如何解决？

植树问题的难点在于间隔数与棵数对应的形式多，学生不好分辨，针对这一问题，数学建模是最好的解决方式。只有把握好点段对应的模型，学生才能有解决问题的根本方法。因此，学生活动以在学校一条 20 米长的甬路一侧种树为情境帮助学生梳理思想、建立模型是可行的。

2. 植树问题的背后如何落实素养目标

植树问题的根本目的是帮助学生学会思考，建立数学与生活的联系，培养应用意识和创新精神。教学中学生经历了观察、猜想、比较、举例、验证等活动过程，并且经历了及时回顾与总结，这些都是帮助学生学会思考的有价值活动。学生经历了这样的学习过程，在今后遇到植树问题的其他情况如爬楼、敲钟、锯木头等类似情境时就可以有经验可循，甚至以后碰到更加复杂的实际问题，也会试图利用这样的研究方法去解决，试图建立新的数学模型，或者与已有模型建立联系去尝试探索，这将是本次活动最有价值的收获。

二、活动设计

（一）活动目标

理解植树问题中棵数与间隔数之间的关系，建构解决植树问题的数学模型。

（二）活动情境

在学校一条 20 米长的甬路一侧种树，需要多少棵树？

（三）核心问题

为什么间隔数相同，棵数不同？

（四）活动方式

1. 利用学习单自主思考；

2. 小组同学进行合作交流。

（五）活动时间

学生思考讨论与合作交流大约 15 分钟。

（六）学习单

1. 独立思考，自主设计间隔长，按照表格提示，完成探究。

2. 小组内交流，看有什么发现。

3. 用喜欢的方式表达出你发现的规律，做好交流准备。

植树情况	路长	间隔长	示意图	间隔数	棵数

三、活动实录

师：在学校一条20米长的甬路一侧种树，需要多少棵树？刚才同学们进行了独立思考，并在小组中进行了交流、讨论。现在咱们一起交流交流吧。

生1：（出示学具：牙签当树，泡沫板当作小路）我们是这样种树的，假设每隔5米种一棵，每隔5米种一棵，一共栽了4棵树。20÷5=4（棵）。

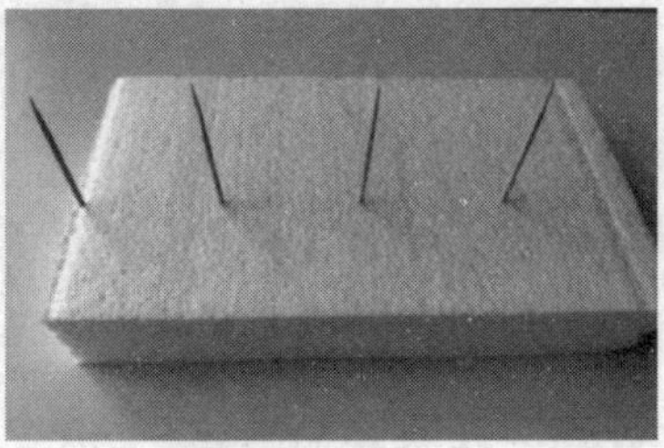

生2：（展示牙签种树的学具）我们组也假设每隔5米种一棵树，有一种和他的种法相同，我们还想到在开头先种一棵树，然后再每隔5米种一棵树，每隔5米种一棵树，数一数一共种了5棵树。列出的算式是20÷5+1=5（棵）。还可以开头结尾都不种树，那么还可能种3棵树，每隔5米种一棵树，每隔5米种一棵树，就是20÷5−1=3（棵）。

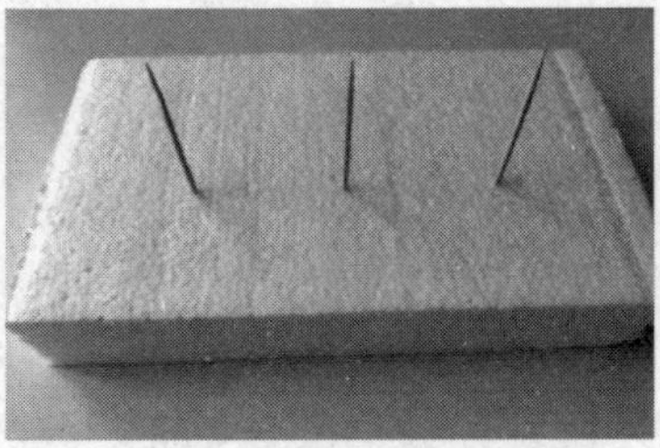

生3：我有问题要问。为什么会有开头不种和开头结尾都不种的情况？

生4：生活中可能有这样的事情，比如在小区门口或者学校门口种树，门口就没法种，所以只能空开5米种1棵树，有一个5米就对应着1棵树，有4个空，就对应着4棵树。再比如，在两个楼之间种树，开头和末尾就都无法种树，4个空本应该对应着4棵树，但是还要减去末尾的那棵树，所以就是3棵树了。

生5：我可以画出线段图来帮助大家说明，我们假设每隔4米种一棵树。（出示线段图）这是3种植树情况的线段图，两端都种的情况，可以种6棵树。

20÷4+1=6（棵），大家请看图，一段对应一棵树，隔一段 4 米就是 1 棵树，再加上开头这棵树，所以是 6 棵。我们发现棵数比间隔数多 1。

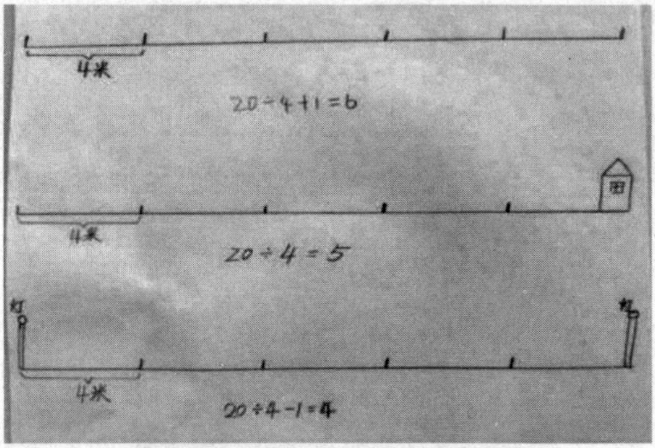

生 5：我继续说还可以有一端不种的情况，20 米的一段长度每隔 4 米种一棵树，正好是 5 段，就对应着 5 棵树了。20÷4=5。我们设想在学校一端正好是墙或是房子的情况下就没法再种树，生活中就有很多这种开头或结尾没法种的情况。这样棵数和间隔数正好相等了。

生 5：还有可能在学校两个灯杆之间有一段 20 长米的甬路要种树，这样就导致开头结尾都不能种树了，所以从线段图中我们看到有 5 段，但是只能种 4 棵树了。20÷4−1=4（棵）。我们发现棵数比间隔数少 1。

生 6：我们还可以每隔 2 米种一棵树，也同样有这 3 种种树的情况。我们借助线段图和算式表达出来了。同样也发现两端都种棵数比间隔数多 1，20 米每隔 2 米种 1 棵，有 10 个间隔，11 棵树。只种一端的情况棵数间隔数相等的，20÷2=10，得到 10 个间隔对应着 10 棵树。在两端不种的情况下棵数比间隔数少 1，也就是 10 个间隔，9 棵树。

……

师：这样种下去，你们有什么发现吗?

生 7：我们发现改变间隔的长度，存在的植树规律是相同的。我们发现还可以变总长度，40 米、100 米、200 米、1000 米……全存在这样的规律。

师：正像同学们研究的那样，（演示动态课件）只种一端的情况下，一棵树对应一个间隔。几棵树就正好对应几个间隔，所以棵数 = 间隔数。当两端都种时会有一棵树对应一个间隔，而最后这棵树就少了与它对应的间隔，所以棵数 = 间隔数 +1。同样我们可以推出两端都不种的情况棵数 = 间隔数 −1。

师：生活中还有什么事情像植树这样，研究点与段的关系？

生 1：锯木头。

生 2：钉纽扣 。

生 3：爬楼梯。

生 4：敲钟。

生 5：盖房子。

……

师：种树、钉纽扣、盖房子等都是研究点与段之间的对应关系。你们还有进一步的发现吗？这些生活现象什么时候加 1？什么时候减 1？什么时候不加也不减呢？

生 1：（拿着手中的厘米尺）大家看，直尺上的这些刻度与中间的间隔，就是两端都种，20 厘米长，19 个间隔。给段求点就是要加 1。

生 2：爬楼梯问题也是要加 1 的。爬的楼层与层数的关系，所在楼层 = 爬的层数 +1。

生 3：锯木头问题就是典型的不封闭线段上两端不植树问题，需要减 1。所锯的段数总比锯的次数多 1。锯的次数 = 木头段数 −1。

生 4：敲钟声的问题是敲的次数＝间隔数 +1。例如时钟敲 3 下，中间有 2 个间隔，2 个间隔需要 2 秒钟，那么 1 个间隔需要 1 秒钟。时钟敲 6 下，中间有 5 个间隔，需要 5 秒。

生 5：为衣服钉纽扣就是只种一端的情况，我见过爷爷的中山装就是这样，纽扣个数 = 间隔数，从上往下钉，最上边钉一个，最下面不钉。

师：同学们太会思考了，像摆花、锯木头、剪绳子、爬楼梯、插彩旗的问题，实际上都是研究线段的长度，分点的个数及每段长度之间的关系，均可以转化为植树问题来解决。

四、评价反思

（一）利用已有经验，建立对应模型

植树问题所揭示的规律对于学生来说是个难点，但关于与植树问题的现象，学生并不陌生。课的一开始，从揭示“间隔”与“间隔数”开始，从学生熟悉的事物引入，让学生观察间隔，认识间隔数。渐渐地学生运用已有的知识经验就能认识到树与树之间的间隔，并能正确地数出间隔数了。在探索

植树问题的各种情况及其规律时，学生积极参与，利用学具，分小组自由“种树”，自由讨论，自由发表见解。基于学生已有经验的实际问题探究模式，开放的活动过程，是数学建模的基本前提，经历发现问题，提出问题，并且分析解决问题的过程，学生的能力实现了真正的提升。学生通过举例将锯木头、敲钟、钉纽扣、剪绳子、爬楼梯、插彩旗的问题，转化为植树问题，实际上都是研究线段的长度、分点的个数及每段长度之间的关系，很好地建构了数学模型。

（二）动手操作中感受对应关系

美国心理学家布鲁纳指出“探究是数学教学的生命线”。学生通过自己探究获得的知识要比教师直接灌输的印象更深刻，学生也能在其中享受到参与探究的乐趣。在探究活动中，学生亲自动手操作，填写实践活动记录单，为探究规律提供了支架。学生在报告单上记录实验情况，再从通过多次探究实验，发现了不同植树的情况下“棵数”与“间隔数”的对应关系，对于“为什么间隔数相同，棵数不同”这一核心问题有了直观的认识。学生的活动过程中，流露了学生的思维特点和探究习惯，并且他们在探究的过程中，从思维的分散走向统一，感受了数学知识的有用性，同时对学生的应用意识和创新能力进行了培养，为数学建模和进一步解决更多问题提供了必要的经验和前提。

参考文献：
[1] 张丹 . 小学数学教学策略 [M]. 北京：北京师范大学出版社，2010.
[2] 刘加霞 . 小学数学有效教学 [M]. 北京：北京师范大学出版社，2015.
[3] 吴正宪，刘劲苓，刘克臣 . 小学数学教学基本概念解读 [M]. 北京：教育科学出版社，2014.

以“活动”为支点，撬动学生思维
——《探索规律》学习活动设计与分析

北京市通州区贡院小学 蒋志超

一、背景分析

“探索规律”是小学数学课程内容之一，也是提升学生数学素养的重要载体。各版本教科书中都不约而同地将“探索规律”作为教科书的重要内容进行重新编写，并以此为载体来更好地体现并达成数学学习的总目标。对于刚刚入学不到3个月的一年级学生来说，认识加法表内和的排列规律并没有什么困难，难就难在还要理解排列规律背后的数学道理，感悟数学思想。如果用逻辑严谨的数学语言说教式地去讲解规律背后的道理，显然不适合低年级学生的学习特点。在数学学习的过程中数学活动比数学符号的形成、数学知识的掌握更重要，是学生学习后续数学知识的基础，是学生数学核心素养发展的基石。因此要创设符合低年级学生的学习活动，在宽松愉悦的氛围中，让学生经历探索规律的过程，感受到数学知识间存在着一定的联系，这样帮助学生积累发现规律的学习经验，培养学习数学的热情和意识，激励学生的创造精神，为发展学生的数学素养奠定基础。

（一）学习内容分析

本节《探索规律》是京版教材第一册第九单元《加法和减法（二）》中的教学内容。在《义务教育数学课程标准（2011年版）》内容标准中对不同学段探索规律的要求也是不一样的。第一学段的学生要能“探索简单情境下的变化规律”，对于第二学段的学生要能“探索给定的情境中隐含的规律或变化趋势”。

本节课是在学生学习完进位加法之后第一次接触二维的加法表（见表1）。首先教材呈现了一张空白的加法表格，这张加法表由横轴为1至9的一组加数，纵轴也是1至9的一组加数构成，并在表格中呈现三个“和”都是10，以通过师生间的对话为线索开展教学活动的，在学生计算出加法表中的和之后，观察“和”的变化规律，并理解呈现这种规律背后的数学道理。

从教材中的呈现可以看出本节课的重点是：理解相同的和在加法表中的变化规律。因此，我也确定本节课研究的核心目标是“借助直观演示感悟相同的和在加法表中的变化规律，渗透函数思想”。利用学生原有的 20 以内口算基础，设计符合低年级学生的开放性的学习活动，将数值与图形相结合，让学生借助直观图，在理解加法表相同的“和”排成了一条斜线道理的同时渗透函数思想。

二维加法表

9	10								
8		10							
7			10						
6									
5									
4									
3									
2									
1									
+	1	2	3	4	5	6	7	8	9

（二）学生情况分析

这部分教学对象是刚刚入学 3 个多月的一年级的学生，他们的认知与学前儿童还有许多相似之处，无意性和具体形象性仍在其中占很重要的地位。他们有很强的好奇心和求知欲，需要借助直观形象的学习资源去感受加法表格中和的规律。

在这个加法表学习之前学生已经学习了 20 以内的进位加法并接触过一两次横、纵轴形式的加法表格，但是形式是横轴上的数在上面，而且仅仅有两行数相加。再有就是练习中出现过加数、加数、和这样的一维的表格（见下表），像今天这样涉及的数这么多、二维的表格（类似于坐标）还是没有接触过。

一维加法表

加数	1	2	3	4	5	6	7	8	9
加数	1	2	3	4	5	6	7	8	9
和									

通过前测可以看到，20以内的加法计算学生们没有问题，由一维表格变成二维表格后对加法表的认识学生是完全能够理解的，大多数同学对于加法表能填写出其中的“和”，只有一小部分的同学对于“和”的位置确定需要演示与说明。因为有进位加法表格梳理的基础，学生能通过迁移解释横着、竖着“和”排列的规律，但是对于“和”斜着排列的规律相关经验比较少。虽然有的同学能斜着发现“和”的排列规律，但让学生说一说其中的道理，绝大多数的同学还是“无言以对”。因此，要让学生掌握加法表“和”的排列规律，发展低年级学生的分析推理能力，就要对接学习对象的思维特点，设计适合低年级学生学习的活动，在他们喜闻乐见、易于接受的活动中理解知识，提升能力。

我的思考

学生的认知发展一般需要经历一个依靠具体事物和实际动作的直观认识过程，进而发展到摆脱具体事物和实际动作的形象思维阶段，最后才能发展到只依靠符号、概念、命题等的抽象思维水平。如何让低年级学生理解表格背后抽象的数学道理，是这节课的重点也是难点。根据低年级学生的认知特点、心理发展特征，应借以直观形象的教学途径，创设宽松自由的学习氛围，激发低年级学生勇于表达自己的天性，认识规律，理解规律，运用规律。首先以游戏“为和找家”的活动，帮助学生更准确地确定好加法表中“和”的位置。其次以同桌填写完整加法表、全班交流发现“和”排列规律的方式认识规律。接着质疑：为什么相同的“和”会这样排列呢？开展“用你喜欢的方式表达出来”的分享活动理解规律，最后是独立完成“两组加数排列规律一样”的相似加法表的巩固练习，下面主要介绍通过创设活动让低年级学生理解“为什么相同的和会有这样的排列规律”，并向学生渗透函数思想的具体过程。

二、活动设计

（一）活动目标

在学生独立思考的基础上，调动学生已有经验，利用画、涂、写等多种表征理解相同的“和”为什么能排成一条斜线。

（二）活动情境

请同学们仔细观察，为什么这些 10 都是这样排列起来呢？可以画一画，涂一涂，或者写一写，用你喜欢的方式把你的想法表达出来。

（三）关键问题

为什么在加法表中相同的“和”会排成一条斜线呢？

（四）活动方式

学生独立完成，再进行全班交流分享。

（五）活动时间

独立完成和全班交流大约需要 15 分钟。

（六）学习单

学习任务单

1. 同桌合作，把加法表填完整。

2. 想一想，加法表中的和是怎样排列的，你可以用写一写、涂一涂、画一画的方法，把你的想法表示出来。

9	10								
8		10							
7			10						
6									
5									
4									
3									
2									
1									
+	1	2	3	4	5	6	7	8	9

三、活动实录

师：刚刚大家把自己的想法用你们喜欢的方式记录了下来，下面我们来分享一下大家都是怎么想的，看看哪个小朋友最会倾听。

生 1：老师我是用涂格子的方法，最上面的 10 是 9 加 1，我就把 9 旁边的 1 个格子和 1 上面的 9 个格子涂黑了，就正好都涂在这（10 的位置）。下一个 10 是 8 加 2 得来的，我就把 8 旁边的 2 个格子和 2 上面的 8 个格子涂黑，正好是这（10 的位置），7 旁边的 3 个格子和 3 上面的 7 个格子涂在这，涂完了，每涂完一组就要往下涂和往右涂一组，总是这么往下和往右涂，所以就像下山一样，10 就斜着排了下来。

师：涂格子，咱们这样把 10 都圈出来，这样大家是不是能更清楚地看到 10 在哪里？每一个 10 都对应着一组格子，你知道这一组格子指的是什么吗？

生 2：老师我明白，每一个 10 都有横着和竖着的格子，一组指两部分。

师：每一个 10 都对应着两部分，理解得真好。虽然用语言可能不能很准确地表示出来，但是我们通过他的涂格子能明白，每一个 10 对应的一组格子是不一样的，大家仔细观察，下一行要多涂 1 个格子，对应的一列就要怎么样？

生 3：下一行多涂 1 个，对应的一列就要少涂 1 个格子。

师：就像这个同学说的一样，你多涂 1 个，我就少 1 个，正好就都是 10。所有的 10 就这样一条斜线的排了下来。其他同学你们是怎么表示的呢？

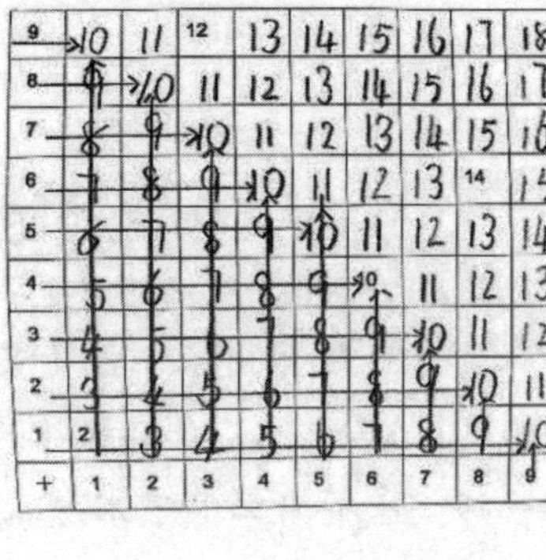

生 4：老师我是用画箭头图来表示的，第一个 10 就是下面的 1 和上面的 9 加起来的，我就这样画两个箭头，表示相加起来，这儿得 10。第二个 10 就是下面的 2 和上面的 8 加起来，我也这样画箭头，表示加起来在这得 10，第三个 10 也是这样画，后面都是这样画两个箭头，画完了就看到，箭头所指向的地方就排成了一条斜线。

师：画箭头图来表示，你们能看明白吗？每一个10对着几个箭头？

生5：每个10都对着两个箭头。

师：可以说每一个10都对着一组箭头，大家看看每一组的箭头是怎么变化的？

生6：每一组的箭头变化都是有规律的。

师：有什么规律？能具体说一说吗？

生7：每一组箭头都是横着长一个格，竖着就缩短一个格。

师：每一组的箭头中如果横着长了一格，竖着就矮一个格。每一个10都是由两个箭头所代表的数组成，数在变化，箭头的位置、长短也在变化，唯一不变的是正好都是10。

生8：我是用算式写出来的，最上面的10是我写的就是9+1=10，下面的10就是8+2=10，再下面就是7+3=10，然后就是6+4=10、5+5=10、4+6=10、3+7=10、2+8=10，最后就是1+9=10。

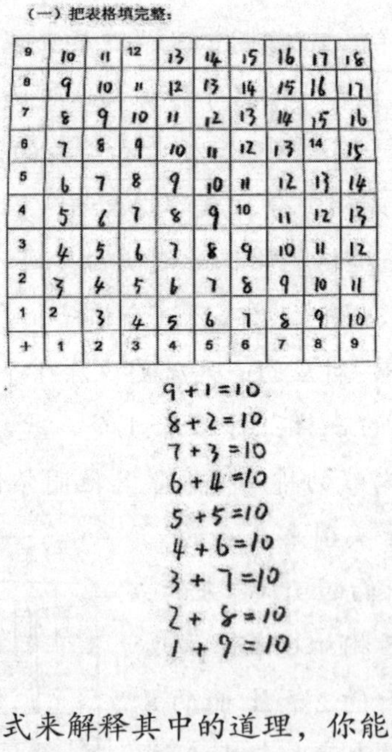

（一）把表格填完整：

9	10	11	12	13	14	15	16	17	18
8	9	10	11	12	13	14	15	16	17
7	8	9	10	11	12	13	14	15	16
6	7	8	9	10	11	12	13	14	15
5	6	7	8	9	10	11	12	13	14
4	5	6	7	8	9	10	11	12	13
3	4	5	6	7	8	9	10	11	12
2	3	4	5	6	7	8	9	10	11
1	2	3	4	5	6	7	8	9	10
+	1	2	3	4	5	6	7	8	9

9+1=10
8+2=10
7+3=10
6+4=10
5+5=10
4+6=10
3+7=10
2+8=10
1+9=10

师：这个同学用算式来解释其中的道理，你能看懂吗？

生9：她用算式写出来，就是每一个算式都不一样了，但是都等于10。

生10：她写出了一排（其实是竖着排列的）算式，9、8、7、6、5后面是1、2、3、4、5，是有规律的。

师：这个同学很了不起，听明白了同学们的想法，还能找到算式间的排列规律。什么规律？谁能具体再来说一说？

生 11：这些算式的一个加数是按照 9、8、7、6、5、4、3、2、1 的顺序一个比一个小，另一个加数 1、2、3、4、5、6、7、8、9 是按照一个比一个大的顺序，所以结果都等于 10。

师：大家的意思就是在加法表中，也能找到这些算式，算式中你少了 1 个，我就多 1 个，就这样每一个算式都等于 10。这些 10 正好排成了一条斜线。

师：大家都很会思考问题，有的是涂格子，有的是画箭头，还有的是算式，大家再想一想这些不同的表示方法有什么相同的地方吗？

生 12：它们都是在想几加几等于 10。

生 13：它们的想法好像都是一组一组有规律的。

师：这个同学们已经感觉到了，谁能具体说说一组一组有什么规律呢？

生 14：涂格子横着多一个，竖着就少涂一个，画箭头中两个箭头一个长一格，另一个就短了一格，算式一个数少 1，另一个就得大 1。

师：说得真好，同学们能明白吗？不管是涂格子、画箭头还是写算式，每一组都是如果你多 1 个，我就得少 1 个，就这样她们的“和”不变都是 10，并排成了一条斜线。我们看大屏幕的课件演示，看看是不是这样的道理。

教师播放课件，每右移一列就要下移一行，所以 10 的位置在一个一个地向右下方变化。

四、评价反思

每个学生都是不同的学习个体，因此学习的过程、学习的表现形式也是不同的。在理解为什么“相同的和会这样排列”这一难点时，开放自主探究活动，为这些一年级的小学生思维插上了飞翔的翅膀，他们利用各自不同的生活经验、知识基础，用自己的方式展示着自己的想法。

首先，活动前学生对“和”的排列规律有了感知基础。学生在前面完成学习单任务，填写加法表时对“和”的排列规律已经有了初步的感知，有的同学在填写时就发现了“和”的排列是有规律的，只不过他们还没有时间仔细地去思考。

其次，活动中的汇报选用学生最易懂的语言。为什么相同的“和”有这样的排列规律？这是本节课要帮助学生理解的难点，但是这一阶段学生对于探索规律的学习要求就是感悟规律的变化，渗透函数的思想，如果老师直接用课件演示“和”的变化规律对于刚刚入学一年级的同学而言还是有难度，用一年级学生最容易理解的方式呈现，用孩子间“自己”的话来表达，更利于一年级学生接受、理解。

最后，活动后的质疑帮助学生感受函数的思想。每一种方法呈现之后，并不只是大家听听，老师通过质疑“每一个 10 对应几组格子，每一组格子涂的时候有什么变化？每一个 10 对应几组箭头，每一组箭头有什么变化？这组算式有什么规律？”等等把学生活动的感悟调动起来，将形与算式与数值建立联系，初步渗透“你变小 1 个，我就变大 1 个，这样和就不会变”，符合一年级学生能理解的函数思想。

数学学习活动是学生获取数学知识、提升学科素养的主要载体。一年级的小学生受知识、生活经验的限制，不能像中高年级学生那样，参与更开放、更具有挑战性的数学活动，但是他们也在适合他们年龄特点和心理特征的活动中，经历数学知识的形成过程，积累数学活动经验，提升数学学习能力。我们看似简单的观察、探索、交流、分享的过程，其实就是分析、综合、判断、反思、创造等一系列高阶思维活动的“影子”，因而这样的数学学习活动是低年级学生走向高阶思维发展的一种“高阶”学习活动。

参考文献：

[1] 张祖润 . 小学数学“探索规律”的意义、编排与教学策略 [J]. 中小学教师培训，2017(10): 51−55.

[2] 李松林 . 教学活动设计的理论框架——一个活动理论的分析视角 [J]. 教育理论与实践，2011，31(1):54−57.

揭秘“促销”的背后

——《折扣问题》学习活动设计与分析

北京第二实验小学通州分校 杨博 王莹莹

一、背景分析

问题解决能力是在应用数学的过程中形成的数学能力，它是数学教学必须着重培养的核心素养之一，需构建适当的教学活动来实现这一培养目标。问题解决不仅是学习数学的一个目标，也是学习数学的一种主要方式，它首先存在于获取数学知识的过程中，表现为凭借已有的知识、经验去完成新的学习课题；其次存在于应用数学知识的过程中，表现为将学过的数学知识、原理、技能迁移到新的问题情境中去。整个过程中，学生提高的不仅是数学能力，而且加深了对整个数学的认识和理解。

（一）学习内容分析

从各个版本教材内容的编排来看，北京版和北师大版没有单独编排“折扣”的例题，北京版在“百分数”单元以“知识窗”的形式呈现“折扣”的具体含义，后续的练习题中出现“求原价是多少”“少花多少钱”及对比分析“满减（赠）问题”。北师大版没有直接明确介绍“折扣”，而是在“百分数”单元练习题中出现“求打折后的价钱”“求原价”及对比分析“满减”哪个更合算问题，在七年级上册编排“打折销售”问题。苏教版六年级上册“百分数”单元中例9解决的是有关商品打折的实际问题，呈现“打折后的价钱，求原价”，促使学生思考“实际售价与原价是什么关系”，后续练习题中涉及“便宜多少钱”问题。人教版六年级下册“百分数的应用（二）”中单独编排两个例题：（1）理解“折扣”的具体含义，在此基础上，引出“求商品打折后的价钱”和“节省了多少钱”的实际问题，并使学生明晰这两个现实问题实际上就是解决“求一个数的百分之几是多少”和“求比一个数少百分之几的数是多少”的问题；（2）运用折扣知识解决生活中的“促销”问题，通过对不同促销方式（折扣与满减）的理解，体会数学知识在实际生活中的价值。

虽然各版本教学内容大不相同，但我们发现它们基本遵循“百分数的意义→折扣的基本概念→解决问题生活中的购物”思路进行设计。在深入理解“百分数的意义”基础上，“折扣”的具体含义并不难理解，其数学含义就是按照原价的百分之几出售，也就是“打折数”表示实际售价相当于原价的百分之几十或百分之几十几。“求现价或原价”“便宜多少钱”也是数量关系的转换及变式运用，学生在前面掌握了“解决分数实际问题”的思路和方法，在这里可以类比迁移。这里要思考这一内容如何设计安排教学活动，才更具有挑战性和应用价值，从而激发学生的探究欲望，使课堂教学“不打折”，真正发展学生的问题解决能力。因此，我们将本节课的重点放在认识和比较几种不同的促销方式上，借助生活中结构性的问题，揭示知识之间的联系。

（二）学生情况分析

在学习折扣问题之前，学生已经掌握了分数、百分数的意义，而且也掌握了“求一个数的几分之几是多少”“已知一个数的几分之几，求这个数是多少”实际问题的基本方法。同时，学生前面接触过“买送（如：买四赠一）”问题，并能正确分析、解决这类问题。为准确把握学生对“折扣”问题等不同促销方式的理解程度，我们开展了如下调查：生活中都有哪些促销方式？请你找一找，并试着解释它们具体是什么意思？

学生找到的促销方式主要有“打折（包括折上折）”“满减”“买赠”，并通过举例对这些促销方式进行具体理解，如：打八折出售就是按原价的80%出售，满100元减20元就是够100元只需付80元，买四赠一就是花4个的钱可以得到5个。在对折扣问题的进一步访谈中，发现80%的学生能够根据“折扣、原价和现价”三者之间的数量关系，理解“原价”与“现价”。但对“便宜了多少钱”问题的思路不够清晰，有一半的学生只有一个思路，即是“分别知道原价和现价，相减得到的就是便宜的钱”，有30%左右的学生能够想到第二种思路，即把这一问题转化成“求比一个数少百分之几”的问题，并且明白“1–折扣”的意义。

在对“满减”“买送”“折扣”的对比联系的访谈中，有学生认为“满100送100是不要钱”“满200减100就是打五折”。可见学生没有太多生活实践经验，被数字表面信息所迷惑，更没有深入细致地考虑这样的问题，这也说明探究“折扣”背后的秘密具有很大的生活价值和现实意义，有助于学生综合运用知识分析生活中遇到的购物问题，设计合理的购物方案等。

我的思考

基于以上分析，我们认为需要将“折扣问题”放在解决日常生活问题的大环境中，具体设计三个层次的活动“自主理解折扣意义”“分析解决原价、现价及便宜钱数”“对比分析不同促销方式”。前面两个活动的难度并不大，关键环节是解决前面学生对“便宜多少钱”的思路分析，引导学生找准知识之间的联系，并进行灵活转化。本节课的难点是最后一个活动，即是对“满减”“买赠”这样的促销形式与“打折”进行对比分析——“满 100 减 20”“买四赠一”相当于打八折吗？从而进一步加深对不同促销方式的理解。最后，通过“什么时候折扣差别最小？什么时候差别最大？”使学生进一步体会数学知识在实际生活中的价值。

二、活动设计

（一）活动目标

理解生活中的“打折”“满减”“买赠”的数学意义，在对比分析中揭秘不同促销方式之间的联系。

（二）活动情境

活页纸每包 21 元，请你为小组 5 名成员各买一包活页纸，参加哪个活动更合算？（活动一：一律八折；活动二：买四赠一；活动三：满 100 元减 20 元）

（三）核心问题

“满 100 元减 20 元”“买四赠一”是不是也相当于打八折呢？

（四）活动方式

学生先独立完成，然后小组交流。

（五）活动时间

学生思考讨论与全班交流大约 15 分钟。

（六）学习单

学习任务单

满 100 元减 20 元、买四赠一相当于打八折吗？

1. 写一写，把你的想法用算式或文字记录下来。

2. 小组内交流各自的想法。

3. 通过交流，你们有什么新的思考？

三、活动实录

师：刚才大家独立思考了“满 100 元减 20 元”“买四赠一”是不是相当于打八折，小组也进行了讨论，咱们一起来交流一下，注意要把你们的思考过程讲清楚。

生 1：结合我们上面的计算，从结果上看“满 100 减 20”不是打八折，因为按照八折计算，21×5×80%=84（元），但是按照“满 100 减 20”的结果是 21×5−20=85（元），所以不是打八折。

生 2：我们算了一下 85÷105 ≈ 0.81，和八折很接近，贵一点儿。

生 3：我们看 105 元超过了 100 元，多出的 5 元是不能减的，没有折扣的，所以和打八折不一样。

生 4：我们组认为也不是一定不打八折，我们看“满 100 减 20”，正好够 100 元的时候，实际付 80 元，80÷100=80% 就是相当于打八折，还有够 200 元时、300 元时都是一样的，所以我们的结论是当钱数正好是 100 元或者 100 元的整倍数时，才相当于打八折。

生 5：我同意他的观点，而且只要不是整 100 元时，它的折扣都不如八折实惠。

生 6：我们知道打八折是固定的折扣，不论你买东西多少钱，都可以打折，但是“满 100 减 20”的折扣是变化的，是有条件限制的。我们推导了一下，因为活页纸 21 元一包，就是要买 100 包时，（2100−21×20）÷2100=80%，是打八折。

师：也就是当这个时候，两个促销方式是一样的，那什么时候两种促销方式差别最大呢?

生 1：上面是不是打八折时，我们组里从 6 本开始算了一下，5 本是很接近的，然后差距越来越大，但到 10 本时差距又变小了，这个时候相差 2 元，11 本时差距又变大了，我们没有一个一个往下算了，就算了 20 本的时候，相差 4 元，就猜 30 本的时候是不是相差 6 元，算了一下，真的是。

师：这里面蕴含着一个有趣的规律。

生 2：我觉得应该是正好花的钱数是 99 元、199 元时，“满 100 减 20”这个时候最不合算，所以差别会最大。

生 3：就像商场很多东西标价一样，这个时候差 1 元，也不能参加满减。

师：看来大家都能很好地理解“打八折”与“满100减20”了，那“买四赠一”是不是打八折呢？

生1：我认为买四赠一就是打八折，看我们算的钱数都是84元，所以是打八折。

生2：我还想了一个别的例子，假如一件商品是100元的话，买四赠一的话，需要花100×（5−1）=400（元），而参加打八折的活动需要100×5×80%=400（元），所以我也认为买四赠一就是打八折。

生3：不用再举例，也可以推出来，买四赠一的话相当于花了4个的钱得到5个，就是说现价是4个的钱，原价是5个的钱，4÷5=0.8=80%。

生4：我补充一下，假如单价是a元，参加买四赠一的促销，最终需要$4a$元，而参加打八折的活动则是$a\times5\times80\%=a\times5\times\frac{4}{5}=4a$（元），所以不论单价是多少钱，总价都是相等的。

生5：我觉得你的理解是对的，但也是不全面的，我认为只有在购买的商品的数量是5个或者5个的整倍数时，才相当于打了八折，我列了一个表格（拍学生作品）：当购买5个时，相当于花了4个商品的钱得到了5个，可以用4÷5=80%，相当于打了八折；当买6个时，也还是赠1个，所以列式是5÷6≈83.3%；当买7个时，6÷7≈85.7%；当买8个时，7÷8=87.5%；当买9个时，8÷9≈88.9%；当买10个时，8÷10=80%，又相当于打了八折，以此类推。

花的钱数	得到的	几折
4个	5个	4÷5=80%
5个	6个	5÷6≈83.3%
6个	7个	6÷7≈85.7%
7个	8个	7÷8=87.5%
8个	9个	8÷9≈88.9%
8个	10个	8÷10=80%

生6：其实你不用都算出来，一看，除了买5个，10个，其他都不是打八折。

生7：我们可以这么理解就是买的个数是5的倍数时，买四赠一才相当于八折。

生8：也可以说是花的钱数是4或者4的倍数时，相当于打八折。

生9：买四赠一和购买商品的数量有关系，数量不同折扣也就不同，所以它并不是完全等同于打八折。

师：那这两种促销方式，什么时候差距最大呢？

生：我认为是差一个就赠送时，和“满100减20”一样，有个临界的数。

师：“满100减20”和“买四赠一”表面看相当于打八折，就像上课之前，很多同学认为“满100送100是不要钱”，但事实并非如此，其实这样的折扣是变化的，是有条件限制的，但打八折是固定的折扣。

四、评价反思

（一）对比分析，深刻思辨

课前，我们发现学生对“满减”“买赠”这样的促销方式存在一定的误解，如“满100减50就是打五折”“买四赠一是打八折”等。为引导学生正确而深入地认识不同促销方式，我们认为需要对“八折、满100减20与买四赠一”进行辨析。首先对“满100减20”，学生结合之前的列式发现多出的零头是没有折扣的，也就是只有金额是100及100的整倍数时，才相当于打八折。对于“买四赠一”，学生思考问题的角度更加丰富，有学生从现价入手，通过比较现价是否相同判断折扣是否相同；有学生结合“满100减20”的分析，意识到数量的多少可能会影响到折扣；还有学生运用列举法，按照购买数量不同分类讨论；更有学生运用假设法，抽象地推理来分析从而得出结论。在相互补充、质疑过程中，学生否定了之前错误的想法，得出新的结论，即只有在购买的物品数量是5的倍数（或者花的钱是4份或4份的倍数）的时候，才相当于打八折。在对比分析的过程中，学生真正理解了不同促销方式的区别，而他们的分析、质疑和推理能力也得以提升。

（二）源于生活，回归生活

对比分析后，学生对“既然打八折是最直接实惠的，商家为什么会有‘买四赠一’‘满100减20’这样的促销形式呢”有了新的疑惑。教师引导学生再次走进生活，去探究商家选择不同促销方式背后的秘密。学生带着问题走出课堂，开启新的探究，经过一番调查和了解，学生发现“买四赠一”这样的促销方式，主要适用于单价较低、消耗较快的小物件商品，比如酸奶、牙刷、香皂、文具等，采用这种方式，可以吸引大家购买，促使销量上升。对于“满100减20”这样的促销方式，学生认为特别能吸引消费者的眼球，特别是当满减力度较大时，更能够吸引消费者的注意力。“面对这样的促销方式，我们要尽量把消费金额凑成整百的，这样获得优惠才更大”，“所以现在很多天猫网店推出了跨店满减的促销活动，就是为了更好地吸引大家去买东西”。还有学生向大家介绍了商品“进货→定价→促销”的过程，解读了商品定价的秘密。这样的学习恰好证明数学回到现实生活中会更加显示其价值和魅力，而学生的应用意识也在落地生根。

参考文献：

[1] 曹培英. 小学数学问题解决的教学研究（一）[J]. 小学数学教育，2013(6):3-5.

在“分离”中悟图形本质

——《平面图形的认识》学习活动设计与分析

北京市通州区贡院小学　吕淑红

一、背景分析

“空间观念”是《义务教育数学课程标准（2011年版）》的核心概念之一，是“图形与几何”的关键词，是“空间想象能力”的重要基础。因此，如何发展学生空间观念是小学数学教师必须认真思考的关键问题之一。发展学生空间观念的主要途径是实现实物或情景、模型或图形、语言文字或符号之间的双向转化，二维图形与三维图形之间的双向转化。这里需要注意的是“双向”。一个方向是在建构，另一个方向是在解构；一个方向是从具体到抽象，另一个方向是从数学回到实际，在这样的双向转化过程中才能有效地发展空间观念。这就要求教师在教学中，找准发展空间观念的支点，组织学生操作、观察、推理、想象，来促进学生空间观念的发展。

（一）学习内容分析

“认识图形”在小学低年级数学教材中被分为两部分内容编排，首先是“立体图形的认识”被编排在一年级上册，“平面图形的认识”被编排在一年级下册，随着年级的逐步升高，学生还会进一步认识这些平面图形并研究它们的特征、周长、面积以及一些立体图形的特征、表面积、体积等相关知识。可见，“平面图形的认识”为学生今后深入研究“图形与几何”的内容做了知识及方法的储备，在小学数学教学中起着重要作用。

“平面图形的认识”这一内容在四种版本教材中都编排了把立体模型放在一张纸上，沿着底下一面的边进行描画的内容，由此看出，让学生认识这些平面图形是附着在立体图形上的，将平面图形从立体模型上“分离”出来进行研究是本节课的关键所在。

（二）学生情况分析

“平面图形”虽然是学生在小学阶段初次接触，但在生活中孩子们经常玩积木并常听到这些图形的名称，接受过学前教育的孩子在幼儿园还认识过长方形、正方形、圆、三角形，因此，学生已具备了一定的认知经验和基础。那么，对于一年级上学期学习过的立体图形和本学期即将要学习的平面图形学生到底有了哪些认识呢？我对一（1）班学生进行了两个题目的前测与分析。

前测题目如下：

1. 请 10 名学生说出下面图形的名称。

被测的 10 名学生中有 8 人能够正确说出五种图形的名称，只有 2 人没有正确说出平行四边形的名称，其余图形的名称都说对了。

2. 写出图形的名称。（不会写的字用拼音）

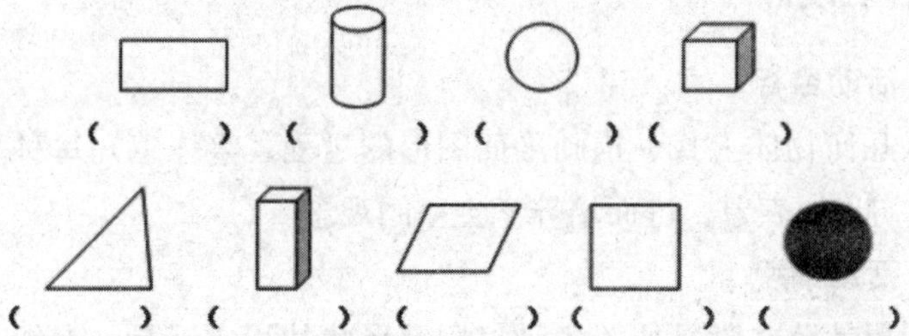

被测学生 40 人，15% 的学生能正确写出这些平面、立体图形的名称，85% 的学生不能正确写出这些平面、立体图形的名称。主要问题出现在以下几个方面：一是长方体写成长方形或长方，正方体写成正方形或正方；二是不知道平行四边形的名称，有的写成了菱形，有的空着没写；三是圆和球的名称混淆。

从对学生前测的结果可以看出，在单独面对五种平面图形时，绝大多数学生能正确说出它们的名称，但面对立体图形和平面图形混在一起进行辨别时，学生对“形”与“体”的感知就发生了混淆，出现了很多这样或那样的错误，究其原因，学生还是不知道平面图形与简单几何体的关系，即“面”在“体”上。因此，要想整体感知每种平面图形的形状，形成初步的表象，最关键的问题是让学生经历平面图形从物体上“分离”出来的过程，体会平面图形与简单几何体的关系，初步体会“面”在“体”上。

我的思考

在对比分析各个版本教材内容时，我们发现“平面图形的认识”这部分内容，主要包括三个环节：从生活中的物体上描画平面图形，体会“面”在“体”

上，整体感知每种平面图形的形状；给图形分类建立表象；依据表象回归生活，辨识出物品表面的各种图形。从“具体到抽象，再从抽象回到具体”的环节安排顺应了小学生空间观念形成的认知规律，在这样的双向转化过程中，学生空间观念才能有效地发展。利用学生已有的经验，为空间观念的形成架起支点；通过操作性活动，为空间观念的形成奠定基础；加强合作交流，为空间观念的发展拓宽空间。这三点是促进学生空间观念发展的重要途径。本节课要想让学生体会“面”在“体”上，整体感知每种平面图形的形状，首要解决的问题就是抓住生活中的几何体这个教学支点，组织学生描一描、画一画、议一议、评一评，让学生经历“形”从“体”上“分离”出来的过程，体会“面”在“体”上。因此，下面主要阐述第一个环节设计的活动及开展情况。

二、活动设计

（一）活动目标

经历从几何物体上找、描画平面图形的过程，整体感知每种平面图形的形状，形成初步的表象，进而培养学生空间观念。

（二）活动情境

平面图形就藏在学具篮（各种材质及形状的积木玩具、卡纸、彩笔）里那些物体的身上，你能把它们从物体的表面请到这张纸上吗？

（三）核心问题

平面图形和以前学过的立体图形相比，你有什么发现？

（四）活动方式

独立思考、动手实践、合作交流。

（五）活动时间

学生思考讨论、动手实践与全班交流大约 20 分钟。

（六）学习单

学习任务单

1. 请你沿着物体的边描一描、画一画，至少把 2 个平面图形画到纸上。

2. 跟你的同桌说一说你从哪个物体的身上得到了什么图形，它们是什么样子的。

三、活动实录

（一）活动前

从生活中的几何体复习立体图形，从它们的身上揭出新图形朋友，在思考“从立体图形的身上找到了很多新的图形朋友，怎么没人从球的身上找新朋友呢”的问题中揭示课题“平面图形的认识”后，引出描画学具得到平面图形的活动要求。

【设计意图】根据学生已有的知识背景和生活经验，开门见山地引出新知，既激发学生学习的兴趣，又初步感知“面”在“体”上。

（二）汇报交流

师：刚刚大家独立完成了图形的描画，小组也进行了交流，下面谁来说一说你从哪个物体的身上得到了什么图形，它们长什么样？

生1：我从长方体积木的这两个面上画下来2个长方形，它们的大小不一样，但都是长长的、方方的。

师：你说得清楚、明白，真棒！谁描画的也是长方体物品？

生2：我也是从长方体积木上描画的，但跟生1的不一样，从长方体这个面画出的是正方形，从这个面画的是长方形。长方形是长长的、方方的，正方形是正正的、方方的。

师：谁像他一样也从长方体物品的上面描画出正方形了？（部分同学举手）这样的长方体物品上有几个这样的正方形呢？（2个）

生3：老师，我是从正方体的身上描画的这2个正方形，它们的大小一样，都是正正的、方方的。

生4：我给他补充，正方体的身上能描画出6个大小相同的正方形。

师：你能给大家指一指这6个正方形吗？

生4指着，其他学生小声数数验证。得出正确结果后，孩子们都鼓起了掌！

生5：我从这个积木（三棱柱）的这个面上描画的也是一个长方形。

生6：我从这个积木（四棱柱）的这个面上也能描画出一个长方形。

师：同学们真了不起！刚才我们从很多种立体图形的身上都得到了长方形和正方形，有没有画出其他图形的？

生7：我从这个圆柱的上面和下面描画了2个圆形，它们大小相同。

师：谁跟他描的一样？看来每个圆柱体物品的表面都有2个大小相同的圆。

生8：我给他补充，圆的边不像长方形是直直的，它是弯弯的、滑滑的。

生9：我这个圆，是把这个西瓜（球体学具）从中间掰开，用这个平平的面描画出来的。

师：大家看，球的表面得不到圆，这位同学把它从正中间掰开后，为什么就能画圆了？

生9：因为掰开后，有了两个一样的平平的面，所以能描画两个大小一样的圆。

师：大家看，他这巧妙地一掰，让不可能的事变成了可能，看来只要我们有想法，就没有办不到的事情哦！

师：有描画三角形、平行四边形的吗？

生10：我从积木的这两个面上画下来2个大小一样的三角形，它有三条边、三个角。

生11：老师，我是从这个积木的这两个面上画下来2个大小一样的三角形，比生10的三角形小，这个地方比它的尖。

师：大家想想，既然跟生10的不一样，还能叫三角形吗？

生12：当然叫三角形了，因为它也有三个角、三条边。

师：你不仅能看到它们的不同点，还能找到它们的相同点，真了不起！

生13：我从塑料积木的这两个面上画下来2个大小一样的平行四边形，它跟长方形差不多。

生14：我觉得他说得不清楚，它跟长方形虽然都有四条边、四个角，但它有两条边是斜着的。

生15：其实把长方形一拉，拉斜了之后就变成平行四边形了，还能再把平行四边形变回长方形，我在玩乐高的时候发现的。

师：你能把玩玩具时的经验用到今天的学习中，太棒了！他说得对不对呢？

老师出示教具请生15演示，演示后，孩子们不禁给他鼓起了掌！

师：刚才我们通过描画活动，得到了很多的平面图形，想一想，平面图形与以前学过的立体图形比，一样吗？有什么不同？

生1：立体图形都能站立，平面图形不能站着。

生2：立体图形都是有厚度的，不像平面图形只是一个平平的面。

生3：立体图形是体，平面图形是面。

生4：每个平面图形都是立体图形身上的一个面。

……

四、评价反思

从课前积极准备学具到课上全员动手描画图形，再到积极发言分享自己的想法，这无不说明学生有强烈的渴望知识、主动学习的愿望。学生在一次次的操作中，发现虽为长方体积木，画下来的面大小不同，但都是长长的、方方的，仍是长方形。还发现，居然能在长方体积木上画出正方形。同样，对于正方体，操作观察比较发现，都是正正的、方方的，同一个正方体，每个面都相同，不同的正方体，画下的正方形，也有大有小。在球体上找不到圆，却发现把它从中间掰开能得到两个大小一样的圆。三角形有大有小，有的尖尖的，平行四边形的两边虽说有点斜，不也是四条边、四个角吗……这些都引发了学生进一步观察思考，还是三角形吗？长方形和平行四边形一样吗？当那个把玩儿乐高时的经验带到课堂上来的学生操作之后，孩子们自发的掌声把课堂气氛引向了高潮。描画图形活动为后续的几何教学积累了丰富的数学活动经验，把学生的思维引向深入，孩子们不仅体会到“面”在“体”上，他们的空间观念也得到了有效的发展。

在后面的教学中，孩子们不光很快就找到生活中物体的哪个面是什么图形，还能从下图每列图形中辨识出排错队的图形朋友。可见，上述活动目标应是初步完成了。课后，我又把前测题目二对学生进行了测试，全部正确的同学达到了 87.5%，还有几个空间想象力弱的学生需要教师个别指导，应多给他们操作、思考、发言的机会，帮助他们循序渐进地积累数学活动经验。

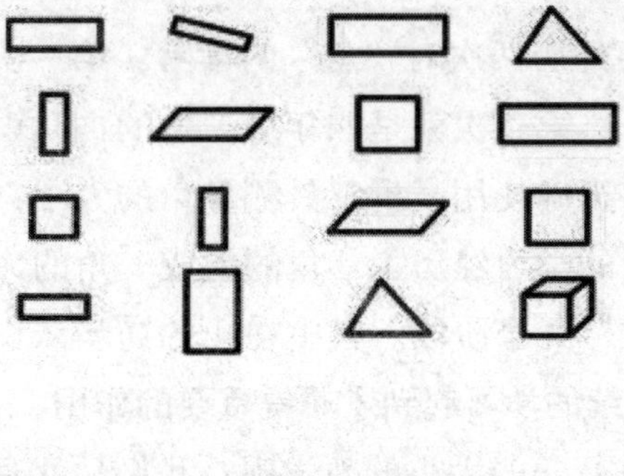

参考文献：

[1] 吴正宪，张秋爽，李惠玲 . 和吴正宪老师一起读数学新课标 [M]. 北京：教育科学出版社，2013:162.

[2] 吴正宪，刘劲苓，刘克臣 . 小学数学教学基本概念解读 [M]. 北京：教育科学出版社，2014:228.

[3] 吴正宪，张秋爽，李惠玲 . 和吴正宪老师一起读数学新课标 [M]. 北京：教育科学出版社，2013:164.

动静结合破难点
——《角的认识》活动设计与思考

北京市通州区漷县镇中心小学 李术伟

一、背景分析

“角”是构成图形的基本要素，学生通过对角的认识可以打开学习平面图形的大门。纵观学生对图形的学习无不遵循整体—局部—整体的过程。低年级先整体认识立体图形，然后识立体图形上的面，再认识构成面的要素——角，再到深入学习平面图形，最后系统学习立体图形，很明显“角”的学习起到了一个纽带的作用。此外，“角”还担负着对图形描述的重任。《义务教育数学课程标准（2011 年版）》中描述：空间观念是在大量空间知觉的基础上，形成的关于物体、图形的形状、大小及相互位置关系的印象，即留在头脑中的表象。可见空间观念不仅仅是能够想象出图形的样子，更重要的是能够进行数学刻画。“角”既能描述图形的样子，也能刻画图形或物体的位置关系，所以角的学习是至关重要的。

（一）学习内容分析

小学阶段学生要经历两次对“角”的学习。第一次在三年级“认识角的组成以及角有大小”。第二次就是四年级“角的再认识”中理解角的定义，认识度量工具，能够正确使用度量工具测量角的大小，根据角的大小对角进行分类。显然，对角的学习经历了“角的组成—角的大小与边的关系—测量角的大小—角的分类”几个阶段。其中在角的初步认识中引导学生认识角的大小和边的关系为后续的学习起到了非常重要的作用。

教材又是如何进行角的大小的教学呢？我们从北京版教材和人教版教材来分析：

人教版把《角的初步认识》安排在了二年级上册，只是引导学生在拉一拉、比一比的过程中认识到角有大有小，然后介绍直角，以直角为标准认识锐角和钝角。北京版教材先从实物中抽象出角，再认识直角，以此为标准认识锐角和钝角，回过头来再制作活动角认识角的大小与边叉开的程度有关。从认知程度上来看人教版只是知道角有大小，可能与学生年龄小有关系。北京版不仅要知道到角有大小，还要理解角的大小与边的叉开程度有关。言外之意，角的大小与边的长短无关。很明显，安排在三年级教学的北京版难度更大，首先角是由一维的边夹成的半封闭的图形，对其大小的认识容易受到两边长短的干扰，也容易受两边所夹直观“面”的大小影响。所以如何排除“这两个干扰，理解角的大小与两边张开的程度有关，与边的长短无关”是一个难点。

虽然教学对象和教学目标略有不同，但是两个教材无一例外是通过一个巧妙的活动来解决这个问题——制作活动角，在制作过程中巩固对角组成的认识，在拉一拉的过程中感受两边叉开的程度与角大小的关系，可以肯定地说，制作活动角意义非常大。

（二）学生情况分析

既然认识角的大小是初步认识中的难点，学生会有着怎样的认知呢？为此我设计了以下前测题目。

前测题目	前测结果
1. 你能给下面的角按照从大到小排列顺序吗？ 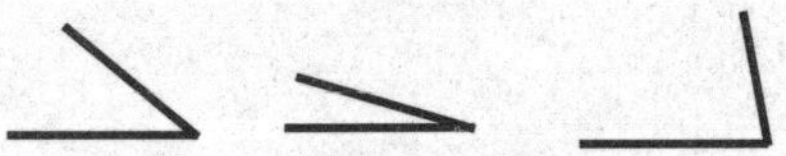 （　　）　（　　）　（　　）	有大约 83% 的学生能够准确地排列顺序，余下的较为混乱。
2. 比一比，下面的两个角谁大？ 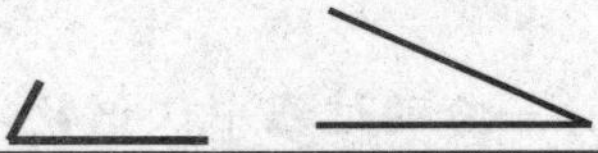	认为左边大的占全班的 29%，认为右边大的占全班的 71%。

第一个测试是在边的长短一样的情况下排列顺序，正确率较高。从后期访谈的过程中得知余下 17% 的学生主要是没有明白角的大小指什么，以为边长一样，大小就一样，在排序正确的学生中一部分按照所夹面的大小排序，一部分按照张口大小排序，这说明“角的大小与两边叉开的程度有关”在实际教学的过程中可能对孩子造成的认知障碍相对要小一些。第二个测试说明大部分的学生已经受到了“面”和“边长”的影响，印证了“角的大小与边的长短无关”将会成为学生认知上真正的难点。

我的思考

正如前面分析的“角的初步认识”的教学难点是认识角的大小与叉开程度有关，与边的长短无关。利用“活动角”是解决这个难点的关键：第一，直观。摆脱了“面”对孩子的束缚，正所谓“线无粗细，点无大小”，边的宽窄不会影响孩子对角的想象。第二，直指本质。“角是由一个顶点两条边组成的图形，它的大小与叉开的程度有关，与边的长短无关”。第三，便于比较。比起平面上的角，拿在手里面的活动角更容易重叠对比。既认识大小，又培养学生的度量意识，为后续的学习奠定基础。

二、活动设计

（一）活动目标

在制作角的过程中认识角的大小和谁有关、和谁无关。

（二）活动情境

拉一拉，比一比你做好的活动角，你有什么发现？

（三）核心问题

角的大小和谁有关、与谁无关？

（四）活动方式

独立思考、集体交流。

（五）活动时间

独立思考 3 分钟，集体交流大约 8 分钟。

三、活动实录

（一）前期活动

1. 从实际物体中认识抽象的角，从画一画、分一分的过程中认识数学上的角。

2. 教学画角，认识角的组成。

3. 在拉一拉、比一比的过程中认识了角的大小与叉开的程度有关。

（二）理解角的大小与边的长短无关

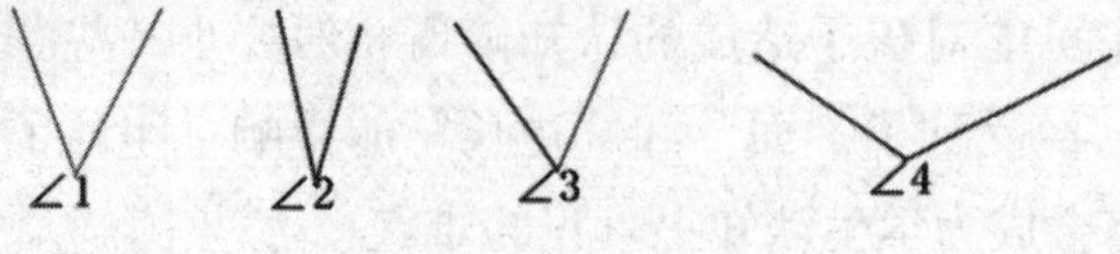

师：孩子们，刚才我们通过观察很容易就发现∠ 4 最大，∠ 2 最小。在比一比的过程中我们知道了∠ 3 比∠ 2 大。这样我们就可以根据它们开口的程度给它们从大到小排列顺序了。这时有一个角听说∠ 4 最大，它可不服气。

它说我才最大呢？你怎么看？

生 1：还是∠ 4 大。

生 2：不对，是∠ 5 大，你看我用直尺测量时∠ 5 的边最长。

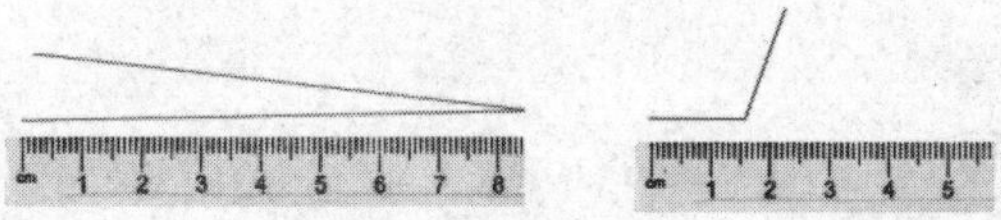

生 3：不行，角的大小是看开口的程度的，不能看边的长短。

生 4：我也认为是∠ 4 大，我是用尺子这样量的。

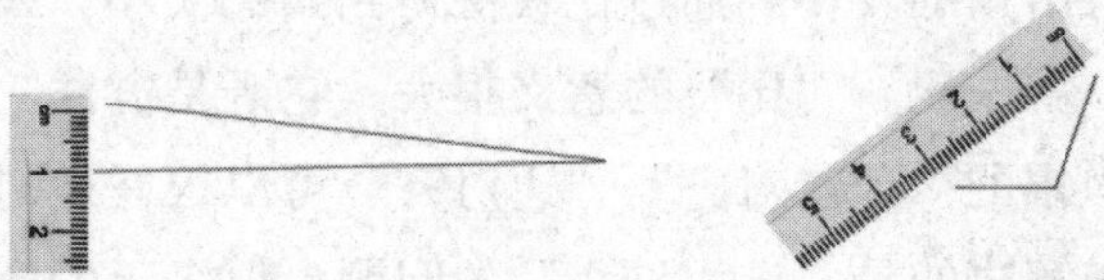

生 5：你的方法挺好的，只是你在测量时最好在同一个地方。比如，都在距离顶点 1 厘米的地方，这样才公平。

生 6：你们看，还是把它们重叠在一起（见右图），很明显∠ 4 叉开得多。

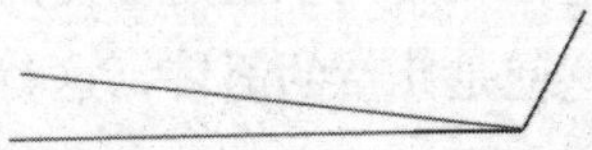

……

师：所以孩子们，哪个角大？这说明角的大小与什么有关，与什么没有关系？

生 7：∠ 4 大，角的大小与边的长短无关，与开口的程度有关系。

师：要是∠ 5 再延长呢？穿过了教室。

生 8：还是∠ 4 大，角的大小只看开口的大小。

师：∠ 4 自己的两条边要是再长一些，这个角的大小变了吗？

生 9：也没有变，还是∠ 4 本身啊。

师：这时又来了一个角，它很有自信地说——（见右图）

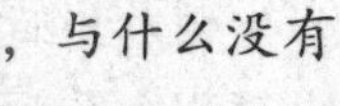

生 10：你最大。

师：理由？

生 11：因为它两边叉开的程度最大。

师：可是，它的边好短啊！

生 11：不看边的长短，只看叉开的程度。

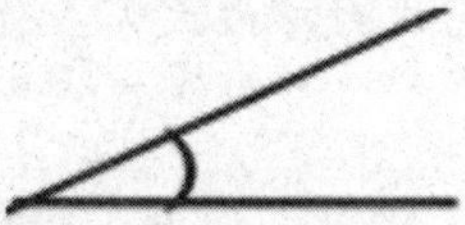

师：所以角就是由一个顶点和两条边组成的图形，它的大小就是两边张口的程度，与边的长短无关。因此我们在画角的时候经常要画这样一个小弧线，是用来——（见上图）

生 12：表示叉开的程度。

……

四、评价反思

无疑，学生在这个活动中很有收获。首先收获了知识：强化了什么是角，还懂得了角的大小与两边叉开的程度有关，与边的长短无关。收获了经验：从利用观察法看出角的大小到通过比较法得到角的大小，积累了比较角的大小两个经验——看、比。“比”的意义很大，它既是方法，也是意识。在比一比的过程中积累的“顶点对齐”“边对齐”可以很好地对接后续量角器的使用，虽然现在解决的是“谁大谁小”的问题，但今天的意识可以帮助孩子们在今后解决“具体描述角的大小”的度量问题。还有思维上的收获：角的边再长其大小也是不变的，“∠ 5 的边可以再长点儿”“它的边再长也没用”这就是儿童的语言，这就是孩子们切身感受到的定量与变量的函数思想。

从实际的教学效果来看，动静结合很好地解决了难点。学生在拉一拉的过程中将两个强刺激（边、夹面）弱化，更多关注了两边的位置关系，角的大小指开口程度很自然地被学生所理解。对于“角的大小与边长无关”的解决过程令我深思：学生通过重叠对比得到角的大小与边长无关的结论是预料之中的，唯独用直尺测量两边叉开的程度是预估之外的。尽管这个方法有很多的缺陷，可是这的确是一种创新精神的体现。往深度思考这就是在借助直线距离去解释“角度制”的问题。此外这个方法与那个看似无关紧要的小弧线紧密结合在了一起。以往进行小弧线教学的时候更多的是告诉孩子用它表示角、表示角的大小。可问题是如果这个小弧线往后移动呢？表示的角会不会变大？肯定是不会了，怎么解决这个问题呢，今天的直尺测量很好地呈现了这个方法。这个小弧线为今后的弧度制奠定了基础，它表示角，更表示角叉开的程度。

经历探究过程　积累认知经验

——《长方形和正方形的认识》学习活动设计与分析

北京市通州区芙蓉小学　林朝雪

一、背景分析

《长方形和正方形的认识》是小学数学“图形与几何”领域中的一个重要学习内容。这一领域的教学目标是培养学生数学抽象、直观想象、数学推理的思维，从而发展学生的空间观念。要达成《义务教育数学课程标准（2011年版）》对空间观念的要求，需要一个充满观察、想象、比较、推理和抽象的过程，它需要丰富的直观与想象力和不断的经验积累。因此从学生低年级开始，教师就要重视在教学中为学生提供多种素材和多样活动，鼓励学生通过观察、操作、比较、想象、表达等活动去理解和把握图形特征，发展数学思考，培养核心素养。

（一）学习内容分析

《长方形和正方形的认识》是北京版教材三年级上册第六单元的内容，它既是这单元的起始课，也是深入研究平面图形的开始。教学内容的具体要求如下：通过观察、操作，初步认识长方形、正方形的特征。这就要求我们在教学中，留给学生足够的时间和空间经历观察、实验、猜测、计算、推理、验证等活动过程，以丰富学生的认识，并积累作图的经验。要把清晰的“长方形和正方形”要素及各要素与图形之间的关系在学生的头脑中建立起来，才有可能为今后学习其他平面图形打下扎实的基础。

通过我对四个版本教材的对比分析，发现：

1. 教材都是通过从现实生活和具体情境创设中抽象出数学问题，并提炼出数学模型，以观察作为引入的方式进行编写，做到情境图跟现实生活的紧密联系。

2. 教材都是以学生的认知发展水平和已有经验为基础，引导学生独立思考、主动探索、合作交流来认识长方形、正方形的。如：四种教材都设计了类似数一数、量一量、折一折、比一比等操作环节，更多地体现了学生自主探究的过程。通过对学生学习活动的设计，让学生经历了从具体形象的操作中了解、体会图形的边和角的特点的过程，遵循了学生从感知经过表象到概括这一认知规律，让学生在探究交流中掌握知识。

3. 作为图形的认识，一般来讲都会给出定义，让学生来清晰图形的特征。在对比四个版本教材后发现，除了人教版没有长方形、正方形的定义，其他教材都以文字结论的方式从边和角的特征进行定义（见下表）。

版本	学习内容	问题
北京版	出示主题团，你知道哪些物体的面是正方形的，哪些物体的面是长方形的吗？数一数、比一比、量一量，长方形和正方形各有几条边、几个角，它们的边和角各有什么特点？	1. 你知道哪些物体的面是正方形，哪些物体的面是长方形吗？ 2. 长方形和正方形各有几条边、几个角？它们的边和角各有什么特点？
人教版	出示一个长方形和一个正方形，仔细观察，通过数一数、比一比、量一量，和同伴说一说长方形和正方形有什么特点。	长方形和正方形有什么特点？
北师版	实物中抽象出长方形和正方形，长方形和正方形有什么特点？折一折、量一量、说一说，你发现了什么？	1. 长方形有什么特点？折一折，量一量，你发现了什么？ 2. 正方形有什么特点？折一折，量一量，填一填。
苏教版	出示主题团，你知道哪些物体面的形状是正方形的，哪些物体面的形状是长方形的吗？拿几张长方形和正方形的纸量一量、折一折、比一比，看看长方形和正方形的边和角各有什么特点？	1. 你知道哪些物体面的形状是正方形，哪些物体面的形状是长方形吗？ 2. 拿几张长方形和正方形的纸，量一量，折一折，比一比，看看长方形、正方形的边和角各有什么特点？

在北京版教材中，《长方形和正方形的认识》单元被安排在三年级上册教材中。根据教材编排体系，与之相关的学习内容有：在一年级上下册，教材分别安排了两次认识图形内容。“认识图形(一)”是对生活中常见物体——长方体、正方体、圆柱和球的初步认识，而“认识图形(二)”则是在此基础上，引导学生借助常见的物体的某个面描出一些简单的平面图形——长方形、正方形、三角形和圆等，并对其进行初步的认识，为学生认识长方形和正方形的基本特征提供了认知基础。在二年级上、下学期，学生开始了测量知识的学习，在建构了线段概念后分别认识了长度单位——厘米、米、分米和毫米，并学会了测量所给线段的长度和根据要求画出指定长度的线段，为学生认识周长和测量周长提供了必需的知识与技能。同时，在三年级上学期，学生还进行了角的初步认识和简单的分类，学会了从边和角两个要素对图形掌握研

究的方法和简单的分类知识，为学生从边和角的两个方面研究长方形和正方形的特征提供了学习经验。

（二）学生情况分析

长方形和正方形这一内容的学习开启了学生用要素（边、角）刻画图形特征的阶段，这是认知上的一次飞跃，也是进一步学习其他平面图形的基础。对于三年级的学生来说，本节课就需要我们了解学生现有的学习状态是怎样的。我对班级50名学生进行了前测与分析。

1. 下列图形中，哪些是长方形或正方形？

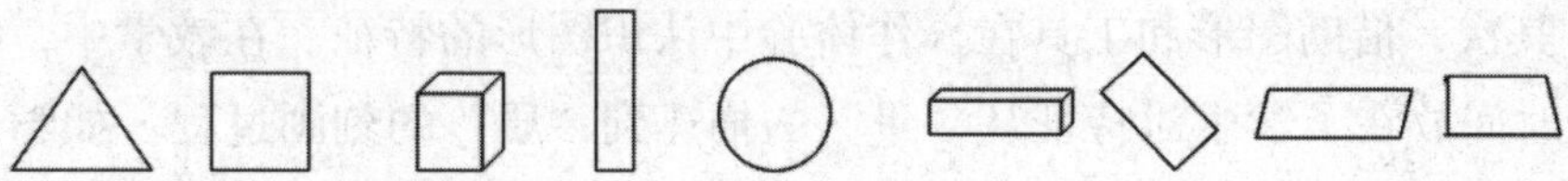

（1）（2）（3）（4）（5）（6）（7）（8）（9）

被测的50名学生都能找到（2）是正方形，（4）是长方形，其中有1人认为（6）是长方形，这个学生对于平面图形和立体图形的认识还不是很清楚。还有3人认为（7）是平行四边形或菱形，这3个学生对于长方形外在形状的认识是模糊的。总体来说，100%学生能正确辨析出正方形，92%的学生能够正确辨析出长方形，说明学生对长方形和正方形的直观感觉还是很清晰的。

2. 访谈：你为什么认为以上图形中（4）（7）是长方形，而（8）（9）不是呢？

生1：（4）和（7）的上下两条边一样长，左右两条边一样长，4个角一样大。

生2：（8）是菱形，（9）是梯形。

生3：（8）4个角不一样大。

生4：（9）上下两条边不是一样长，左右两条边也不一样长，4个角也不一样大。

在访谈过程中，学生都能从边和角两个方面描述这些平面图形，并且准确找到它们的不同之处，可以知道学生已经形成了认识和研究图形所必需的初步能力，有了从边和角两个方面对图形进行研究的学习意识。因此，本节课的教学既要让学生经历长方形和正方形从直观到抽象的过程来了解其外部特征（边的数量与长短，角的数量与种类），又要让学生通过观察、操作、验证等学习活动了解图形的内部规律（对边相等、4个角都是直角等要素）。

我的思考

根据对教材和学生的分析，我在教学设计上着力体现让学生从整体来刻画长方形、正方形的特征，在操作中体验，明晰图形的基本要素及要素与图形间的关系，在想象、推理中提升思维水平，发展空间观念。具体环节如下：

首先，根据学生对于长方形、正方形认知的已有经验，借助直观，辨析出长方形和正方形，再通过观察和比较大胆猜想长方形和正方形有什么特征。通过“你们猜想的对不对呢”这一问题，引发学生思考需要从哪些方面进行研究——边和角的特点。为进一步验证猜想做好铺垫。

其次，借助图形和工具在操作体验中认识图形的特征。在教学中，我把大量时间放在了学生对特征从“量”的描述到“质”的刻画过程。如学生根据已有的知识经验初步感知长方形的四个角都是直角且对边相等后，教学中就可以安排学生用比一比、量一量、折一折等方法来验证长方形和正方形的特征。学生对于用“量”的方法验证角和边的特征不是一个难点，难点是“折”这种方法部分学生不易理解，学生的思维遇到瓶颈，也是发展学生空间想象的一个契机，要想让学生在动态中体会“边的重合”，我们教学中就要以动手操作为媒介，在教师不断地追问、质疑、补充中得到验证。

最后，学生在练习应用中进一步理解长方形和正方形的特征以及“正方形是特殊的长方形”。下面主要阐述第二个环节设计的活动及开展情况。

二、活动设计

（一）活动目标

在具体操作过程中，借助直观，认识长方形、正方形的特征，培养学生的空间观念。

（二）活动情境

怎样借助手中的材料验证你们对长方形和正方形的这些发现呢？

（三）核心问题

长方形和正方形有什么特征？

（四）活动方式

独立研究 + 小组交流汇报。

（五）活动时间

独立研究 10 分钟，汇报交流 20 分钟。

（六）学习单

验证长方形、正方形的特征

1. 想一想：用什么方法可以来验证对边相等？用什么方法可以来验证 4 个角都是直角？

2. 试一试：用想到的办法动手试一试。

3. 议一议：通过验证，你得出怎样的结论？

长方形特征	
边的特征：	验证方法：
角的特征：	验证方法：

正方形特征	
边的特征：	验证方法：
角的特征：	验证方法：

三、活动实录

师：我们通过观察发现了很多大大小小的长方形，你们觉得这些长方形有什么特征呢？

生 1：这些长方形都有 4 条边，都有 4 个角。

生 2：长方形的上下两条边一样长，左右两条边一样长，4 个角一样大。

师：再猜猜正方形的特征是什么呢？

生 3：正方形四条边都一样长，4 个角也一样大。

师：是的，长方形和正方形都有 4 条边、4 个角（板书）。那是不是像你们所说的那样呢？老师为大家准备了长方形纸片和正方形纸片，请你借助手中的工具，根据活动要求动手验证一下你们的猜想吧。

（1）验证长方形特征

师：刚刚大家独立完成了对长方形和正方形边与角的验证，小组也进行了交流，下面我们先来看看关于长方形你们的想法吧。

生 4：我用尺子量的这个长方形上、下边都是 10 厘米，左、 右边都是 8 厘米。我发现长方形上边、下边相等，左边、右边相等（见下图）。

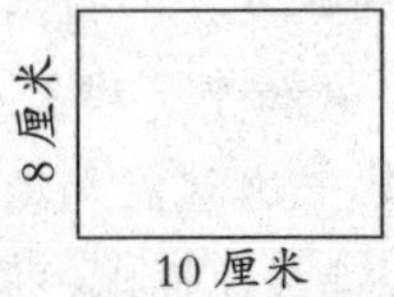

生 5：我分别量了 4 个长方形，发现①号长方形上下两条边长 7 厘米，左右两条边长 6 厘米，②号长方形上下两条边长 5 厘米，左右两条边长 2 厘米，

③号长方形上下两条边长 20 厘米，左右两条边长 1 厘米，④号长方形上下两条边长 20 厘米，左右两条边长 3 厘米。

师：这是你们的发现。还有没有同学像他们一样，也是用尺子量的？

生 6: 我也是用尺子量的，我也发现长方形上边、下边相等，左边、右边相等。

师：是啊，虽然你们量的这些长方形大小不同，但通过测量我们都发现——

生：（齐）长方形的上边和下边相等，左边和右边相等。

师：除了量，还有其他方法能验证长方形边的特点吗？（板书：量）

生 7：我是对折的，大家看我把长方形上下对折，发现上边、下边相等；再左右对折，发现左边、右边也相等。（见下图）

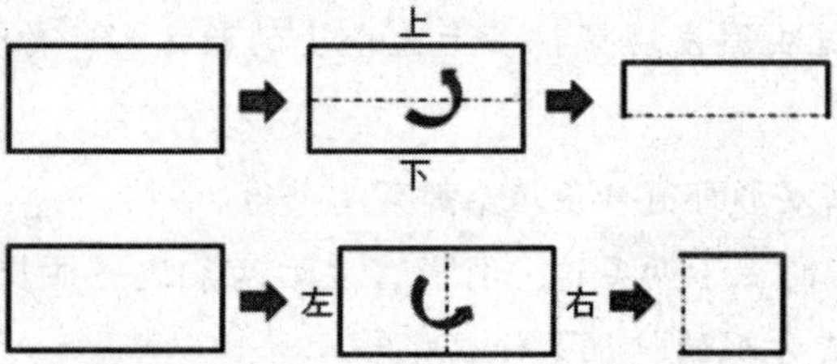

师：对折后，长方形的上、下两边和左、右两边分别能完全重合，说明它们的长度是相等的。（板书：折）

师：你们真了不起，用量一量、折一折的方法，验证了长方形的对边是相等的。长方形的两组对边，有长有短，通常我们把较长的边叫作长方形的长，较短的边叫作长方形的宽。（板书：长方形）

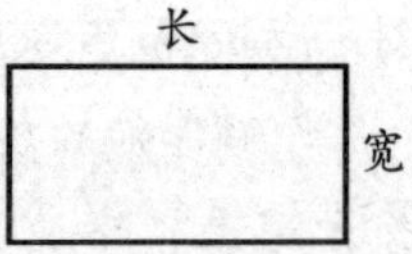

师：长方形的四个角你们怎么验证的呢？

生 8：我用三角尺上的直角和长方形的角比，发现完全重合，说明这个角是直角。另外三个角也是这样。（板书：比）

生 9：我有更简便的方法，比一次就能知道四个角都是直角。我把长方形对折再对折，把四个角折成一个角，这样比一次就能知道四个角都是直角。

生 10：其实四个角重合成一个角，比一个角就可以了。

师：你们的方法真多啊！刚才我们用量一量、折一折、比一比的方法验证了长方形的特征，谁来完整地说一说长方形有哪些特征呢？

生 11：长方形有 4 条边，对边相等，有 4 个角，都是直角。

（板书出示学习单内容）

长方形特征	
边的特征：有 4 条边，对边相等	验证方法：量、折
角的特征：有 4 个角，都是直角	验证方法：比一比

（2）验证正方形特征

师：关于正方形的特征，你们验证的结果是什么呢？

生 12：和长方形一样，把正方形对折两次，四个角重合在一起，用三角尺的直角比一比，就能知道正方形的四个角都是直角了。

生 13：我用量的方法，我测量出正方形的每条边长都是 15 厘米。所以正方形的四条边都相等（见下图）。

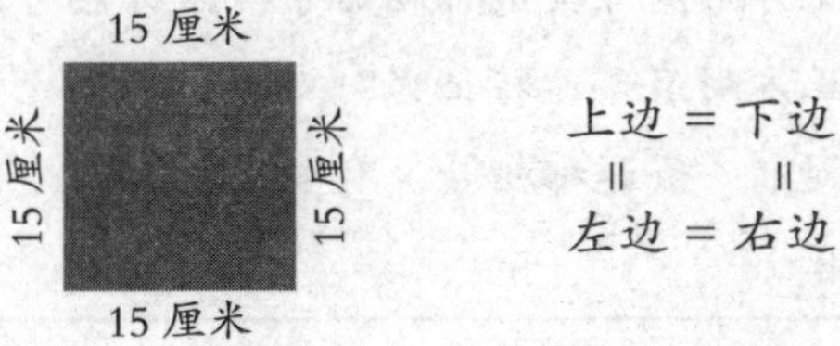

生 14：我用折的方法也得到了正方形的四条边都相等，这样对折，再这样对折。（见下图）

生 15（质疑）：他这样折只能证明对边相等，不能证明四条边都相等啊？

师：是啊，你们想想怎么能说明正方形的四条边都相等呢？

生 16：我觉得可以这样斜着对折（见下图）。

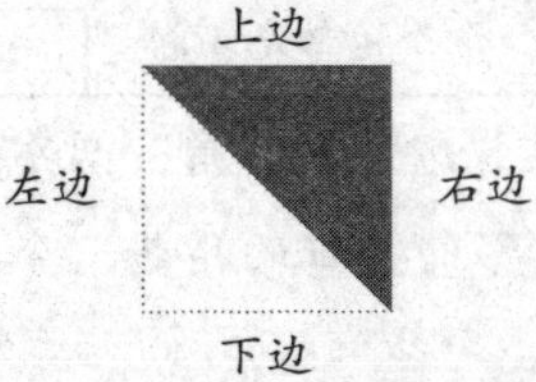

师：我们也一起折折看，看看是不是这样（学生动手折一折）。这样斜着对折你发现哪条边和哪条边相等？

生 17：左边和上边，下边和右边。

师：瞧，通过这样的折，现在能说明四边相等了吗？（课件演示）

生 18：（齐）能！

师：刚才这个同学想出的斜着对折可真关键！再开动脑筋，有没有一种折法，一下子就能看出 4 条边都相等？

生 19：我有办法（见下图）。

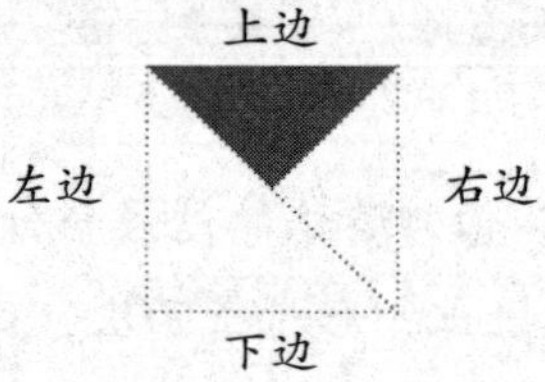

师：这样一折，4 条边怎么样了？

生 20：完全重合。

师：一下子就看出来正方形的 4 条边都相等了，这方法可真妙。

师：谁来完整说一说正方形有哪些特征呢？

生 21：正方形有 4 条边，4 条边都相等，有 4 个角，都是直角。

（板书出示学习单内容）

正方形特征	
边的特征：有 4 条边，都相等	验证方法：量、折
角的特征：有 4 个角，都是直角	验证方法：比一比

师：仔细观察，想想长方形和正方形有什么相同点和不同点。

生 22：相同点是它们都有 4 条边和 4 个角，并且 4 个角都是直角。不同点是长方形是对边相等，正方形是 4 条边都相等。

生边说师边板书（见下表）。

<table>
<tr><th>图形</th><th>相同点</th><th>不同点</th></tr>
<tr><td>长方形</td><td rowspan="2">有 4 条边
4 个角都是直角</td><td>对边相等</td></tr>
<tr><td>正方形</td><td>4 条边都相等</td></tr>
</table>

师小结：这节课，我们从“边”和“角”两个方面，通过量、折、比等方式验证了关于长方形和正方形的特征的猜想。今后，我们还可以从这两个方面研究其他平面图形的特征。

四、评价反思

《长方形、正方形的认识》是系统认识图形的起始课。由于这节课在知识链上的特殊位置，所以除了认识长、正方形的特征以外，还承载着了解研究图形的方法、积累研究图形的经验、体会图形之间的关系等任务。通过本活动设计有以下几点感悟：

第一，教学是依据学生已有的知识经验，在他们对长方形和正方形的基本特征有了直观感受的基础上进行的。首先，引导学生对长方形和正方形进行观察比较，找出它们的相同之处，不仅激活了学生对长方形、正方形经验层面的认识，而且有助于学生把注意力引向对长方形、正方形边和角的特征的关注，从而激活学生想办法研究长方形和正方形的特征的内在需求。针对三年级学生的能力现状，教师在操作之前先组织学生猜想：长方形、正方形的特征是什么？对学生研究的角度、方法进行指导还是很有必要的，可以提高他们自主探究的有效性。

第二，基本活动经验作为数学教学的目标之一，不仅是学生当前学习和发展的需要，更是学生未来学习和终身发展所需要的，是数学核心素养的重要内容。数学活动经验的积累需要展开积极的交流，在交流中共享和提升。由于长方形和正方形特征的探索是同时进行的，所以学生探索之后的交流可以有两种方式：既可以按长方形、正方形的顺序进行交流，也可以按边、角的特征分别进行交流。通过讨论，我们还是决定按照长方形、正方形的顺序进行交流，因为这样可以让学生从整体上把握长方形、正方形的特征。在交流正方形的特征时，要突出交流正方形边的特征，并把教学重点放在交流折的方法上，如，在用折的方法验证正方形每条边都相等时，大多数学生只想到了上下对折、左右对折，此时鼓励学生质疑并进一步思考：怎样折才能验证邻边相等？进而研究出较为简便的操作方法，在操作中注重培养学生的推理能力，发展学生的数学思维。

总之，从学生已有的知识经验入手，让学生在操作中探究，在探究中建构知识，真正经历长方形和正方形特征的学习过程，发展数学思维，积累数学活动经验。

参考文献：

[1] 马云鹏 . 深度学习：走向核心素养（学科教学指南 小学数学）[M]. 北京：教育科学出版社，2019.

直尺画圆揭本质

——《圆的认识》活动设计与思考

北京市通州区漷县镇中心小学 李术伟

一、背景分析

《义务教育数学课程标准（2011 年版）》提炼出了十个核心能力，并将其分布在数与代数、图形与几何、统计与概率三个领域中，其中图形与几何领域承载着对学生空间观念的培养。其中“图形的认识”是学习几何不可或缺的基础，更是形成空间观念不可或缺的载体。空间观念是由长度、宽度、高度表现出来的客观事物在人脑留下的形象。空间观念培养对激发一个人的创新能力起到非常大的作用。然而对学生空间观念的培养离不开有效的直观想象、动手操作和推理验证。学生在认识的长方形、平行四边形、梯形或三角形的时候便是遵循上述途径，“圆”却是最为特殊的一个，因为它是曲线图形。如何借助学习直线图形的经验将直与曲建立联系，从而实现认识上的转换来认识圆的特征是教学时必须思考的关键。

（一）学习内容分析

“圆的认识”是《圆》这个单元的核心内容，它不仅承载着对图形本质的认识，也包括对图形性质的理解。只有认识了图形的本质，才能更好更深入地学习周长和面积。再借助本质理解性质，才会有运用图形的性质分析与解决相关的生活实际问题。所以对“圆”的认识，理解它的本质永远是最为核心的。

综合分析各版本教材关于“圆的认识”的内容安排，共同特点皆是将画圆作为学生活动的主要情境，在这个过程中，学生体会圆的特征，建立圆的概念。在情境引入上，人教版和苏教版从现实物体中引入圆，并将圆抽象化，而北京版和北师大版从竞赛公平性上引入圆，公平的背后则是知识的本质。比如：每个小朋友都距离筐 3 米远的位置，强调的是圆上任意一点到圆心的距离相等。逐渐地学生被点所取代，一个数学意义上面的圆便会自然被学生所接受。虽然小学阶段不向学生讲解圆的概念，但是“到定点等于定长所有点的集合”这句话是帮助学生理解图形性质的关键——本质决定性质。换言之，半径、直径、无数条、倍数关系等都是圆的非本质属性。

（二）学生情况分析

在日常生活中，学生接触过大量的外形是圆形的物体。同时，学生在一年级“认识图形”时，对圆已有初步直观感知并能进行正确辨认。中高年级学生先后学习了长方形、正方形、平行四边形、梯形和三角形等知识，掌握了一定的几何的初步认识，具备了一定的空间观念，积累了一些学习几何知识的经验。可是这些只是学生探究直边图形的经验，直边图形与圆这个曲线图形最大的区别就是本质外显，学生从边角去认识圆则是本质内隐，无法观测到距离圆心相等的点。

学生对圆会有哪些认识呢？通过三个前测对学生进行分析：

前测对象	前测题目	前测结果
五年级 30人	你认为圆是一个什么样的图形？	大部分的学生从外观感受进行描述：圆的、光滑的、曲线的、封闭的、弯的、对称的、饱满的……
四年级 20人	每人发一个圆形纸片。10人一组分别回答两个问题：a. 圆形中有一条叫半径的线段，请你尝试画一画。b. 圆形中有一条叫直径的线段，请你尝试画一画。	有7人对折一次准确地画出了半径或直径。有13人对折两次准确地画出了直径或半径。
五年级 30人	a. 你听说过圆心、直径和半径吗？ b. 你有过使用圆规画圆的经历吗？ c. 请你用圆规创作出一个作品。	在与学生的谈话中粗略地统计听说过直径、半径和圆心的大约占了全班的70%，所有学生都有使用圆规画圆的经历，所有学生都能创作出由圆组成的图案。

通过前测结果可以看出学生对圆的认识看似精彩纷呈，实则流于外表。无论是对半径、直径相关知识的认识，还是使用圆规画圆，甚至创作很多美丽的图案，这一切都不是圆的本质，有的属于图形的性质，有的是画图的技能。而决定这些外显的本质恰恰是全无的，其根源就是圆的本质是内隐的，所以认识本质是目标，如何实现这个目标变得尤为关键。

我的思考

1. 分析关系抓重点

回顾教材的几个环节：游戏设计突出圆的形成—圆规画圆认识圆心、半径和直径—折圆理解半径、直径性质和相互的关系。不难发现第一个活动起到了一个支点的作用，比如“筐——圆心”“人——圆上一点”“半径——筐与人的距离”等都可以在活动一中体现，所以必须充分利用第一个活动，使三个活动成为一个体系。通过游戏引出圆的本质是一个非常好的方式，可是对学生的思维挑战强度不够，不能引发学生深度思考。此外现代教学越来越强调整体性，即在一个大的主题或者任务中去综合性地学习。环节过多势必会导致琐碎的局面，不利于对知识整体化的理解。所以如何设计一个既能理解知识的本质，又能完成对本质的迁移理解其外延，并且引发学生进入深度的学习的大活动是一个关键的问题。

2. 方法辨析突本质

很多教师在讲授“圆的认识”时让学生借助不同的工具画圆，学生画圆的方法基本有：用瓶盖描圆、用素描的方式在正方形中渐渐地切一个圆、用折纸的方式先对折再剪一个圆、用尺子描点连成一个圆、用绳子和针去画一个圆、画正多边形逐渐成圆……在这些方法中只有用尺子描点连成一个圆揭示了圆的本质即“平面中到一个定点距离为定值的所有点的集合”。其他方法均侧重的是对一条封闭的曲线刻画，而非圆的本质属性。

因此，本节课主要设计两个活动：一是直尺画圆理解本质，二是借助本质理解半径、直径。下面主要呈现第一个活动。

二、活动设计

（一）活动目标

在用直尺画圆的过程中认识圆的特征，发展空间观念。

（二）活动情景

你能只用一把直尺画圆吗？

（三）核心问题

怎样使你画出来的圆更像？

（四）活动方式

独立思考、尝试体验、汇报交流。

（五）活动时间

独立思考大约 5 分钟，汇报交流大约 15 分钟。

（六）学习单

《圆的认识》学习单

你能用一把直尺画圆吗？

要求：

1. 只用直尺和铅笔，不能用任何外形是圆的物体描。

2. 你能想到几个方法？

3. 怎么能更像一些？

设计目的：正如前面所分析的那样，圆的本质是隐性的，如何将隐性的本质显性化是认识圆本质的关键。引导学生借助对圆的直观感受利用直尺画圆，利用圆的高对称性找对称点，对称线段最后形成对称的圆。在画的过程中将圆心、圆上一点、半径、直径等相关知识潜移默化地渗透到了学生的头脑中。用直尺画圆虽然具有挑战，但其实际的价值却是很大的。学生可以从像与不像中展开想象，借助极限思想认识圆是一个什么样的图形。这样做不仅有助于对本质的理解，也有助于对其他相关知识的理解。

三、活动实录

（一）前期活动

与学生交流心中的圆是什么样子，引出用一把直尺画圆的活动要求。

（二）学生汇报

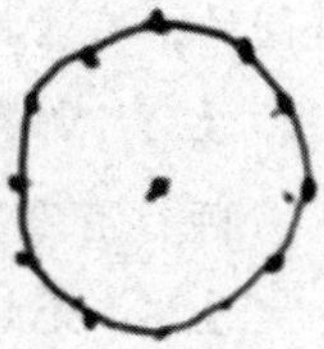

生1：我先画一个点作为中心，在距离它3厘米的地方再画一个点，就这样多画几个点然后再连接就是一个圆了。

生2：我认可你的方法，只是觉得你画的不够标准。如果多画几个点再连接的时候才更像圆。

师：我很欣赏你们之间的交流，他的方法很有想象力，特别是第二个同学，首先肯定对方，然后再提出自己的建议，对话很有层次。特别是对第一个同学提出了非常宝贵的建议，只要多画一些到中心相等的点连接起来的时候就更像圆了。

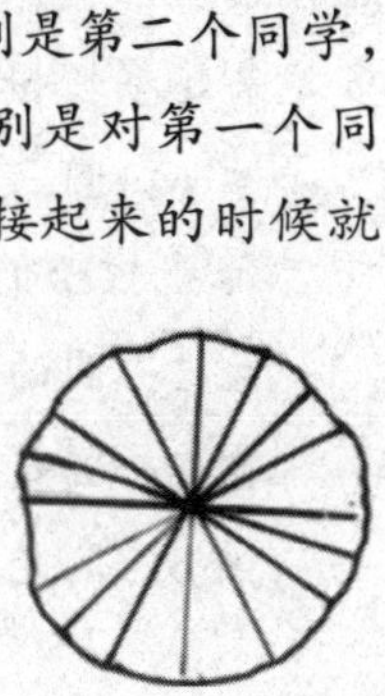

师：我们再来看看这个作品，谁画的上来和大家说说自己是怎么画的。

生3：我先画一条线段，在它的中间点上一个点作为中心，这样再画几条同样长的线段然后再连接的时候就像圆了。我说完了你们有什么建议吗?

生 4：我也建议你多画几条这样连接起来更像圆。

生 5：我觉得你应该把线段的端点描上，这样看起来像直线。

生 6：我觉得你的方法和刚才的那个差不多，只是一个有线一个没有线。

师：表面来看是一个有线，一个没有线。相同的呢?

生 1：都得相等。

生 2：这个方法是每个点到中心点相等，那个方法是每条线段相等。

生 3：其实这个线段也有点，每条线段的两个端点就是。

师：方法 2 的所有线段都交于中心点才保证了每条线段长度也是一样。与方法 1 确实是差不多，都有——

生 5：都有距离中心相等的点。

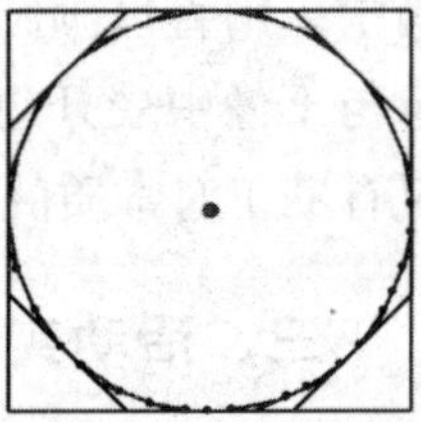

生 7：我是用的素描方法，先画一个正方形，再把它切成一个正八边形，这样就逐渐形成了一个圆。

师：刚才人家的方法都有距离中心相等的一些点，你的有吗?

生 7：有，这里，这里都是……（学生手指圆上到中心距离相等的点）

师：好了孩子们，刚才我们分享了几个方法?有描点成圆的，有画线段成圆的，有素描法。这些看似不同的方法背后有没有发现相同的地方?

生 4：都有距离中心相等的一些点。

师：有没有同感，这些点指多少个?

生 5：无数个。

师：我们一起来看，如果连接这些点像圆，如果连接这些点更像圆，展开想象当到中心相等的点越来越多越来越多慢慢地就形成了一个——

生 6：圆。

师：孩子们，现在圆在你心中是什么样的了?

生 1：圆的边上无数个点到中心的距离都相等。

生 2：圆是由无数个到中心相等的点组成的。

生 3：圆是一个由无数个到圆心相等的点组成的封闭图形。

……

（三）后期活动

1. 工具画圆感受巩固对本质的理解。

2. 借助圆的本质理解半径、直径及相互关系。

四、评价反思

从课堂上孩子们的实际表现来看，他们的已有认知经验发挥了很大的作用，从饱满、对称、封闭曲线图形等初期的认知支撑着他们走进对圆本质的认识，最终形成了圆是一个由无数个到圆心相等的点构成的平面图形。直尺画圆只是一个手段，而核心问题“怎样使你画出来的圆更像”不断激发着学生的想象能力。学生在相互补充的过程中，一张张“点更多些”“相等线段更多些”的作品逐层呈现。既认识了圆的本质，也培养了自己的想象能力，最终借助极限思想形成了对圆的表象。

后续对半径、直径和圆心的学习过程中，证明了认识圆本质的重要性。从以往引导学生以折一折、量一量等直观操作的认识方式转变为借助本质进行推理的形式。例如：什么是半径？学生的回答是圆上任意一点到圆心的这条线段都是半径。为什么有无数条？学生的回答是因为圆上有无数个到中心相等的点啊。这就是对本质的理解对后续学习的影响。所以借助直尺画圆这个活动即完成了预先制定的学习目标，也发展了学生的空间观念，同时培养了学生的推理能力。

既然是认识图形，其配以的核心一定是空间观念。从本节课来看学生初期头脑中的圆是饱满的、对称的、封闭的曲线图形，这只是一种直观感受。在画圆的时候为了逼近 “理想”的圆，一种极限思想油然而生，从线的密集到点的密集，数学中的圆边在想象的过程中成长了起来。在对接生活中的圆时更是将实物与轮廓在头脑中进行剥离，从体到面，从三维到二维再到一维在学生的头脑中逐层展开，特别是想象生活中哪些物体的表面或者轮廓的直径是 12 厘米时更是颠覆学生对一维与二维的认识。虽然 12 厘米并不陌生，可以感受到其长短，可是对接另一个一维曲线围成的二维的面就变得非常困难。当打开了这个突破口后一个新的度量标准也就诞生了，学生便会在头脑中以这个直径是 12 厘米的圆形物体去不断地对比形成一个新的表象（从知道图形的样子到用数据描述图形的样子）。

在操作中感悟　在对比中思考

——《三角形三边关系》学习活动设计与分析

北京市通州区贡院小学　张雪英

一、背景分析

（一）学习内容分析

三角形是所有平面图形中最简单、最基础、最重要的图形，它本身隐含着很多“秘密”，三边关系就是其中之一，本节课后，学生还将探索三角形角的关系。三角形三边关系即“三角形任意两边之和大于第三边”是三角形概念的重要外延之一，也是判断三条线段能否组成三角形的标准。三角形三边关系的学习是对三角形认识的一次升华，是从对图形的整体感知到关注图形的要素，以及要素与要素之间关系的学习过程，同时也为今后几何图形的学习积累经验。

对比北京版、人教版、北师大版、苏教版的教材，四版教材在探索三角形三边关系时，都是通过围三角形的活动，来帮助学生理解三角形的三边关系。无论是给定几组小棒的长度还是把一根铁丝任意剪成 3 段，都是初步感知“围成”和“围不成”与所选择小棒的长度有关，然后聚焦“能围成三角形的三根小棒长度之间有什么样的关系”这一核心问题，从而来帮助学生理解“三角形的两边之和大于第三边”。

三角形三边关系这一内容是中小学数学中都要学习的内容，那么两次学习的区别是什么？《义务教育数学课程标准（2011 年版）》在第二学段的课程内容中提出“通过观察、操作，了解三角形两边之和大于第三边”的目标要求；到了第三学段明确提出要“证明三角形的任意两边之和大于第三边”。这说明，各个阶段侧重点不同：小学阶段，学生以直观操作为主，是从合情推理角度学习，到了初中阶段，学生则从逻辑推理角度学习。

因此，无论是各版本教材的编排还是课标要求，对三角形三边关系的教学都体现了要让学生在动手操作中进行探究，发现规律。

（二）学生情况分析

学生对三角形并不陌生，从小很多学生就有过用三根小棒搭三角形的经历，在本课前他们知道了三角形的定义、特性等，他们也有探究平面图形边特征的经验，如：长方形对边相等。然而，长方形对边相等这一特点比较明显，通过学生观察在此基础上进行测量、对折等活动进行验证就能得到；三角形三边之间的关系则显得隐蔽很多，学生很难通过观察而得出。

那么，学生们对三角形三边关系的知识到底了解多少呢？为此，我找了10名同学进行了前测：

题目：任意的三条线段都可以围成三角形吗？说出理由。

结果：4人认为可以，理由是三角形由三条线段围成，所以三条线段可以围成三角形；6人认为不一定，因为有的线段太长或太短了，接不上。

分析：部分学生对三角形三条边的长度之间存在联系并不知晓；另一部分学生能意识到三边的长度之间存在联系，但具体是什么并不清楚。

由此可见，学生对三角形三边关系这一知识比较陌生。教学中，需要老师设计合理的学习活动，激发学生的兴趣，鼓励学生主动探究。

我的思考

三角形三边关系作为一种事实性知识是比较简单的，但不同版本的教材都是以“围”的活动为手段来探究三角形三边关系的。如此简单的内容完全可以另走捷径，比如：利用两点之间线段最短就可以推导出三边关系；或者直接测量三角形的各边长度，通过观察数据也可以发现规律。但是教材却将这个内容安排为让学生动手“围”，其目的是什么？刘加霞教授指出：“三角形三边关系在小学阶段的学习更像是一次数学思想的启蒙，数学兴趣的激发，而不是演绎推理。”由此可见，动手“围”的活动，有助于引发学生的认知冲突和好奇心，激发学生深入思考，体验探究的乐趣，让学生在玩中发现新知，在玩中积累活动经验，在玩中发展空间观念。

另外，四版教材中三个版本都是直接给出几组数据的小棒来开展活动，只有北京版是把一根铁丝任意剪三段再围。学生任意剪再围的活动确实开放了很多，但是容易出现等边、等腰这些特殊的三角形，使学生的思考角度向非本质方向跑偏，另外学生任意剪再测量数据还容易出现测量误差较大的问题。而无论是给定长度还是不给定长度最终的目的都是要引导学生关注到长度上来。因此，我认为本节课可以将探索三角形三边不等关系作为主线，引导学生在操作中感悟，在对比中思考，从而发现三角形三边关系。

基于上述分析，我将本节课的活动设计为：独立尝试围三角形（体会不是任意的三条线段都能围成三角形）—同桌合作围三角形（探究怎样的三条线段能围成三角形）—画任意三角形验证结论。第二个任务为本节课重点探究内容，下面主要阐述“同桌合作围三角形”的活动设计与开展情况。

二、活动设计

（一）活动目标

借助动手围三角形的活动，探索并发现能围成三角形的三条线段长度之间的关系。

（二）活动情境

有长度为4厘米、5厘米、9厘米、10厘米的小棒，每次任选三根围三角形，思考能围成三角形的三条线段长度之间有怎样的关系。

（三）核心问题

三角形三边之间有着怎样的关系？

（四）活动方式

学生先两人一组合作探究，然后全班交流。

（五）活动时间

学生思考讨论与全班交流大约18分钟。

（六）学习单

学习单

从4厘米、5厘米、9厘米、10厘米四根小棒中每次任选三根小棒围一围，看是否能围成一个三角形，填在记录表中。

实验次数	小棒的长度（厘米）			是否能围成三角形，用“√”或“×”表示
	第一根	第二根	第三根	
1				
2				
3				
4				

我的发现：

（1）怎样的三条线段不能围成三角形？怎样的三条线段能围成三角形？

（2）三角形三条边之间有怎样的关系？

三、活动实录

师：哪一组同学愿意与大家分享你们的研究结果？

（一生汇报，一生板书）

生1：我们用这四根小棒进行了四次实验，10厘米、9厘米、5厘米这三根小棒可以围成三角形，10厘米、9厘米、4厘米也可以围成，10厘米、4厘米、5厘米不可以围成，9厘米、5厘米、4厘米也不可以围成。大家对我们组四次围的结果有疑问吗？

生2：我们用9厘米、5厘米和4厘米围成了三角形。

师：那你们给大家展示一下，看看你们围成的三角形在哪里。

（生2在展台展示围成的三角形）

生3：我反驳，这不是三角形，你看底端小棒和左右两根小棒没有挨紧。

生4：三角形是首尾相接的，你围的都不是首尾相接了。

生2：那我再把它往下压一压就可以了。

生5：你再往下压一压也不是三角形，你看底下的两端不出头了，但是上面是不是分开了，它只是像三角形，它不是三角形。

生6：用9厘米、5厘米和4厘米的小棒是不可能围成三角形的，我们想一想，4+5是不是等于9，把4厘米和5厘米的一个端点连接上，这两根小棒就和9厘米一样长了，怎么可能围成三角形呢？

生7：我也这样认为，4+5=9，9又和9相等了，那不就是两条一样长的小棒了吗？用两根一样长的怎么能围成三角形呢？

师：你们觉得这两位同学说得有道理吗？大家闭上眼我们来想一想，先把长4厘米和5厘米的两根小棒一端连接，然后用另外两端去连接9厘米小棒的两端，那会是什么样子呢？

生8：我觉得根本就够不到那两个端点。

生9：我觉得连接上那两个端点后就与9厘米的平了。

师：刚才那个同学说的“平了”是什么意思呢？你们先想一想，看看和老师演示的一样吗？我们用课件演示一下（课件演示）。

师：果然，如果把4厘米、5厘米、9厘米这三根小棒首尾相接那就会重合在一起了，是一条边了，看来它们真的不能围成三角形。4、5、10厘米的三根小棒也不能围成三角形，它们是什么样子呢？

生 10：它们有一个端点是搭不上的，因为 4+5<10。

师：大家同意他的观点吗？咱们也再看一下吧。（课件演示）的确像是搭不上的情况。那对于这个小组的发言或者分享你们还有问题吗？如果没有，那么请他们继续汇报他们组的发现。

生 1：我继续汇报我们组的发现。我们发现如果第一根和第二根小棒加起来小于或者等于第三根小棒就围不成三角形，如果加起来大于第三根就可以围成。

生 10：你们说的第一根和第二根不准确，你们看 9 厘米、5 厘米和 4 厘米那组，9+5 是大于 4 的，不是也围不成吗？所以你们应该说是两根短的小棒加起来小于或等于最长的小棒，不能围成三角形。

生 1：对，是我们说得不准确，应该把第一根、第二根改成较短的两根小棒，谢谢你的建议。

师：你们看，多好呀，发现问题及时改正。那你们能用关系式表示一下你们的发现吗？

（生 1 用关系式表示四种情况：4+5<10;4+5=9;4+9>10;5+9>10）

师：看来，如果两条短线段的和大于第三条线段就可以围成三角形了。那么大家想一想，围成三角形的三条线段就是三角形的三条边，三角形三条边之间应该有怎样的关系呢？

生 1：我认为三角形三条边的关系是三角形较短两条边的和大于第三条边。

生 2：我认为是三角形的任意两边之和大于第三条边。

师：出现了分歧，你们觉得谁说的对呢？

生 3：我觉得是较短两条边的和大于第三条边对，因为刚才我们发现两短线段的和大于第三条就能围成三角形。

师：看来大家都认为“较短两条边的和大于第三边”这句话肯定没错，对吧！那么“任意两边之和大于第三边”这句话有错吗？大家想一想“任意两边”是什么意思？

生 4：“任意两边”就是随便两条边，可以是一个长边和一个短边，也可以是两条短边。

师：那大家想一想，“任意两边之和大于第三边”这句话对吗？你能用数据说话吗？

生5：我觉得“任意两边之和大于第三边”这句话是对的。你们看边长是4、9、10厘米的三角形，因为4+9大于10，4+10也大于9，9+10也大于4，所以这句话是对的。

师：把刚刚你说的算式记录在黑板上。

（生5板书：4+9>10，4+10>9，9+10>4）

生6：我也觉得是对的，我用的边长是5、9、10厘米的三角形验证的，我也写在黑板上。（生6板书：5+9>10，5+10>9，9+10>5）你们看是不是任意两边的和都大于第三边了。

生7：我也认为是对的，但是我没有计算，大家想最短的两条边的和都大于第三条边了，也就是说最坏的情况都大于第三条边了，那其他的情况就更大于了。

师：大家听明白他的意思了吗？我们只要确定哪种情况就能说明是“任意两边之和大于第三边”？

生8：只要看两短边的和是不是大于第三边就可以了，如果两短边的和大于第三边，那一大一小就更大于第三条边了。

师：同学们真了不起！有的同学用关系式进行了验证，也就是会用数说话，还有的同学进行了推理，都证明了“任意两边之和大于第三边”这句话是对的。而且我们还发现了这两句话的关系：只要“两短边的和大于第三边”就能说明“任意两边之和大于第三边”。那让咱们再来看一看它们之间的关系吧。（课件演示）

师：这两个结论都正确，那你们说用哪个表示三角形三边关系更好呢？

生8：用“任意两边之和大于第三边”更好，因为它能说明三种情况，更加全面，“较短两条边的和大于第三条边”只是其中的一种情况，但是这也很重要，因为三种情况中只要知道了这种情况，其他的两种情况就不用再想了。

师：大家同意吗？

生：同意。

师：那所有三角形的三条边都是满足“任意两边之和大于第三边”吗？请你任意画一个三角形，量一量，来验证这条规律是否正确。

……

四、评价反思

（一）在操作辨析中发现三角形三边关系

学生对“怎样的三条线段才能围成三角形？”这个问题充满了好奇，大家积极地投入围三角形的活动中。学生在操作中观察，在观察中思考。通过学习单引导学生从围不成的情况出发探究原因，很容易发现“两条短线段的和小于或等于第三条线段就不能围成三角形”，从而顺利地迁移到“两条短线段的和大于第三条线段才能围成三角形”。再通过辨析“两短边之和大于第三边”和“任意两边之和大于第三边”之间的关系，从而得出三角形三边的关系。

（二）面对不同观点引发学生的数学思考

操作是获取知识的重要路径，它不是学习的终结，而是思考的开始。学生在用小棒围三角形时，两根小棒长度之和与第三根相等的情况是学生最难理解的。有些学生只停留在直观的感受上，把“差不多像三角形”就认为是三角形。在本节课老师没有回避这个问题，而是通过展示学生们的不同结果，引发了学生们的理性的思考，促使一些学生能够从数据角度进行分析：因为4+5=9厘米，和第三根的长度相等了，所以不能围成三角形。另外，面对是用“两短边之和大于第三边”还是用“任意两边之和大于第三边”来概括三边关系时，继续引发学生思考二者的区别，学生通过三个关系式理解了“任意”的意思。这样的理性思考具有说服力，促进学生从本质上去理解三角形三边关系。

在活动中建构　在想象中提升

——《长方体的认识》学习活动设计与分析

北京教育科学研究院通州区第一实验小学　王岩

一、背景分析

“图形与几何”领域是小学数学的重要组成部分，其核心价值是培养学生的空间观念。培养学生的空间观念是一个包括观察、想象、比较、综合、抽象分析、推理的过程。因此，在教学中我们不能仅着眼于学生知识技能水平的教学，还应致力于采用合理的培养策略，引导学生在观察、操作、想象、推理的活动中切实发展学生的空间观念。

（一）学习内容分析

《长方体的认识》是北京版教材五年级下册第一单元的内容，既是这一单元的起始课，也是深入研究立体几何图形的开始，只有在教学中，把清晰的“长方体”要素及各要素之间的关系储存在学生的头脑中，才有可能为学习表面积和体积打下扎实的基础。比如在感知长方体的特征后，让学生根据长方体一条长、宽、高想象并选择长方体的6个面，为突破“表面积”的教学难点做铺垫。再如在长方体的变化中，让学生充分感知长方体一组棱的长短决定长方体的大小，长方体一组棱的变化会引起面的大小和体的大小的变化，为以后的“体积”教学埋下伏笔。由此可以看出，本节内容在学生的几何知识结构中，是将静止的二维空间纵深为能“立起来”的三维空间的一次重要转化，是学生后续学习长方体的表面积、体积和圆柱、圆锥等立体图形的认识基础，对本节内容的理解与探究效果，将直接影响学生几何知识网络的构建。

通过对比北京版、人教版、北师大版三个版本的教材内容，我发现教材都设计了动手操作的内容，鼓励学生通过摸一摸、量一量、比一比、剪一剪、做一做等活动来探索图形的特征，主要设计的操作活动见下表。

版本	摸一摸	量一量	比一比	剪一剪	做一做
人教版	√		√		√
北师大版		√	√	√	√
北京版	√		√		√

在多样的活动中，“做一做”更加突出。做一做的活动主要包含了用小棒、硬纸板制作长方体，或者用土豆切成一个长方体。这些活动使学生在选择材料时就要思考长方体的要素及之间的关系，在制作过程中不断调整、感悟，同时体验从三维到二维再到三维的空间转换，发展了自身的空间观念。

（二）学生情况分析

长方体是最基本的立体图形，通过认识长方体，可以使学生对自己周围的空间和空间中的物体形成初步的空间观念，也是进一步学习其他立体几何图形的基础。对于五年级的学生来说，已经有了认识二维平面图形的经验，但从二维到三维是学生认识上的一次飞跃，那么学生能否直观辨认长方体？学生更愿意选择什么活动建构长方体？带着这些疑问，我对学生进行了“问卷 + 访谈”的前测，前测题目如下：

1. 下列图形中，哪些是长方体或正方体？

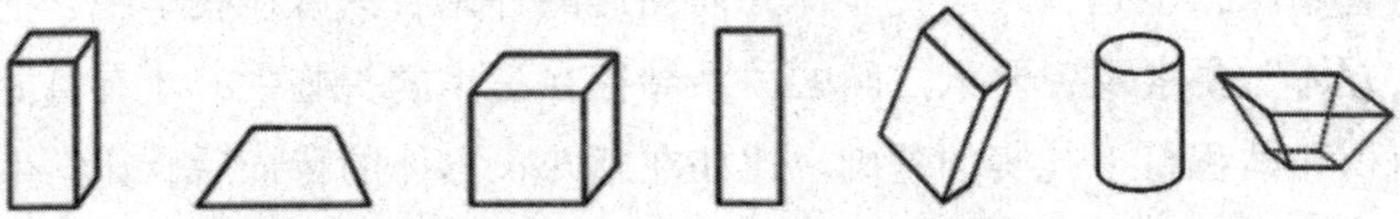

（1）（2）（3）（4）（5）（6）（7）

目的：（1）学生对立体图形的认识是否由实物过渡到抽象的图形？

（2）是否能区分长方体和长方形？

（3）为下一个问题——长方体特征的认识提供支撑。

通过对我校五年级 291 名学生的测试，其中有 9 人认为 4 号长方形是长方体，还有 7 人认为 7 号也是长方体。这两项共占总人数的 5.5%。总体来说，多数学生能够正确选择长方体，说明对长方体已经有了初步的认识与感觉。只有少数学生不能区分面与体，还有个别学生没有建立对长方体关键特征的认识，对长方体的外在形状没有感知。

2. 长方体上有什么？有什么特点？

目的：学生对长方体特征认识是怎样的，能否在整体中找到它的各部分要素，并用自己的语言描述出各要素的特征。调研结果见下表：

	基本上能够说出特征	只知道面棱体的数量	能说出个别的特征	不知道特征
人数 / 人	3	33	143	112
百分比 /%	1	11.3	49.1	38.5

结合数据及范希尔理论的五个思维水平的分析，可以看出，五年级的学生对长方体已有较为丰富的生活经验和直观感知，对长方体的明显特征有一定的了解。但多数学生对长方体特征的认识是碎片式的，只有极少数的学生能够完整地说出长方体的特征，大多数学生会探究面、棱、顶点各自的特征，但对这三者的特征把握往往是片面的、孤立的。不能从整体中分解出要素，对各部分要素特征的认知缺乏感知。

针对这种情况，如何帮助学生完成对特征的认知呢？什么样的活动更有利于学生认识特征，而且学生又比较感兴趣呢？

我准备了五种活动：

1. 用小棒搭长方体框架。

2. 用面围成长方体。

3. 利用土豆削出长方体。

4. 直接观察长方体。

5. 对比观察长方体、圆柱、圆锥及其他立体图形。

学生选择操作顺序如下：

生 1：搭围观削	生 5：搭围观削	生 9：搭围观削
生 2：搭观围不想削	生 6：搭观围削	生 10：搭观围削
生 3：观搭围削	生 7：搭围削观	生 11：搭围观察比较削
生 4：搭围削观	生 8：搭围削观	生 12：搭削围比较

通过学生活动及访谈可以看出：

1. 学生最感兴趣的活动是小棒拼搭。（好操作）

2. 搭小棒和用面摆长方体对认识特征最有帮助。（12 名学生中有 11 名认为小棒拼搭和用面摆长方体对认识特征最有帮助。）

3. 通过几种操作，学生都能完整地说出长方体的所有特征。

4. 测试学生最终都能实现给 1 个面说出另外 5 个面的数据。

根据上述前测内容，我们可以看出：

1. 学生能够通过操作活动自己发现特征，课堂上应让学生在动手操作中感悟、理解长方体的特征。

2. 搭小棒和用纸板摆长方体对学生认识特征帮助作用最大，因为这两个活动直接指向了长方体的三个基本要素——面、棱、顶点。

我的思考

根据以上前测及分析，我在教学设计上着力体现“做中学”的思想，由“数”到“搭”再到“想”，让学生在操作中体验，明晰长方体的基本特征，在想象中提升思维水平，发展空间观念。具体设计如下：

首先，把握学生起点，在原有认知基础上展开教学。从生活原型入手，利用几何实物，通过观察、比较、摸、想象等活动唤醒学生头脑中的长方体认识，为后续研究长方体特征做好铺垫。

其次，自主选择材料，在操作体验中认识特征。提供学具材料，让学生在小组合作中选择材料，搭建长方体框架或利用面围成长方体，在“做”中不断地质疑、反思、交流。这一环节将特征认识与操作活动紧密结合在一起，在操作中再现长方体的表象，理解长方体的基本特征，同时培养学生合作交流和动手操作的能力。这里突出学生“做”的活动，通过“做中学”，学生的体验和理解会更深刻。

最后，操作与想象活动融合，在想象中拓展空间观念。通过制作长方体，想象棱与棱、体与面、体与体之间的关系，进一步强化对长方体特征的认识。此外，安排多层次的想象活动，由棱想象面，由面想象体，感悟实物与立体图之间的转换，立体图与平面图之间的转化，不断地在立体与平面之间展开变化与联想。这里突出学生“想”的活动，发展空间观念与想象能力。

二、活动设计

（一）活动目标

在选择小棒的规格及数量的思考过程中建构长方体，在搭建长方体过程中发现长方体各要素之间的关系，发展学生的空间观念。

（二）活动情境

如果要用一些小棒搭建一个长方体框架，需要怎样选择材料？

（三）核心问题

哪些小棒可以搭建成一个长方体？

（四）活动方式

先独立思考，然后小组合作。

（五）活动时间

独立思考 3 分钟，小组合作 10 分钟，交流分享 15 分钟。

（六）学习单

1. 结合材料领取单，先独立思考制作一个长方体需要领取材料的规格及数量。

材料领取单：

	接头	小棒规格			
搭长方体	（　）个	15cm	10 cm	7cm	5 cm
		（　）根	（　）根	（　）根	（　）根

2. 在搭建长方体的过程中，你们发现了什么？

____

____

三、活动实录

师：我们今天采用一些小棒搭建一个长方体的方式研究长方体的特征，请你先结合老师给的这些材料，自己独立思考，想一想你要制作的那个长方体需要什么材料、需要的数量是多少。想好了再和同学讨论。

生独立思考后小组讨论。

师参与倾听小组讨论。

一组生讨论：咱们先要制作一个长方形的“底座”，这就需要 2 种小棒，各 2 根，然后再在这个长方形的 4 个角上立起相同的 4 根小棒，然后再做一个和底座相同的长方形当“盖”，这样就需要 3 种小棒，每种 4 根。连起来的地方在“盖”和“底座”长方形的 4 个角上，所以需要 8 个连接器，我想，制作完成后，就像一个香皂盒。

二组生讨论：咱们做一个像牙膏盒那样的长方体吧，要做这样的长方体，需要用 8 根最短的小棒做出 2 个小正方形，放在两边，然后用 4 根最长的小棒，放在两个小正方形的中间，最后需要 8 个连接器把它们连接起来。

三组生讨论：咱们分工做，一定做得快，你们 2 人做长方体左面的长方形，2 人做长方体右面的长方形，我们用小棒把你们做的面连起来就行了，快行动吧！

……

生按照讨论结果领取材料、制作长方体。

师：下面请大家交流一下你们是如何选的材料，在制作中有什么发现？

生1：我们选择的是15厘米的小棒4根，10厘米的4根，还有7厘米的4根，还有8个连接器制作出一个长方体，我们发现这个长方体一共有12条边，（学生用手指着长方体的棱，任意数1，2，3……）有8个连接器。

师：谁能有序地数一数这12条边？

生2：我先数左边4根小棒，再数右边4根小棒，最后数中间4根小棒，一共12条。

生3：我先数上面4根小棒，再数下面4根小棒，最后再数连接上下面的4根小棒，一共12条。

生4：我和他们方法不一样，我是数长度相等的小棒，（学生指着长方体的棱）这4根小棒长度相等，这4根小棒长度也相等，还有这4根小棒也相等，一共是12根小棒。

师：你们数得真好，没有重复，也没有遗漏，通过数，大家发现制作一个长方体需要12根小棒，这些小棒，在长方体上叫“棱”（教师相机板书“棱：12条”），这些连接器在长方体上叫“顶点”（教师相机板书“顶点：8个”）

师：除了这些，你们在制作的过程中，还有什么发现？

生2：我们制作完后，看出这个长方体是由6个长方形的面组成的。

师：你能有序地数一数吗？

生2：上面、下面，左面、右面，前面、后面，一共6个面，每个面都是长方形。

生5：我们制作成的长方体不是这样的，有2个面是正方形。

师：你们是怎样选的材料？

生5：我们选的是15厘米的小棒4根，5厘米的小棒8根，还有8个连接器，我们用8根5厘米的小棒制作出2个正方形，然后用15厘米的小棒把这2个正方形连起来。（边说边举了起来，指给大家看）

师：看来长方体在特殊情况下也可能有2个相对的面是正方形。（板书“面：6个，长方形也可能有2个相对的面是正方形”）

师：还有什么发现吗？

生 6：有的面的大小一样。如上面和下面一样大，左面和右面一样大，前面和后面一样大。

师：上面和下面、左面和右面、前面和后面都是相对的，我们可以说是相对的面。那么你是怎么判断它们一样大？

生 6：一看就感觉一样大。

师：光靠看来判断，说服力不够。

生 6：我们在制作的时候，每个相对的面的长和宽都是用的长度相同的小棒，所以相对的面是完全相同的。

师：大家看，尽管两组同学做出的长方体形态各异，但我们发现不管什么样子的长方体都是有 12 条棱、6 个面，相对的 2 个面完全相同。

师：刚才老师发现有的小组没有搭建成长方体，你们找到原因了吗？

生 2：我们开始想到了分工完成，只顾着两边制作出长方体，然后中间连起来，但忽略了相对的两个面的大小相同，所以在制作的时候，两边的长方形大小不同，也没有搭成长方体。

师：通过你们搭建，你们对长方体有了怎样的认识？

生 2：我们认识到长方体相对的两个面完全相同，所以在选择小棒的时候要考虑长度。

师：怎样选择长度？

生 2：通过刚才同学们说的，每组要选择 4 根相等的小棒。

……

四、评价反思

本次活动使学生在动脑、动手的活动中体验，在辨析中认识长方体的基本特征，在想象中提升思维水平，发展空间观念，收到了较好的效果，使数学活动真正成为学生数学活动经验积累的成长摇篮。纵观本次活动，有如下特点：

（一）智慧操作，且思且动

数学活动，不仅是操作活动，更是思维活动的教学。在学生做长方体的过程中着力引导学生想象：操作前想，需要什么材料，要多少；看着材料想，准备怎么做；做好后想，用了什么材料，怎么做的。尤其是学生在动手制作长方体的活动中，学生不仅仅凭直观经验利用材料制作长方体，而是在制作过程中，更加关注长方体的特征及要素之间的关系，很多同学在学习单上写出了制作一个长方体需要12根小棒，这些小棒可以分为3组，每组4根同样长、利用3组面可以围成一个长方体、相对的面的大小完全相同……由此可以看出，学生在且思且动的操作活动中，更好地内化活动经验，让学生的思维在实物、几何体之间不断转换，既是对长方体认识的知识经验积累，又是智慧操作的经验积累。

（二）立足差异，对比提升

由于各小组选择的小棒规格和数量不同，致使有的小组搭成了像香皂盒那样的长方体框架，有的小组搭成了像牙膏盒那样的长方体框架，有的却不能搭成，教师抓住生成，适时地引导学生进行对比，及时地给予点拨，厘清“成”与“不成”的原因，在此活动中，促使学生辨清不同长方体框架的“棱”和“面”，使学生抓住长方体各要素之间的关系，展开讨论，通过这样的活动，学生们透过差异，快速高效地看出真相与本质，将活动经验再一次提升与发展。

不破不立　破而后立

——《圆柱（锥）的认识》活动设计与思考

北京第二实验小学通州分校　晁倍倍　李海英

一、背景分析

“图形与几何”领域的教学目标是发展学生空间观念，空间观念包括三个层次水平，即空间知觉、空间表象与空间想象。这三者之间往复循环、螺旋上升，空间想象能力是在丰富的空间感知基础上逐步形成的，只有学生对几何形体特征有了充分的认识，空间想象力才能得到提高。因此，我们培养学生空间观念，不仅要引导学生观察物体的表象，而且要启发学生透过表象抓本质，引领学生展开想象，逐步走向认识和理解的深刻，最终使空间观念这一核心素养得到有效落实。

（一）学习内容分析

各版本教材中“立体图形”的认识都编排了螺旋上升的两个阶段，一年级的初步认识，有助于学生在日常生活中以数学的眼光感知圆柱和圆锥物体“形”的特点。带着这样丰富的感知，高年级再次学习圆柱和圆锥，确实可以拾阶而上。特别是，学生经历过“长方体和正方体”的全面而深入的学习，清楚地知道了立体图形的研究方法，这些都会为“圆柱和圆锥”的学习提供有益经验。从“长方体和正方体的认识”到“圆柱和圆锥的认识”，从几何体的表面都是“平面”到表面含有“曲面”，有个曲面是圆柱和圆锥最突出的特征，也体现了圆柱和圆锥的旋转体特点，是学生观察和探究活动需要突破的地方。

综合分析各版本教材关于“圆柱和圆锥的认识”教学内容，我们发现：（1）北京版和人教版的编排是将圆柱和圆锥分开作为两大部分进行分别研究学习，而北师大版和苏教版则是一起认识圆柱和圆锥；（2）北京版、人教版和苏教版都是从生活中的实物抽象出圆柱和圆锥，通过观察来探索表述两者的特征，同时北京版、人教版有研究“旋转”成体的内容；而北师大版的第一课时内容为"面的旋转"，经历面旋转成圆柱、圆锥的活动认识这两个几何体，沟通二维图形与三维图形之间的内在联系。由此，我们认为圆柱和圆锥可以放在一起来认识，充分运用类比迁移，借助认识圆柱的经验方法自主认识圆锥，同时有助于学生从辩证的角度进一步深化对两个几何体的认识。认识圆柱和圆锥需要静态的观察，也需要动态的研究，通过动手操作实践去验证观察的结果，建构清晰的几何表象，使空间想象能力的发展拥有坚实的基础。

（二）学生情况分析

一年级学生通过对圆柱、圆锥形实物和具体模型的感知、操作等活动，获得了关于这两个几何体的直观体验，并能够对它们进行辨认和区分。到五年级时，学生从整体辨认到局部特征刻画长方体、正方体的特征，对立体图形与平面图形之间的关系也有了较为深入的理解。这些经验方法是继续学习和认识圆柱、圆锥的认知基础。为准确把握学生的知识基础，我们进行了课前调查：

1. 借助生活中圆柱和圆锥形的物体，仔细观察，看它们各有什么特征，并记录下来。

学生答案		学生人数所占比率 %
没有描述	没有进行表述	3.57
描述不准确	上下两个面是圆形	3.57
	上面和下面两个圆大小相等	25.00
	从上到下一样粗细	28.57
	中间是一个曲面，展开是一个长方形	14.29
描述准确	上下两个面是大小相等的两个圆，中间是一个长方形	7.14
	上下一样粗，直立的，两端是一样大小的圆形	10.72
	圆柱可以看成是大小相等的圆垒起来的	3.57
	圆柱的侧面展开后，长方形的长 = 圆的底面周长，长方形的宽 = 圆柱的高	3.57

调查中，关于"圆柱"的描述，学生还提到"圆柱放倒可以往前滚，留下的痕迹是长方形，和压路机一样"，"圆柱有无数条高，长度都相等，比如从上面圆的圆心连到下面圆的圆心就是高"。关于"圆锥"的描述，主要是"圆锥上面是尖的，底面是一个圆""有一条高""侧面展开是扇形"；有 7 名学生关注到"扇形的弧长是底面圆的周长"。

2. 如果把圆柱的侧面展开，会是什么形状？请你试着画一画，你还有什么发现？

学生把圆柱侧面展开后，所画的图形基本是长方形，30% 左右的学生画出了平行四边形，还有 4 名学生画出了不规则图形，他们在课外班时已学习过圆柱；对“你还有什么发现”，这 4 名学生写得较为全面，如“侧面展开后的图形长方形、平行四边形、不规则图形的面积都相等”；“展开后图形的长是底面圆的周长，宽是圆柱的高”，“平行四边形的高是圆柱的高，不是斜边”；其他学生写的多是“侧面展开是一个长方形”，近 40% 的学生能够发现“长方形的宽是圆柱的”，但仅有 28% 的学生能写出“长方形的长是底面圆的周长”。

通过分析调查结果，我们发现：学生对圆柱和圆锥特征的描述仍多是停留在直观表象，没有触摸到内在特征及平面与立体之间的关系。学生对侧面展开图的认识较为“单一”，更没有往深入思考，并找到不同展开图形之间的联系。我们知道对“侧面”的认识程度，会影响学生后面研究圆柱和圆锥的侧面积、表面积，做题过程中的错误常常是因为掉在了“侧面”的坑里。所以我们在教学中要注重引导学生通过“破坏”，找到并理解“侧面”与“底面”之间的关系及不同侧面展开图之间的联系。

我的思考

学生通过观察，会自然地从整体感知上“描述”“刻画”圆柱和圆锥外显的特征，而没有找到内隐而关键的本质特征，这样的特征无法通过观察而轻易获得。绝大部分学生需要动手实践，边操作边感悟，找到面（线）与体的关联。如何操作呢？我们设计两个主要活动——“破”与“立”，由于学生习惯于整体感知圆柱（锥），我们“反其道而行之”，设计从“破坏”圆柱（锥）入手，通过“破坏”来证明自己先前所得到的特征，更主要的是经过“破坏”获取新的认识，对圆柱（锥）特征的理解更加清晰和明确；在此基础上，“怎样可以得到一个圆柱”，引导学生运用特征，深化对形体的认识，促进学生空间想象，实现二维与三维的转化。下面主要阐述活动一即“破坏圆柱（锥）”，主要围绕“破坏”圆柱展开，在“破坏”圆锥之前，先想象，再类比迁移方法。

二、活动设计

（一）活动目标

经历“破坏”圆柱，探究圆柱特征的过程，全面而深刻地认识圆柱，沟通面与体之间的联系。

（二）活动情境

我们了解了圆柱的外貌特征，这样的了解好像还缺少点什么。如果想要更深入地认识它，让我们来个“破坏”活动，看一看它还藏着什么从外面看不到的特点。

（三）核心问题

“破坏”后得到的图形与圆柱有什么关系?

（四）活动方式

学生先独立完成，然后集体交流。

（五）活动时间

学生思考讨论与全班交流大约 20 分钟。

（六）学习单

学习任务单

1. 你准备怎么“破坏”手中的圆柱？想一想“破坏”后是什么样子。

2. 在“破坏”的过程中，你有什么新的发现？请把它记录下来。

三、活动实录

课堂初始，学生交流对圆柱和圆锥的认识，描述特征，带着对它们的感知和认识，开始“破坏”活动。活动正式开始之前，学生先交流“破坏”的方式有哪些，如：剪、切、剖、压等。学生活动时，教师巡视，鼓励学生进行不同方式的“破坏”，也可以在想象中进行活动。

师：刚刚大家都对自己手中的圆柱进行了一番“破坏”，玩得不亦乐乎，接下来，我们一起交流交流，你是怎么破坏的，又发现了什么？

生 1：我把圆柱展开了，上面和下面是两个大小相等的圆，它们正好重合，中间剪开后是一个长方形。

生 2：我想补充一点，他是沿着高剪开的，如果不沿着高剪开，比如我这个，斜着剪，打开之后是平行四边形。

生 3：我也想补充一点，展开后这个长方形的宽就是圆柱立着时的高，这个长方形的长就是底面圆的周长，如果我们把长卷起来后正好和圆的边沿重合，也可以说是把圆的一周长度给拉直。

师：（教具再次演示）当侧面展开是平行四边形时，和底面的圆有什么关系？

生 2：一样的，平行四边形的底就是圆的周长。

师：除了长方形和平行四边形，侧面展开后还可能是什么图形？

生 3：正方形。

师：什么情况下是正方形呢？

生 4：如果是正方形的话，正方形的边长就是圆柱的高，边长也是底面圆的周长。

师：（PPT 演示）现在大家可以闭上眼睛，想象一下这个圆柱长什么样子，展开后又是什么样子。

学生想象。

师：侧面展开还有别的图形吗？如果我的“破坏指数”升高，它会是什么样呢？

生 5：如果不剪，直接撕的话，它的边是不整齐的，是一个不规则的图形。

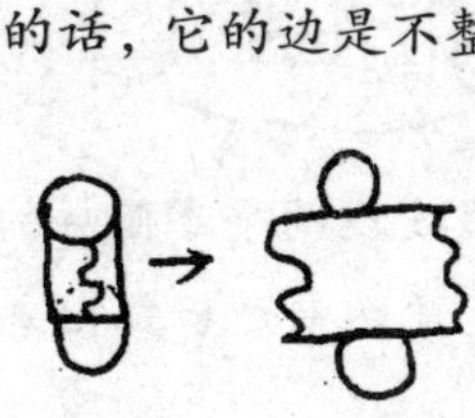

师：这和我们前面展开后的长方形、平行四边形不一样了，有没有一样的地方？

生 5：它的底还是圆的周长。

生 6：其实这三个图形的面积是一样的，都是从同样大小的圆柱的侧面展开的，就是形状不一样。

生 7：它们的底都是底面圆的周长，高也是圆柱的高。

师：我们破坏侧面的方法不一样，但发现了它们其实有共同的地方。

生 8：我在底面这里做个标记，把圆柱放倒，滚动一圈，它留下的痕迹是一个长方形，就是侧面。

生 4：就像压路机的轮子一样，上学期学圆的面积时，我们做过实验，压路机滚动一圈留下的痕迹。

师：除了对侧面进行破坏，还有其他的吗?

生 4：我想到在学习长方体时，可以进行横切和纵切，所以我想圆柱也可以横切，切成一片一片的，像切火腿一样，每一片是同样大小的。

生 9：用同样大小的圆，垒起来，就会形成一个圆柱。

生 10：如果我知道这些圆的大小，知道用了多少个，就可以知道这个圆柱的体积。

师：由这种切法，我们既可以想到怎么做一个圆柱，还可以想到后面要学习的有关体积的问题，非常了不起。还有别的切法吗?

生 11：我不想横着切，从上面沿着直径切成两半，就像拱形一样。

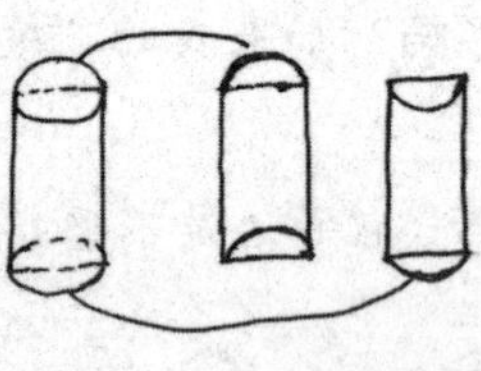

生 12：这样切完之后，我发现两个半圆柱的表面积加起来比之前圆柱的表面积多了两个面的面积，就是切完之后露出来的这两个面，一个面的面积是圆柱的高乘以直径，再乘以 2。

生 8：我们还可以沿着直径切互相垂直的两刀（动作演示），这样变成 4 个完全一样的圆柱，表面积就增加了 4 个面的面积。

师：不仅会切，而且能够想到切完之后的变化。还有怎么破坏圆柱的?

生 3：不切成一片一片的，如果我能把它压下去的话，这个立着的圆柱就会被压扁。

生13：就像弹簧一样，可以压下去也可以弹起来。

师：我们一起来想象一下，边想边思考，你有什么新的发现？

生14：我发现圆柱的高发生了变化，越往下压，高越来越短，但是底面没有变化。

生10：还有它的侧面积也发生变化了。

师：我们想出了不同的破坏方法，也找到了破坏之后的变化，这样帮助我们更加全面地认识了圆柱。如果要“破坏”圆锥呢？你又准备怎么进行，会有什么新的发现呢？

……

四、评价反思

（一）由破到立，直观感受面与体的转换

通过学情调查分析，我们发现学生对圆柱（锥）的认识多是表面的整体感知，而缺少对内在本质的认识，特别是对于“二维”与“三维”之间的转化与联系。如何引导学生由表及里，多角度、全方位认识圆柱（锥），是本节课的教学要突破的地方。教学中借助“破坏”活动，学生边操作边思考，边想象边发现，由体到面的转化直观形象地展现在学生面前。通过“破坏”，学生清楚地看到了圆柱的侧面展开后与圆柱各要素的关系，不论展开后是长方形、平行四边形还是不规则图形，虽然形状不同，但是面积（大小）是相等的，它们的底边长是底面圆的周长，宽（高）是圆柱的高。课前很多学生想不出圆锥的侧面与底面之间的关系，通过“破坏”的过程，学生恍然大悟“原来圆锥的侧面弧长就是底面圆的周长”。

（二）由点到面，建立有链的知识结构

学生在动手操作过程中，逐步建立对圆柱（锥）数学本质特征的认识及对其各部分之间抽象数学关系的理解。此外，学生借由“破坏”中的体验和感悟，开启了对圆柱的侧面积、表面积和体积的认识，为后续学习表面积和体积的计算提供了充分思考路径和方法。通过圆柱的展开图，学生明确侧面积等于底面圆的周长乘高，表面积自然就是侧面积加底面积，而且通过横切和纵切，感受到表面积的变化，这为后面解决相关实际问题建立了表象认识。通过将圆柱切成一片一片的，学生感悟到圆柱就是大小相同的圆垒起来的，所以圆

柱的体积可以是底面圆的面积乘它的个数，更为沟通直柱体的体积皆是底面积乘高奠定了基础。在圆锥的侧面展开时，学生也顺其自然地明白圆锥的表面积如何计算，虽然这不是小学阶段需要掌握的内容，但这样的体验会留在脑海中。通过“破坏”这样的支点活动，帮助学生串联起知识，形成丰满的知识结构。

温故中知新　联系中整合

——《立体图形的复习》好活动设计与思考

北京市通州区中山街小学　王娜

一、背景分析

如果说新授课像“栽活一棵树”，那么复习课就似“育好一片林”，栽活一棵树不容易，育好一片林更要下功夫。《立体图形的复习》一课中学生经历的不仅仅是对知识的梳理与反思的过程，也是学生认知策略的习得、数学思想方法的获得、数学经验的积累及解决综合问题能力提高的过程，更是对知识间“关系”的深入理解的过程。学生在活动中合理、灵活地想象与思考，使思维在直观与抽象间穿梭，不断增强思维的缜密性和严谨性，从而发展学生的空间观念。

（一）学习内容分析

《立体图形的复习》是北京版小学数学六年级下册“总复习”中的专题内容之一。复习课最为核心的内容就是要构建知识网络，而知识网络构建最为重要的途径就是要在多个内容之间建立联系。立体图形的复习，就是要通过活动的设计，把学生已有的几何知识建立关联，从一维的线到二维的面，再到三维的体，不仅仅能够想到，还能进行转化。在学生亲身经历和充分体验图形变化的过程中，建立立体图形与平面图形之间合理的、本质的对应关系，形成良好的数学认知结构。即能通过观察、分解、重组实现从平面走向立体，再通过截面、展开、三视图将立体图形转化为平面图形，帮助学生完成“形”与“体”之间的转化，提高学生的空间想象能力和推理能力，发展学生的空间观念。

本节课的活动设计就是引发学生思考并感受从线可以想到面，面想到体，形成从一维到二维，再到三维的认知体验过程。帮助学生建立三层联系：平面图形和立体图形之间的联系、立体图形之间的联系、立体图形各要素之间的联系。

（二）学生情况分析

学生对于这部分知识的学习是分散在不同阶段完成的。一年级时学生结合实物初步认识了立体图形，五年级学习了长方体、正方体，六年级下学期学完了圆柱和圆锥。通过学习，学生已经对长方体、正方体、圆柱和圆锥体有了一定的了解，知道了长方体和正方体、圆柱和圆锥体的特征、表面积、体积等。为了进一步了解学生的实际情况，我对全班40名学生进行了问卷调查和个别访谈。测试问题及结果如下：

前测问题	前测结果	
问题1： 你对学过的立体图形都有哪些了解？	大部分学生能从几何形体的特征、表面积、体积等方面进行描述。	
问题2： 看到这个正方形，你都能够想到什么？ 	正方体	能够想到正方体的学生占72.5%，多数学生结合生活实物。
	圆柱体	25%的学生想到了圆柱并写明旋转或是卷起来得到。
	长方体	20%想到了长方体，语言表述为平移获得。

我对问题2能够想到是立体图形的学生做了进一步访谈，发现有57%的孩子，要么结合生活中的实物想到的，如常玩的魔方、色子等，要么动手操作后得出的结论，如把这个正方形旋转或卷起来得到圆柱。这一结果说明，一方面知识的分散安排，使学生一般不会主动关注知识之间的关联，在新知的学习过程中学生也不太容易理解这些知识间的联系；另一方面能看出学生已具有一定的几何直观能力和空间想象力，但并不完善，并不成熟，数学语言的表述上也并不科学合理，在处理复杂的空间想象问题时，还缺乏一定的经验，没有形成科学严谨的方法；同时能看出学生对于图形还停留在浅表性的、单维层面的认识与理解上，没有建立一维的边线、二维的平面和三维的立体图形间的联系。

我的思考

复习课目的就是帮助学生将平常所学孤立的、分散的知识串成线，连成片，结成网，构建知识体系。立体图形的复习如何在学生散点认识的基础上，把二维与三维建立关联呢？我想，设计一个既能串联知识，又能打通面与体内在联系的活动就显得尤为重要。

本节课活动设计以一个小小的正方形为突破口，激活已有经验，串联相关知识。让学生从不同角度探寻属于自己的认知路径，通过观察、推理、想象，揭示面与体之间的内在联系，聚合学生的知识和方法储备，支撑起对知识内核的深层次研究，对所学内容做横纵向的延伸。

活动以正面看到的是一个正方形，联想可能呈现的几何体，让学生在头脑中构建平面图形与立体图形间清晰的转化过程，让零散的知识逐渐被同化，对“形”与“体”辩证的认识进一步明晰。在确定了体的基础上，再通过三视图这个研究角度帮助学生感受从不同位置观察到的视图与原来物体之间的对应关系，学生在这一过程中进一步丰富了对几何体的认识，体会用平面图形来描述立体图形的方法，同时推理能力得到进一步的提高。活动的探究使学生的空间想象能力和逻辑思维能力得到了培养，空间观念得到了发展。

基于以上的思考，本节课主要围绕一个大活动展开三次推理与想象：第一次依据猜想立体图形，第二次三维判定立体图形，第三次求积测量立体图形。于温故中知新，于联系中整合。平淡中不乏新奇，交流中彰显深度。我想这理应是复习课所具有的气质。下面主要针对前两个活动进行呈现。

二、活动设计

（一）活动目标

用动态的观点，从运动变化的角度再看立体图形，通过抽象、想象、描述等途径，发展学生的空间观念。

（二）活动情境

本节课学生在课前，各自梳理并绘制了本部分内容的思维导图。上课时先进行了思维导图知识的互动交流和补充，然后教师小结引入活动环节。

> 出示：一个正方形■
>
> 提问：看到了什么？（学生会回答：正方形）
>
> 教师：不是，其实它是一个立体图形。
>
> 出示学习单开始活动。

（三）核心问题

平面图形（二维）与立体图形（三维）有什么关联？

（四）活动方式

独立思考—组内讨论—汇报分享。

（五）活动时间

本节课围绕一个大活动展开三次推理与想象。其中独立思考环节大约 8 分钟，学生组内讨论大约 5 分钟，全班汇报分享大约 18 分钟。

（六）学习单

学习任务单

这个立体图形，从正面看到的是一个正方形，那么它可能是什么立体图形？你为什么这么判定？

三、活动实录

（一）活动一——汇报分享

生 1：我们组认为是正方体。因为正方体有 6 个面是正方形，并且面积相等，而这个图形正好是个正方形，所以我们觉得它是一个正方体。

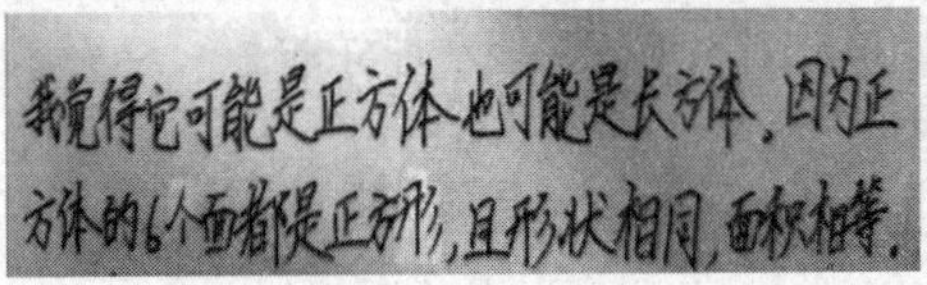

教师：你推断是正方体，阐述的理由是从几个方面去说的？

生 1：两个方面，一是形状，二是面积，也就是都是面积相等的正方形。

教师：说得好。依据正方体的特征，我们可以把这个正方形想象成正方体其中的一个面。

（这一推论的得出很快得到了同学们的一致认可，这也是学生最容易推理想象到的立体图形）

生 2：我们组认为是长方体。理由是长方体的 6 个面虽然是长方形，对面是面积相等的，但是它有时也会有 2 个相对的面是正方形，所以我们觉得可能是长方体。

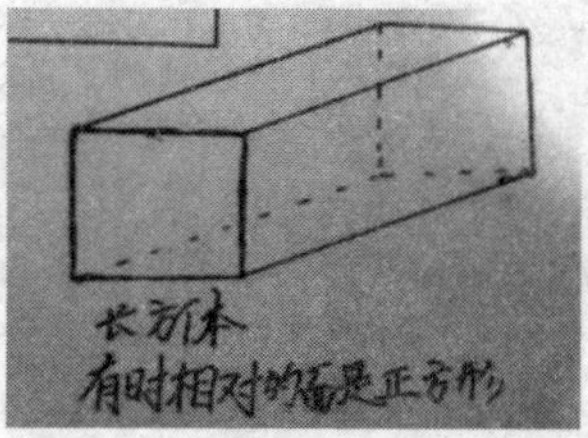

生3：我做一下补充，那2个相对的正方形的面还是形状相同，面积相等的。

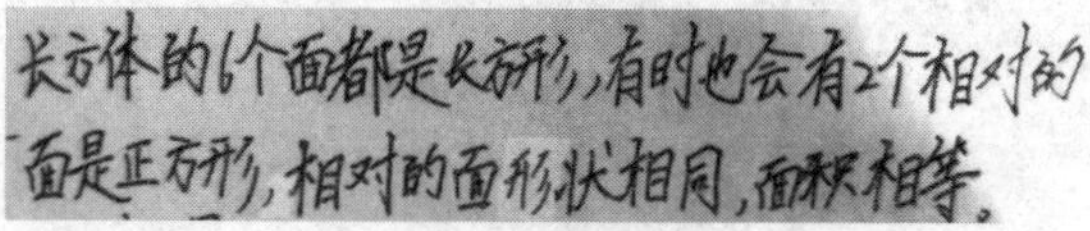
长方体的6个面都是长方形，有时也会有2个相对的面是正方形，相对的面形状相同，面积相等。

生4：我觉得还可以拿正方形进行平移，也可以得出它是一个长方体。

（拿着本组的研学单在投影处边指图边说）就是说拿这个正方形向这边平移，然后就可以得出它是一个长方体（见下图）。

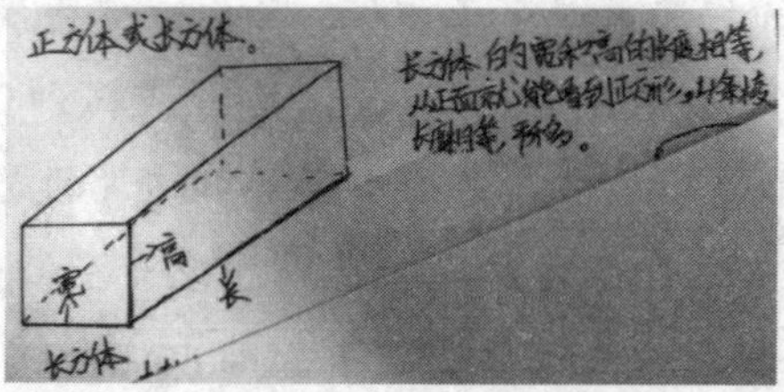

生5：我给我们组的生4再补充说一下。你们看（见上图），当长方体的宽和高的长度相等的时候，从正面看就是正方形，然后进行平移。这里会出现两种情况，一种是移动到长、宽和高都相等，就是正方体，所以刚才第一个同学说的，也可以想成是平移得到的；第二种情况让长不与宽边相等，这时就是长方体啦。所以平移是可以出现长方体或正方体两种情况的。

（从学生的互相交流补充中可以看出，学生能够结合思维导图中梳理的有关立体图形的特征来进行证明，同时也看到了有部分学生联想到了面动成体，从静态走向动态，从平面走向立体。）

生2：我们组还认为它可能是圆柱体。因为它的底面直径如果与高的长度是相等的，那么从侧面看它可能就是一个正方形。你们觉得呢？

生6：大家跟我想，（边说手边比画）如果一个正方形，以它的中线为轴，旋转一周的话是不是形成的会是一个圆柱，那么从正面看的话就是一个正方形，所以我觉得也会是一个圆柱体。

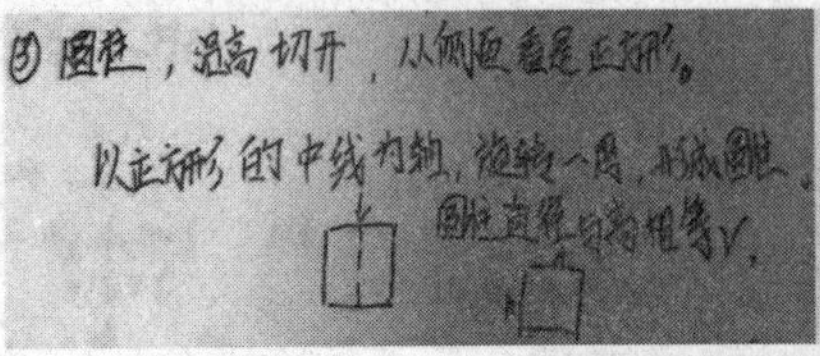

生 7：我想拿一个图先上去。我们组画了一个圆柱的图形，也和生 2 组的意见是相同的。它的高（边说边用红笔在图中画）如果和底面直径相同的话，它形成的图形，我画得有点不标准，就是一个正方形。那这个圆柱从正面看，看不到上面和底下，看到的就是一个正方形。

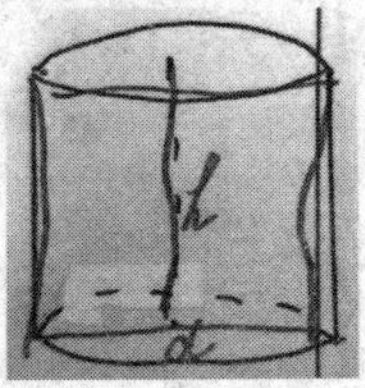

生 8：回想一下，刚才梳理中知道，圆柱的侧面展开后可以是正方形、长方形、平行四边形，因为是一个正方形，所以我觉得没准是一个圆柱体。

教师：刚才生 8 说，我们在梳理知识的时候提到了，圆柱的侧面展开是——（生 1：长方形、正方形、平行四边形）这说的是它的什么？（生 2：展开图）老师告诉你们这个正方形是什么？（它是从正面看到的）对，这个正方形是大家从正面看到的（教师在黑板上贴出这个红色的正方形），有没有把它打开（生 3：没有），那么依据这个就去判定是圆柱体，你们觉得这个理由如何？（生 4：不太充分）还有站在其他角度想说说的吗？

生 9：我也觉得它不是圆柱。因为从正面看到的是一个正方形，而圆柱的那个旋转一周之后，看到的正方形应该是从侧面看的。

生 10：你说得不对，一个圆柱从正面或者从侧面看到的形状应该是一样的。

生 11：我感觉这个没准不是圆柱（拿图到前面给大家看）。我们之前从正面看绘制的图形是这样的（见下图）而不是一个正方形，所以我感觉它没准不是圆柱。

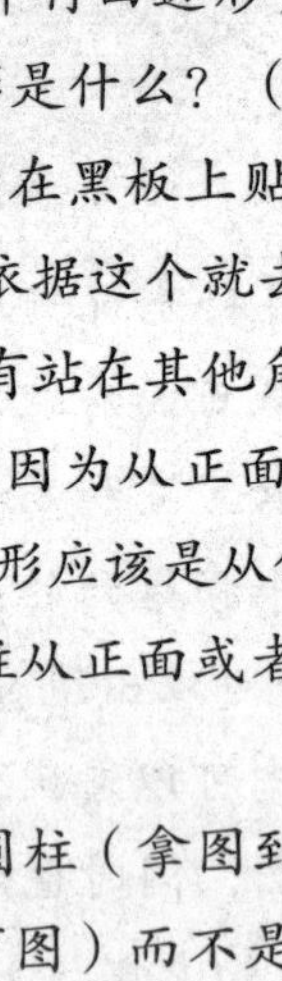

生6：（一直在前面）我想跟你说一下，它可能是一个长方形，但长边必须是宽边的2倍。如果以长边为轴旋转的话，宽边就是半径，半径乘以2是直径，也就是长边的长度，所以它形成的就是一个圆柱。然后你画的这个图，可以说从上面看到的样子，如果从正面平视的话，就完全看不到上面和底下这个面了。

生12：我来说一说。首先我同意可能是圆柱，大家看生11的图，请大家和我一起想象一下（边说边在图中做手势），如果把这个长圆柱一点点压缩，慢慢地你看到的面是不是就是正方形了。谁还补充？

生13：我说说我的想法，拿着前面两个人画的图，其实生11画出的图是圆柱体的一种情况，也是最常见的样子，它从正面看到的就是长方形；而生6出现的圆柱体的图是可以存在的，只是遇到的比较少，它从正面看到的就会是个正方形了。

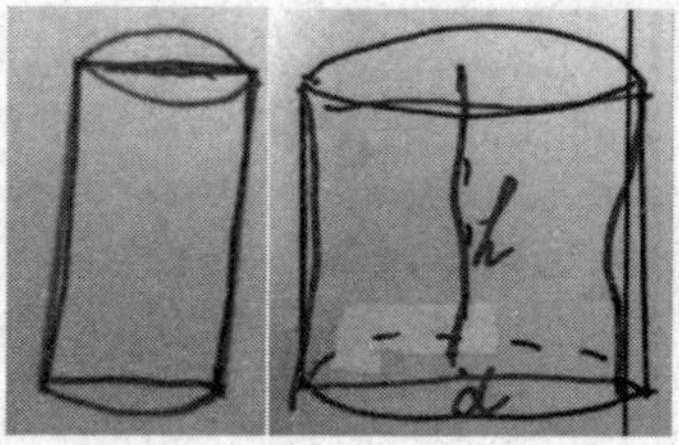

（这一轮学生的互动中，不同层次的学生都有自己的思考、推理、想象。有圆柱特征推理、正方形对称轴的旋转推理，也有直观地沿圆的直径切开的剖面图推理，还有构建出特殊长方形转到后的圆柱与正方形之间关系的推理……学生在互相的启发、质疑、解惑中，让各自的思维在碰撞中迸射出更加灿烂的火花。）

（二）活动二——汇报分享

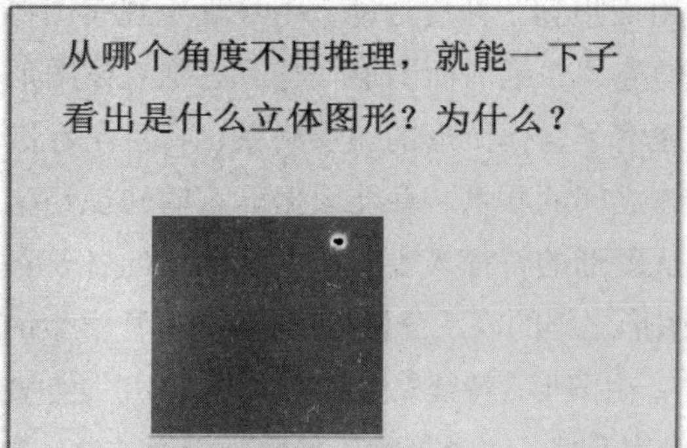

生 1：我们发现可以把这个图形动一点，从斜面看一下子就可以看出是什么立体图形了。

生 2：其实生 1 的意思就是让这个图形转一下，我们可以看到三个面了，这样判定起来就非常容易啦！

教师：我们让这个几何图形转一下，斜着去看，你说我们会看到什么呢？

生 3：如果把这个立体图形转一下的话，就可以看到两个面，从这两个面就可以知道是长方体还是正方体，从而做出判定。

生 4：我觉得还看到了它的长、宽、高这三条棱。

生 5：还可以从上往下看。如果它上面是圆形的话，就可以判定出它是一个圆柱。

生 6：也可以把这个图形转一下，如果没有棱的话就是圆柱。

教师：转一下，再从斜上方去看，你会看到什么呢？（生：圆柱）那这个正方形和圆柱之间有什么关系？

生 7：正方形的边长是圆柱的高。

生 8：正方形的边长也是底面的周长。

生 9：你想得不对，正方形的边长既是圆柱的高也是圆柱的直径。

（第二个活动一方面是引导学生能从三维的角度去想象，进而做出判定，同时也让学生在想象的过程中，建立面与体之间的联系，为后面的活动做好准备。）

（三）活动三

已知正方形的周长 16 厘米，进行几何体的测量求积计算。

四、评价反思

本节课从“由面想到”开启活动，引导学生观察图形的视角由“静态”转向“动态”，勾连“二维平面图形”与“三维立体图形”间的关系。学生在这一过程中，厘清了立体图形的三层联系，特别是在圆柱中，能从纵切面的视角沟通面与体之间的联系。并能根据已有的知识经验从多种角度刻画并描述出来，有的从图形的特征入手，有的从图形的各要素之间的关系进入，也有的从图形与图形之间的联系分析得出，这些都让学生的感悟由图形“外部”走向图形“内部”，由图形“特征”沟通建立“联系”，使知识融会贯通。同时，学生也体会了“由表及里、由此及彼”的数学学习方法，数学素养得到发展。

一个小小的正方形，为学生插上了想象的翅膀。将平时分散学习的知识连点成线、织线成网，沟通知识之间的纵横关系，完善认知结构。在唤醒已有知识经验的基础上，展开判断推理，学生无论从哪个角度进行刻画，都需要把头脑中的想象有理有据地表示出来，让隐形的知识清晰明朗。教师再辅以动态的演示，让面移成体、面转成体、三维看体，成为学生联想立体图形的路径，使学生的思维在二维到三维，再到二维间穿梭，在沟通各种图形之间的联系的同时，学生的思维不断走向深入，空间观念获得发展。

方法多样 本质相通

——《长方形和正方形的周长》学习活动设计与分析

北京市通州区中山街小学 王娜

一、背景分析

数学学习需要从学生真实的生活情境和感兴趣的事物出发，为每个学生提供参与的机会，使他们体会到数学就在身边，对数学产生亲切感。“长方形、正方形的周长”在生活中的应用还是比较广泛的，如拉警戒线、油画装裱、修理围墙……这就需要我们能够挖掘这些身边的学习资源，为学生创建一个感知、发现、探索的思维空间，在独立思考、合作探究、交流分享中，去感知事物的特征，去发现事物的规律，去探究事物的本质，去沟通事物的联系。

（一）学习内容分析

《长、正方形的周长》是北京版三年级上册第六单元的内容，这部分内容隶属图形与几何领域。小学数学中的图形与几何领域，主要涉及直观几何、演绎几何、度量几何、运动几何、坐标几何五个方面。其中度量几何，是对一些图形进行度量，包括长度、面积、体积等知识。长方形、正方形的周长就属于这个方面，也是第一次从测量与计算的角度，促进学生对图形概念的进一步认识，并对学生的抽象性思维、空间观念等进行培养。

长方形、正方形的周长一课，在北京版、北师版、人教版中都被安排在了三年级上册进行，对比几个版本我发现，教材的编排都突出了测量与计算。其中北京版以配画框的裸情境为依托探究解决方法，而另两个版本都是直接给出图形去求周长。这样的编排，都是在尊重学生已有知识经验的基础上，通过学生对不同方法的讨论，进一步建立周长计算和概念之间的联系，从而把握周长本质，对各种算法进行沟通理解。

（二）学生情况分析

学生是在认识了特征和周长概念的基础上进行的学习，那上课之前，学生的思维起点在哪里？学生的已有知识和经验又是怎样的呢？带着这些问题，我对所教班级的学生进行了问卷调研。调研题目如下：

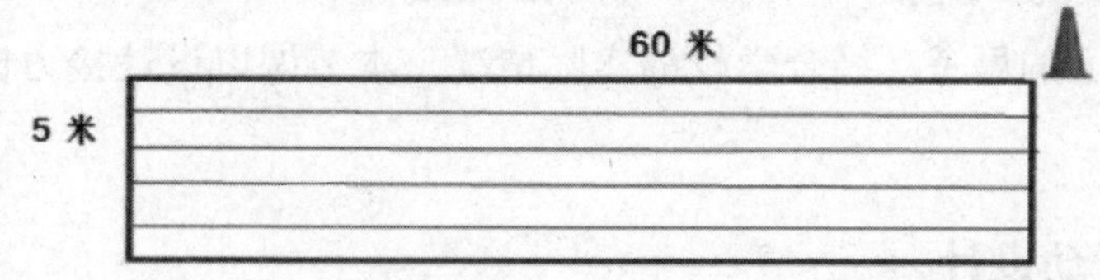

同学们把标志桶当作起点，沿着操场跑道外边线跑一圈是多少米？

调研结果：93 名学生中，使用长 + 宽 + 长 + 宽方法的学生只占 20%，追访得知学生嫌此方法太麻烦，它也是学生依据周长的意义而得出的；使用长 ×2+ 宽 ×2 方法的学生占 54%，学生充分利用了长方形对边相等的特征；同时能使用这两种方法来解决的学生占 26%；但没有人采用“一个长与一个宽的和”再乘以 2 的方法。

这一调研结果充分说明，有近 74% 的学生对求长方形周长已经有一定的想法，并能正确地计算。此时学生面临的最大困难是对（长 + 宽）×2 这种计算方法的认识与理解，如何通过活动的设计，让学生主动去使用并理解这种方法，同时能与另两种方法建立联系成为本节课的关键。

我的思考

通过对学生已有认知基础的前测，我发现这部分内容，对于学生来说学起来并不难，可为什么在前测中没有出现（长 + 宽）×2 这种方法？难道这种方法理解起来很难吗？又如何帮助学生建立算法间的联系呢？针对这些问题，我进行了深入思考。

（长 + 宽）×2 这种方法也是连加的一种形式。但学生需要将对于长方形、正方形的认识和对周长的理解整合起来，就三年级的学生而言，确实有些困难。这就需要教师善于探究知识之间的联系，找到最适合学生认知结构重组的关键点，从而帮助学生探究、认识、抽象知识的内涵。此种方法与长 ×2+ 宽 ×2 又有着紧密的联系，是乘法分配律表象上的相同，但分配律学生还没有学过，理解起来也有困难。这时教师需要提供丰富的数学活动，作为经验支撑，帮助学生主动去探究，经历数学知识的形成过程，并在活动研究过程中掌握基本的数学知识、积累基本的数学活动经验。

另外三种不同的算法，都是围绕周长的本质，即图形一周的长度而获得的。对此学生在学习的过程中，不太容易认识到，需要教师在活动的过程中，引导学生去发现、理解多样方法中的内在联系。

基于以上的思考，结合学校的实际情况，本节课以设计接力比赛方案展开研究活动。

二、活动设计

（一）活动目标

让学生经历自主探索研究的体验过程，把握周长的本质，沟通不同算法间的联系，从而抽象出长方形、正方形周长计算的模型。

（二）活动情境

我校操场受地方的限制，比较小而且还是一个长不足百米、宽仅为 5 米的长方形，根据这一实际情况，再依据体育老师的要求，请学生设计沿着长方形操场跑道外边线，进行接力比赛的方案。

（三）核心问题

长方形的周长怎样计算？

（四）活动方式

独立思考—组内讨论—汇报分享。

（五）活动时间

独立思考和交流分享大约 20 分钟。

三、活动实录

（一）活动前

请一名学生做课前精彩三分钟的介绍，其内容就是体育老师想在体育课上开展接力长跑活动，请同学们帮忙设计一个接力方案。随之教师出示研学单。

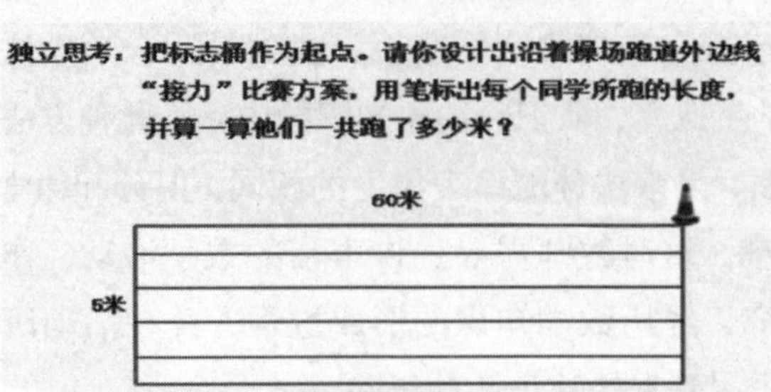

（二）交流分享

生 1：请大家抬头看大屏幕。我设计的是四个人的接力比赛方案。（边指边说），这个人（手指标志桶处）跑到这里（B 处），这个人跑到这里（C 处），这个人再跑到这里（D 处），最后这个人再回到起点。想知道他们一共跑了多少米，我列出的算式是 60+5+60+5=130（米）。这是我的方案，大家有什么问题吗？

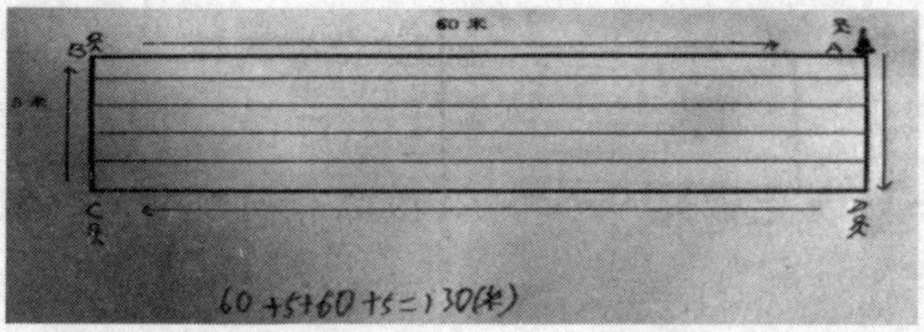

生 2：我觉得你这个说反了，应该按照箭头说，你的箭头好像画反了。

生 1：你说得对，我一会儿下去改正，谢谢你的意见。

生 3：我和生 1 的想法一样，但我列出的算式不一样，我列出的算式是 60+60+5+5=130（米），你们的意见呢？

生 4：你这样的算法是对的，但太麻烦了，我有更简洁的，请大家看投影。我是这样想的，（边指边说）长和长是一样的，而两边的宽也是一样的，所以我列出的算式为 60×2+2×5=130（米）。大家有什么问题吗？

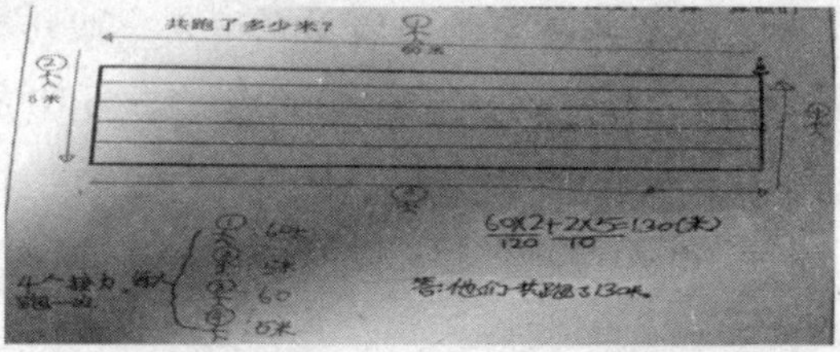

生 5：听上去你们三个人设计的方案是一样的，那你们为什么要这样设计呢？

生 4：因为我们的操场是一个长方形的，长方形有四条边，四个人正好每个人跑一条边。所以我就这样设计了，你们俩的想法呢？（另外两个学生

点头）

生 6：我觉得这些人应该跑的都是一样长的，你可以设计成这样的方案。

生 1：我不太明白你的意思。

师：谁听明白生 6 的意思啦？

生 7：我觉得他们这样想是没有问题的。题上没有说每个人必须跑的距离一样，也没有规定必须几个人跑，所以他们这样设计是可以的。（学生点头）谁还有想说的？

生 8：我的想法与生 4 相同，但式子不一样。我是这样想的，这个跑道分为两部分。第一部分是从第一个小人到第三个小人，他们之间是有 65 米。第二部分是从第三个小人到第一个小人，和第一部分的长度一样，所以再用 65×2=130（米）。这是我的想法，谁还有不同的意见？

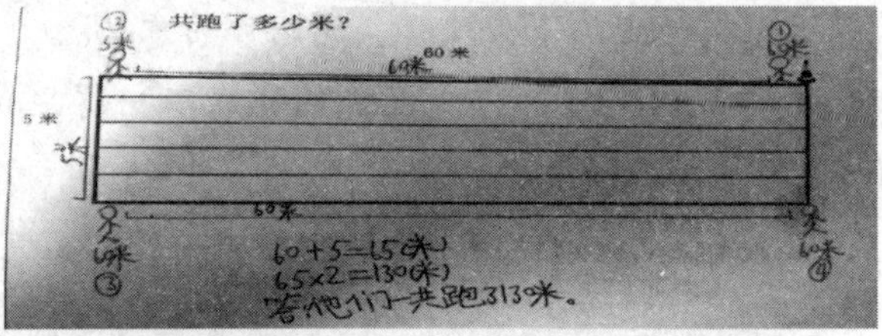

生 9：我想问问你为什么用 65 乘 2 呢？

生 8：因为前面两个同学和后面两个同学跑的距离一样，所以用 65×2。

生 10：我觉得你这个从①号到③号，然后从③号再到①号，你画两个人就行了。不需要画四个人，那样看起来会很麻烦。（生 8 满脸疑惑）

生 11：大家看我的设计方案，是不是能明白生 10 的意思。我设计的是两个人的接力。首先从第一个人开始，先跑长边 60 米，再跑短边 5 米；再从第二个人开始跑，跑长边的 60 米，再跑宽边的 5 米，回到起点。我的算式是（60+5）×2=130（米）。生 10 你是这样想的吗？（生 10 回答：是的）你们还有什么问题吗？

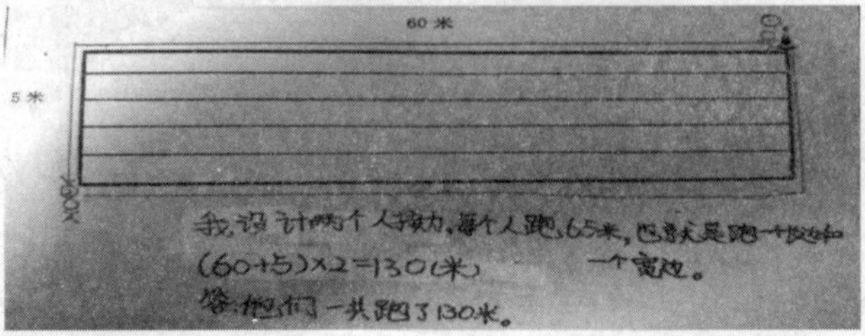

生 12：你又为什么这么设计呢？

生 11：因为我想让 1 号和 2 号同学跑的距离是一样长的。所以这样设计了。

生 13：我觉得你这样想很好。因为学校的场地有限，你这样设计更符合实际的需要。

生 14：刚才生 7 就说，题目中没有说要几个人跑，所以你这样设计是没有问题的。还有一点大家可能没有注意，我们在电视上看到的跑步接力比赛，每个人跑的距离都是一样的，那这样的设计就更符合比赛的要求。

生 15：我也是这样想的。我考虑到学校的跑道不是常见的椭圆形的，而是长方形的，这样分两组比赛，对面站着，应该既公平又安全。

生 16：第一组的设计有一个问题，5 米的距离跑起来太短了，所以我也同意设计成两个人接力比赛更合理。

生 3：我不同意生 16 说的，4 个人比赛，除了每人跑一条边以外，还可以照顾女生，让她们跑 5 米的边，男生跑 60 米，这样也很合理呀！

生 14：我不同意，你这样不公平，男女应该都一样。全面考虑问题设计出的方案才是最合理的。

师：通过大家的讨论，发现在设计方案的时候，需要综合考虑的方面很多，如场地的实际情况，活动时的安全保障，比赛的公平性、合理性等。如果这样考虑，你们的意见更趋向于哪种？

（学生都选择了 2 人接力赛的方案设计）

师追问：针对第二种设计的解决方案，你们觉得只有生 11 的方法可行吗？

生 17：我认为 60+5+60+5 也可以，前面的 60+5 是第一个人跑的，后一个 60+5 是第二个人跑的，合起来就是一共跑的米数。

生 14：我觉得刚才的几种方法都行。你们想，求一共跑多少米，就是把长方形最外边四条跑道的长度加起来，只不过有的同学，又把连加变成了更简单的乘法了。

生 18：我同意生 14 的想法。说得再简单点，求一共多少米就是算出长方形的周长，一加就行了。

师：你们说的话都在理。（边指黑板上的算式边说）其实无论是四条边逐一相加，还是两长、两宽相加，或是长、宽为一组相加，都是要求长方形一周的长度，也就是把四条边加起来即可。

四、评价反思

（一）真情境打开探索的大门

构建主义理论主张，如果要求学生能应用所学知识去解决真实世界中的问题，就必须要求学习和应用的情境具有真实性。我校操场受地方限制，比较小，长度不足百米、宽为1米的跑道仅有5条，因此本节课设计的活动，充分依据这些实际情况以及体育老师的真实需要而进行的研究，贴近学生的生活，能引发探究的欲望。从学生的课堂交流中不难看出，设计常见的四人接力比赛，缺乏合理性和公平性，而两人接力赛的设计，更符合实际需要，得到学生们的认可。在这样的讨论辨析中，不同层次的学生，在思考中打开了一扇属于他们的探索之门。只要能为学生提供合适的、可以展开探索活动的学习内容和时间空间，把他们带到知识殿堂的门口，他们就会自主地走进去寻找“宝藏”，一路被数学本身内在的魅力所深深吸引，在探索发现的道路上流连忘返。

（二）真思考实现沟通的飞跃

通过真实的生活情境，将静态的数学知识转变为动态的数学探究活动，让学生带着兴趣去学习、带着问题去探究、带着质疑去讨论。通过不同层次学生间的交流与追问，让学生明白了，看似独立的每一种方法，其实都是围绕长方形周长的本质展开的思考，都是在长方形周长本质的基础上获得的，在帮助学生拨开这层密纱的同时，也沟通了多种方法间的内在联系。这种思考探究经验的积累，在以后出现的实际问题中，也能促使学生选择更合理、恰当的方法进行解决。学生正是在知识间、思维上的碰撞中，实现了从方法多样向本质相通的飞跃。同时让学生的内部知识结构，随着知识点之间的不断联通发生了变化，这种变化会促使学生的数学思维变得更流畅、更严谨、更敏捷。

量一量便知大小

——《认识面积》学习活动设计与分析

北京市通州区东方小学　杨小东

一、背景分析

在《义务教育数学课程标准（2011 年版）》来看，图形测量属于“图形与几何”领域的一个重要内容，是小学数学核心内容之一。关于测量的本质是什么，又该如何定义长度、面积、体积呢？张奠宙先生给测量下的定义是：“测量，不仅仅是拿刻度尺去测一条线段的长短（那属于物理学范围），数学测量的本质是给每一条线段以合适的数。在这样的视角下，可以说，长度、面积、体积测量的数学意义很遗憾地在中小学教科书里被淹没了。”图形的测量在小学数学教学中占有重要的地位，度量单位的确定，测量过程的经历及测量结果的获得，都能帮助学生由对物体的定性描述发展到对物体的定量刻画，有助于学生在理解常见的量的基础上用数量描述现实生活中的简单现象，发展数感；有助于学生在对图形大小的描述与表达中，对图形的转化、想象、分析与推理中，发展空间观念。

（一）学习内容分析

《面积和面积单位》是图形与几何领域的一节概念课。它是在小学生初步掌握了长方形和正方形的特征以及周长计算的基础上进行学习的，是今后学习平面图形、立体图形面积计算的基础，还是将来学习体积，建立物体体积大小三维空间观念的重要基础。由于周长是研究物体长短的，是一维的线；而面积是研究物体表面大小的，是二维的面。由线到面，对小学生来说，是认识上的一次飞跃。

本节课《认识面积》是《面积和面积单位》的第一课时。通过对比浙江版、北师大版、京版、景山版、江苏版、人教版六种教材，发现对本课的编排有共同之处：

直观感觉物体表面有大有小揭示面积概念；比“大小”活动，凸显用单位比较面积大小的方法，以及度量的角度认识面积。不同之处：浙江版、北师大版、北京版教材中明确概括了面积的概念，而后面几个版本的教材没有归纳概括面积的概念。

（二）学生情况分析

“面积”对于三年级学生来说，是一个既陌生又熟悉的内容。在此之前学生已经认识了长度和长度单位、长方形和正方形的特征和其周长计算。掌握了一定的几何的初步认识，具备了一定的空间观念，积累了一些学习几何知识的经验。可是这些只是学生探究长度的经验，探究面积大小是从一维空间向二维空间转化的开始，是空间形式“由线到面”的一次飞跃，学生对“面积”会有哪些认识呢？通过两个前测对学生进行分析。

学生前测

1. 你能说一说什么是面积吗？（可以画图、举例、用文字叙述或者用自己喜欢的方法说出你对面积的理解）

2. 比较每一组图形，给你认为面积比较大的图形打“√”，并说明理由。

（1）

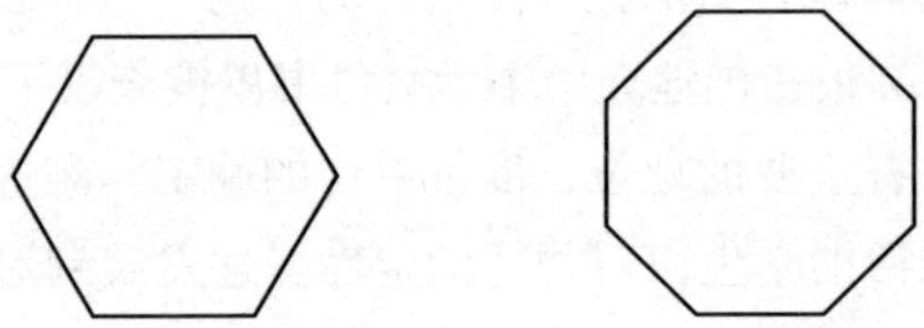

（2）

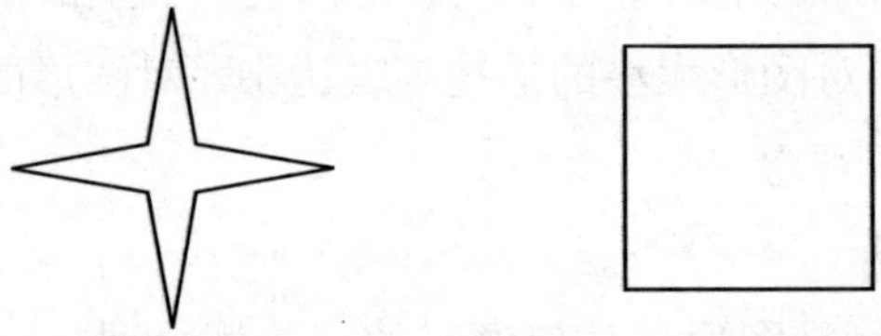

我对班里 34 名学生做了前测，在第一题中，有 24 名学生都能举例或描述出什么是面积，说明他们对面积概念有一定的了解；有 3 名学生对于周长和面积的概念混淆了，认为周长就是面积；有 7 位学生不会表述什么是面积。第二题中 29 位学生判断是正确的，5 位学生判断错误。其中判断正确的学生中有大部分不会说明理由，另一部分只是用周长解释结果。

前测后我找了几位学生进行访谈，主要问两个问题，周长就是面积吗？你是怎样比较出图形中面积的大小的？他们认为面积和周长是不一样，只是觉得图形外框与图形内部面积是正相关的联系，即边框长，内部就大，进而推理出周长越长面积就越大。比较面积的大小就是通过“看”对比产生的结果，说明学生能够利用简单方法比较图形大小，但不会刻画图形的大小，因而只有让学生找到度量面积的单位，经历运用面积单位测量面积的过程，才能真正理解面积的本质。

我的思考

1. 对面积的直观认识包括两层：首先是结合学生身边的实际物体来认识面积，初步感知面积的概念，然后是比较“面积”的大小。通过以上分析发现，学生往往更关注实际物体来认识 “面积”，而忽视“面积”的大小，即便提到面积的大小，也是简单的比较，想到利用图形的测量来比较的几乎没有。面积的概念的形成过程，不能只是在实际物体角度认识，或者只是熟记概念。概念的形成一定要在面积区分大小的过程中形成，区分面积的大小让学生经历图形的测量是重中之重。

2. 如何利用“大小”来理解面积的含义呢？北京版教材经历摸一摸，比一比→涂一涂，比一比两个环节形成面积的含义。两个活动都把认识“面积”和比较“面积”的大小融在一起，不能凸显在比较面积“大小”时图形测量的突出作用，所以我把整体设计分为两个活动。

活动	活动 1	活动 2
活动内容	下面的平面图形有面积吗？如果有，请你用彩笔表示出来。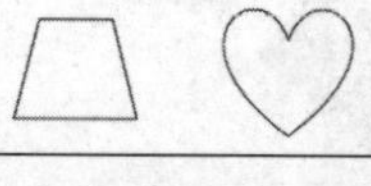	1.（故事引出四块土地）现在请你们按土地的面积从小到大排个序，看哪组最快。 2. 比较②、③号图形的面积。
活动意图	涂色让学生理解封闭图形的面积，同时通过对周长和面积概念的辨析，进一步感悟面积的含义。	1. 通过观察和重叠的方法比较图形面积的大小，深入理解面积的含义。 2. 通过让学生运用不同的图形面积来测量，感受测量单位统一的必要性，同时培养学生的度量意识。

其中，活动 2 是主要活动，在活动中通过对比较面积“大小”，来形成学生对面积含义的深入理解，活动中比较②、③号图形的面积，让学生在经历图形测量的同时，感受到测量单位统一的必要性。从而对面积的理解更加深刻。

二、活动设计

（一）活动目标

让学生经历面积度量的过程，比较面积的大小，从而理解面积的含义。

（二）活动情境

按土地的面积从小到大排序。

（三）核心问题

你是如何分辨出土地面积谁大谁小的？

（四）活动方式

小组合作，集体汇报交流。

（五）活动时间

小组合作与全班交流大约 20 分钟。

（六）活动要求

（故事引出）现在请你们按土地的面积从小到大排个序。

比较②、③号图形的面积。

研究步骤：

①选——组内商量选定一种小图形，由组长到讲台前领取。

②摆——用小图形作为单位在②、③号图形上拼摆。

③比——数出两个图形的单位数进行比较。

三、活动实录

师：今天我们研究面积，老师想到一个有意思的故事大家想听吗？

生：（齐说）想。

（课件展示，故事引入，把 4 块土地从小到大排列）

师：老师为每个组准备了4块缩小的土地，请把它们按面积从小到大顺序排列。

（教师巡视，观察小组活动）

师：同学们哪个小组愿意把你们排列的结果汇报一下？

生1：我们组排列的顺序是4、1、2、3。

师：有没有和他们组排列不同的？

师：没有不同的，既然惊人的一致，那你们是依据什么方法排列的呢？

生1：我先拿4号和这些比较，把4号放在3号上面，一定是3号大。再把4号放在2号和1号上面进行比较，也是4号小，所以我肯定4号是最小的。

师：你们还有其他方法判断4号最小吗？

生1：老师不用这么复杂，只要看，就能判断4号最小，因为4号和其他差得太多了。

师：看来我们把简单的事搞复杂了，用"看一看"的办法就能解决4号的问题。看还是真快，我想再问问，这1号的排列你是怎么解决的？

生1：我是用1号和2号、3号进行比较的。

师：你们也是看的吗？

生2：光看不能准确比较它们大小的，我是把1号和2号重叠在一起，2号露出一个边，所以2号大，然后把1号和3号重叠在一起，3号也露出一个边，说明3号大，最后发现1号比2号和3号都小。（边说边演示）

师：比较这3个图形的大小时，他用了什么办法啊？

生3：他用了重叠的办法。

师：所以重叠的办法也能帮助我们比较图形的大小，（板书：重叠）现在就剩2号和3号了，你们是怎样比较出它们的大小呢？

生4：我们是用计算的办法比较出它们的大小的。

师：你给大家说一说你们组是怎样算的？

生4：我用尺子分别量出了2号图形的边的长度，然后用两条边相乘，3号图形也是这样做的，最后比较两个数，3号图形数大所以面积就大。

师：这一组同学运用的方法是我们以后要研究的，现在还不考虑，你们还有其他方法吗？

生5：我是这样比的，把2号和3号重叠一下，发现2号和3号除了重叠部分都还剩下一部分，剩下的部分再进行重叠比较，发现3号最大。

师：同学们她也是用重叠的方法比较的。

生6：老师我想补充，我发现光把剩下的部分重叠比较不出大小，因为又出现两块剩下部分，还要继续重叠再比较，只有找到其中一块完全盖过另一块才行。

师：你真棒！真的会思考。看来重叠方法也不是最有效的方法，想一想能不能利用一些学具，测量出②、③号图形的面积，并比较出大小？刚才那个小组计算的方法不可以。

生7：老师我们有办法不知道可行吗？

师：什么方法？说说看。

生7：我们用小个的图形铺在②号和③号图形上，铺满为止，最后数小图形的个数，谁的个数多，谁就大。

师：你们真有办法，但是我想提示一点，你能猜到吗？

生7：小图形的大小要相同对吗？

师：你们太聪明了！那你们想用什么形状的小图形呢？

生7：我想用长方形。

师：为什么用长方形呢？

生7：我觉得长方形4个角都是直角好摆。

师：还有想用其他形状的吗？

生8：我想用正方形，因为它不仅都是直角，而且每条边都相等。

师：大家真有想法，而且都有自己的道理，我这里不仅有你们想用的长方形、正方形，还有其他图形（正方形、长方形、三角形、圆形）。组内商量选定一种小图形，由组长到讲台前领取；全组合作比较出两个图形面积的大小。现在开始。

（教师巡视，观察小组活动）

师：哪个组愿意把自己摆的和大家分享？

生9：我们两个人摆的是3号图形，用了10块小长方形摆满3号图形。

师：摆满说明什么？

生9：说明10块小长方形的面积就是3号图形的面积。

生10：我们两个人摆的是2号图形，用了9块小长方形还多一点摆满2号图形。

师：所以你们组比较的结果是什么呢？给大家整体说一说。

生10：我们比较的结果是3号图形大，因为3号图形摆了10块小长方形，2号图形摆了9块小长方形，虽然剩一点但是也不够一个长方形，所以3号图形大。

师：同学们，他们组是用长方形摆的，横竖都会造成什么不便，你们有发现吗？

生11：横竖都有，数起来不方便。

师：你们真会观察，还有哪组与他们的不同？

生12：我们是用小正方形摆的，3号图形一共摆了15块小正方形，2号图形一共摆了12块小正方形，所以3号图形面积大。

师：同学们，我发现你们选择的长方形拼摆或者用正方形拼摆也好，都能够比较出这两个图形的大小，而且用这种方法确实可以验证3号图形大，2号图形小。

师：老师想问问大家，刚才的活动中为什么长方形和正方形有人选，而三角形和圆形没有人选？

生13：我觉得圆形根本拼不了，即便拼得了也费时间。

师：你们同意吗？

生14：同意。

生14：老师，我觉得圆形最不可能，这些图形都有直角，而圆形压根就没有角，根本填不满它。因此比较起来就较麻烦。

师：同学们可以看一看，圆形是可以帮助我比较图形的大小的。（课件展示）

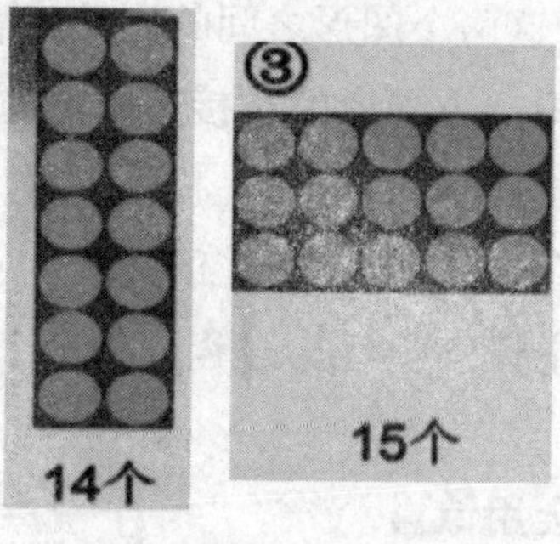

再看看三角形也是可以帮助我比较图形的大小的。（课件展示）

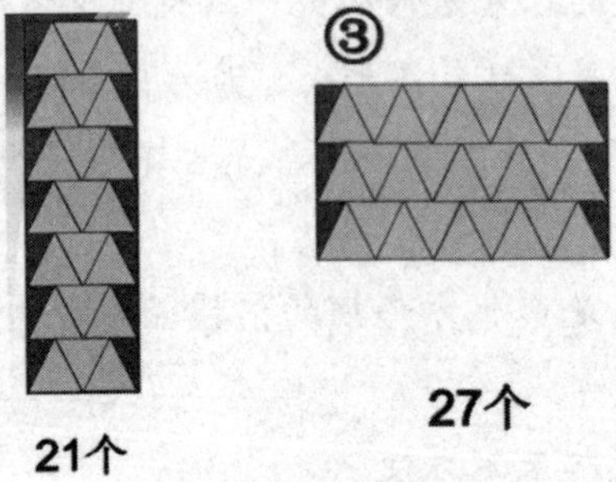

师：这四种图形都能帮助我们比较图形的大小，如果让大家在这四个图形中选择一个图形用来表示出图形的面积，你会选择谁？为什么呢？

生15：我会选正方形，圆形和三角形就不用说了，肯定不选，正方形和长方形比较，长方形摆的时候横竖都不好数，所以选择正方形。

师：同学们的想法和科学家的想法是一样的，他们也是经过反复的研究规定把正方形当成测量面积的统一标准，至于这个标准的大与小呢，我们在后面的学习当中继续研究。

四、评价反思

（一）“量”中思，“量”中悟

活动在具体情境中展开，看似学生在想尽办法，解决面积排列顺序的问题，在比较大小的过程中，他们运用了除了计算以外的三种方法，“看”“重叠”“单位面积测量”三种方法，其实本质都在“量”。“看”是应用生活经验，用眼睛“量”；“重叠”是用小图形来“量”大图形；“单位面积测量”的方法是更高级的“量”，与前两种方法不同之处在于，前两种方法虽然也在“量”，但是只是限于这两个图形之间的比较，第三种方法借助了“工具”来“量”两个图形的面积，小图形的拼接不仅能比较面积的大小，还能让学生体会面积是由几个单位面积拼接而成。对于整个单元来说从《认识面积》到《认识面积单位》和《长方形、正方形的面积》，“量”的思想贯穿始终，在《认识面积》的活动中让学生经历过程，为整个单元的学习做好了能力的储备和活动经验的积累。

（二）留有空间，会用惊喜

整个活动的核心在于图形2和图形3的面积的比较，在图形2和图形3的比较中，第三种“单位面积测量”是核心中的核心。关于利用“单位面积测量”

来比较面积大小，我在活动进行中采用过两种引出方式，第一种：你真棒！真的会思考。看来重叠方法也不是最有效的方法，老师为大家准备了小学具来帮助大家解决这个问题。这里有正方形、长方形、三角形、圆形，组内商量选定一种小图形，用小图形作为单位在②、③号图形上拼摆；数出两个图形的单位数进行比较，现在开始。活动进行得十分顺利，好像一切尽在掌握，学生在老师的引导之下，基本能正确回答问题，但是我总感觉活动缺少惊喜。第二种：就是实录中的情景，让学生经历想办法→交流发现方法→选图形→操作→集体交流→发现统一度量单位，充分利用“你真棒！”“真的会思考”“真有办法”的评价语言，给学生们思考的空间，调动他们原有活动经验，使学生在交流中找到度量面积的方法，并且发现统一度量面积单位的价值。两种不同的处理方式，学生展现出不同的状态，充分说明了教学中你给学生的空间有多大，他们给你的惊喜就有多大。

参考文献：
[1] 张奠宙．深入浅出，平易近人：怎样测量长度、面积和体积 [J]. 小学教学（数学版），2014(9):4–6.

知其然，更需知其所以然

——《长方形和正方形的面积计算》学习活动设计与分析

北京市通州区贡院小学　张雪英

一、背景分析

（一）学习内容分析

“长方形和正方形的面积计算”属于“图形与几何”领域中的“测量”部分。这部分内容是学生在建立了面积概念后，对平面图形面积计算公式的起始性探究，对后续学习其他图形的面积起着关键的作用。其中长方形面积公式的推导是教学的重点，它是学习正方形面积公式以及今后探索平行四边形、三角形、梯形等多边形和圆面积公式的基础。因此，本节课活动的设计着重体现在对长方形面积公式的探究上。

张奠宙教授指出：“面积是一个数，面积的教学，其核心是如何测量出图形的大小，即如何给平面上的封闭图形一个恰当的数，而这个数就叫作这个图形的面积。”长方形的面积就是在选用合适的面积单位进行测量后得到的面积单位的累加。因为长方形的面积与它的长和宽之间存在对应关系，即长是每行面积单位的个数，宽是每列面积单位的个数，它们的乘积就是这个图形面积单位的总个数，所以长方形的面积公式是：长方形的面积 = 长 × 宽。由此可见，长方形面积的测量是把二维的“面积问题”转化成了一维的“长度问题”。

对比北京版、人教版、苏教版、北师大版的教材，四版教材在探索长方形面积公式时都十分重视“测量”，都先让学生经历了用面积单位摆出不同的长方形和用面积单位测量长方形面积的 2 个层面的活动，再借助表格引导学生探索长方形面积与它的长和宽之间的关系，进而概括出长方形面积公式。

可以看出，各版本教材对长方形面积的教学都注重在活动中体现面积计算的数学本质——单位面积数量的累加，而且，在单位面积数量累加之后，还要根据量的对应关系抽象出相应的公式。

（二）学生情况分析

在学习长方形的面积之前，学生已经认识了面积和面积单位，知道了用“数”和“算”面积单位个数的方法能够得到图形的面积，对于图形面积的概念是建立在数面积单位个数的基础之上的，这说明学生有丰富的知识和活动经验储备来探索长方形和正方形的面积公式。

为了了解学生的真实情况，我又进行了如下前测：

<table>
<tr><th colspan="2">题目</th><th>结果</th><th>分析</th></tr>
<tr><td rowspan="2">1. 如果的面积是 1 平方厘米，你知道右面两个图的面积是多少吗？</td><td></td><td>正确率 97.5%。</td><td rowspan="2">在面积单位铺满时学生能找到面积单位的个数与面积数值的对应关系；对只给出行列的情况大部分学生能根据已摆的单位面积的位置推测未摆的单位面积的位置和数量，有的学生需借助划分的方法解决问题。总之，说明学生已经能够用数面积单位的方法测量长方形的面积。</td></tr>
<tr><td></td><td>正确率 80%，其中 37.5% 的同学在图中空白处又进行了划分。</td></tr>
<tr><td colspan="2">2. 下面长方形的面积有多大？想一想你用什么方法能求出它的面积。
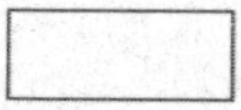</td><td>正确率 62.5%，其中 32.5% 的同学在长方形内进行了划分，30% 的学生测量了长和宽，直接列式计算。（对这 30% 的学生又进行了访谈，只有 2 人能说清为什么用长乘宽来计算。）</td><td>在没有呈现面积单位的情况下，一些学生需要划分找到面积单位才能解决问题，说明学生还不能主动建立面积与长度的联系；直接用计算法的学生却不明白“为什么长乘宽就是面积？”说明只知其然，但不知其所以然。</td></tr>
</table>

因此，本节课要设计合理的数学活动，引导学生在动手实践的基础上深度思考，正确建立长方形边的长度与面积单位的个数间的联系，理解长方形面积计算的算理，提升思维水平。

我的思考

数学教学不但要向学生展示既定的数学知识，而且要能够揭示其中的道理。本节课不但要让学生知道长方形面积的公式，更应该帮助学生理解长乘宽的道理。长方形面积公式的推导要引导学生建立起长度的数值与单位面积个数之间的对应关系，“二维”与“一维”关系的建立是学生空间想象能力的一次跨越。在教学中，如果只是在数面积单位的基础上通过表格找规律会很快归纳出公式，但是缺少了学生的空间想象，会导致很多学生不能真正地理解面积公式的本质意义。为了避免这样的现象发生，就需要老师留给学生更大的空间，引导学生主动把测量工具从面积单位过渡到直尺上来，激发学生的想象，将面积与长度建立起联系，从而正确地理解算理，真正做到让学生知其然，也知其所以然。

基于上述思考，我将长方形面积公式的推导过程设计为两个活动：提供面积单位，测量（小）长方形面积（借助直观，感悟行、列的面积单位个数和面积的对应关系）——不提供面积单位，测量（大）长方形面积（逐步抽象，建立并理解长、宽与行、列的面积单位个数的对应关系，推导公式）。第二个活动更突出长方形面积公式的推导过程，下面主要阐述“不提供面积单位，测量（大）长方形面积”的活动设计与开展情况。

二、活动设计

（一）活动目标

经历探索长方形面积计算公式的推导过程，发现面积与长、宽之间的关系，理解面积计算公式的本质含义。

（二）活动情境

一块长方形草坪，你知道它的面积有多大吗？

（三）核心问题

长方形的面积和谁有关系？有什么关系？

（四）活动方式

学生先独立完成，然后小组交流。

（五）活动时间

学生思考讨论与全班交流大约 15 分钟。

（六）学习单

学习任务单

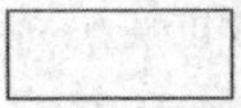 它的面积有多大？

1. 想一想，你用什么方法能够测量出它的面积？

2. 简单记录你的活动过程。

3. 与组内同学交流你的想法。

三、活动实录

师：刚才我们用面积单位测量了这个小长方形的面积，发现长方形的面积可以用每行的面积单位个数 × 每列的面积单位个数得到。现在，有一块长方形草坪，它的面积有大多呢？（课件出示）下面我们就来研究一下这个问题。

师：我们每位同学手中还有一个大的长方形，现在我们就把它看成长方形的草坪，请你利用学习单来研究一下它的面积有多大吧！

学生活动。

汇报：

师：这个长方形的面积是多少呢？谁愿意与大家分享你的研究结果？

生 1：我是用指甲盖量的，因为我的指甲盖的面积大约是 1 平方厘米，所以我用指甲盖量出一行大约摆 19 个，一列大约摆 10 个，19×10 一共大约摆了 190 个，这个长方形的面积大约是 190 平方厘米。大家对我的方法有什么评价？

生 2：我觉得你很会想办法，能用我们身体上接近面积单位的东西来测量。

生 3：我觉得你的方法在我们没有测量工具，又不需要是非常准确结果的时候是可以用的。但是要想知道准确的结果，这种方法就不是很好了。

师：大家对这名同学的做法进行了客观评价，他能够积极想办法解决问题，但是得到的数据不够准确，那么这个长方形的面积到底是多大呢？哪位同学准确地测量出了结果？

生 4：我是用刚才的小长方形来量的（小长方形是第一次直接测量的学具，它的长是 3 厘米，宽 2 厘米），这样摆一行正好可以放 10 个小长方形，一列正好可以放 4 个，一共可以放 10×4=40 个小长方形，因为刚才量出每个小长方形面积是 6 平方厘米，所以 40×6=240 平方厘米，这个长方形的面积就是 240 平方厘米。大家谁愿意对我的做法进行评价？

生 5：我觉得你用这个小长方形来测量是我没有想到的，你很会选择测量工具。

生 6：你用小长方形来测量是挺好的，但是它正好能测量完这个大长方形，如果不是正好测量完，那是不是还得估呀？

生 4：嗯，我一看正合适，所以就用它来量了。

师：看来对这个长方形来说可以用刚刚的小长方形来测量，但是同学们也看到了用小长方形测量的弊端，就是不能适用所有的长方形。还有同学有其他更好的方法吗？

生 7：我是用直尺画小正方形的方法来测量的。因为边长 1 厘米的小正方形就是 1 平方厘米，所以我就从长方形的最左边先画了一列边长是 1 厘米的小正方形，一共画了 12 个，再在底下画一行，一共画了 20 个，一行乘一列就是 240 个，所以这个长方形的面积就是 240 平方厘米。大家有什么疑问吗？

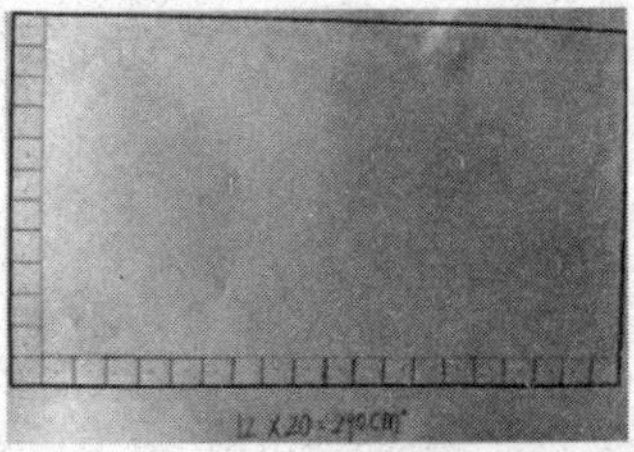

生 8：你其实不画小方格也可以，你看可以直接用尺子比着标个点，我就是 1 厘米标了一个点，这样和你画出来是一样的。

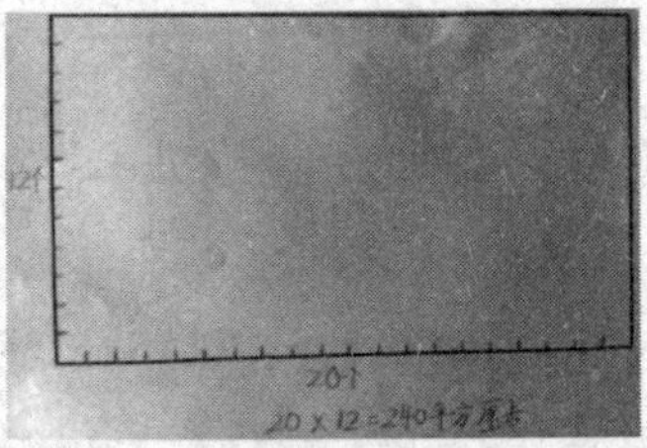

生 9：我觉得你们两个人的都有点复杂，我就是直接用直尺量出长和宽，长 20 厘米，宽 12 厘米，再用长乘宽计算出它的面积是 240 平方厘米。

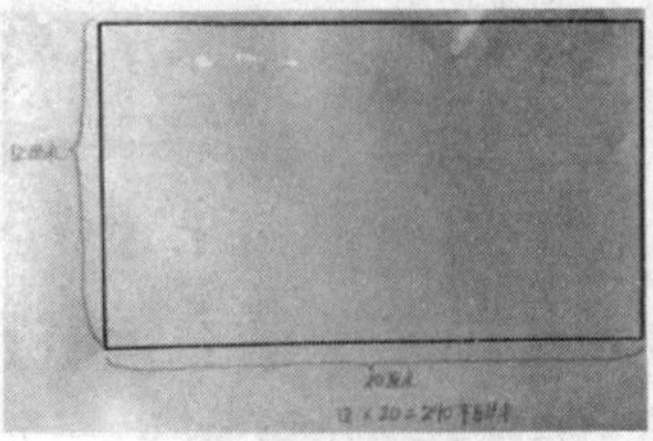

生 7：为什么你直接测量长和宽，用它们相乘就是面积？

生 9：因为我在脑子里已经想象过了，长 20 厘米就是一行能摆 20 个 1 平方厘米的小正方形，宽 12 厘米就是一列能摆 12 个 1 平方厘米的小正方形，所以不用画出来也是这样的。

生 7：为什么长 20 厘米就是能摆 20 个小正方形，宽 12 厘米就能摆 12 个小正方形？

生 9：因为 1 个小正方形的边长就是 1 厘米，所以有 1 个 1 厘米就能摆 1 个小正方形，20 厘米就能摆 20 个小正方形，12 厘米就能摆 12 个小正方形。

生 8：对对对，我也同意！我标记的 1 个 1 厘米就是能放 1 平方厘米的地方。

生 7：哦，我明白了。谢谢你。

师：刚才这位同学说他在脑子里已经想象出来了，20 厘米就是能摆 20 个小正方形，12 厘米就能摆 12 个小正方形，大家能在脑子里也想一想吗？看你想出来的是这样吗？（课件演示）

师：那么 20×12 得到的 240 是什么呢？

生 7：240 就是有 240 个边长 1 平方厘米的小正方形，就是 240 平方厘米。虽然那个图没有画全，但是我们能想象出来。

师：太棒了，你们都能想象出来。如果一个长方形的长是 6 厘米，宽是 5 厘米，你又想象到了什么？

生 8：长方形的长是 6 厘米，我就能想象到一行能摆 6 个 1 平方厘米的正方形，宽 5 厘米就能想象到 1 列能摆 5 个 1 平方厘米的正方形，那这个长方形一共就可以摆 30 个小正方形，面积就是 30 平方厘米。

师：他想象得对不对？你们都想象到了吗？

生 9：想象到了。

师：为什么是这样呀？

生 10：因为 1 个小正方形的边长是 1 厘米，长 6 厘米就可以摆放 6 个小正方形，宽 5 厘米就可以放 5 个小正方形，5×6 就是有 30 个小正方形，所以是 30 平方厘米。

师：通过这个活动你们发现什么了吗？

生 1：我发现长方形的长是几厘米，1 行就可以摆几个边长 1 厘米的小正方形，宽是几厘米，1 列就可以摆几个边长 1 厘米的小正方形。

生 2：我补充，用长 × 宽就是一共可以摆多少个边长 1 厘米的小正方形。

生 3：我发现可以直接用长 × 宽求出长方形的面积是多少了。

生 4：我以前就知道长 × 宽可以求出长方形的面积，但不知道为什么，现在我知道了，长就是一行可以摆放的小正方形个数，宽就是一列可以摆放的小正方形个数，长 × 宽就是一共的小正方形个数。

师：大家理解得真好！现在你知道长方形的面积和谁有关系了吗？有什么关系？

生 5：长方形的面积和它的长和宽有关系，长方形的面积 = 长 × 宽。

师：长方形的面积 = 长 × 宽，这就是长方形面积的计算公式。发现了公式，现在我们是不是就能解决草坪面积的问题了？（出示图片）要求这个长方形草坪的面积就要知道什么？

20 米

30 米

生 6：要知道它的长和宽。

（师课件继续出示：长 30 米，宽 20 米）

师：这块草坪的面积怎样求？

生 7：30×20=600（平方米）

……

四、评价反思

（一）在交流中明理，理解面积公式的本质含义

毕达哥拉斯说：“在数学的天地里，重要的不是知道什么，而是我们怎么知道什么。”主动探索公式的由来以及算理是学生潜在的学习需求。在学生自主探索长方形的面积有多大后，大家交流各自的方法。通过对各种方法的比较，学生感受到直接测量长和宽再计算的方法的简单，同时也有疑惑的地方，最后聚焦问题进行讨论：“为什么直接测量长和宽，用长 × 宽就求出面积了？”学生们通过讲理、想象、推理等理解了长方形面积的计算就是根据长、宽的长度来想象每行摆几个、摆几行，再用长 × 宽计算总共摆多少个

面积单位，领悟了长方形面积公式的道理。

（二）在操作中感悟，建立面积与长度之间的关系

史宁中教授认为："智慧并不表现在经验的结果上，也不表现在思考的结果上，而是表现在思考的过程中。"脱离了面积单位，学生再测量长方形的面积，不同学生在思考的过程中体现出不同的解决策略：有用指甲盖量的，有用直尺画方格的、做标记的，有测量长和宽的……虽然同学们的做法不同，有的同学已经借助想象建立了长度与面积单位个数间的关系；有的虽然没有建立这种关系，但是他们在实际操作中又进一步感悟到这种关系的存在，使关系的建立呼之欲出。最后通过交流，大家都正确建立起面积与长度、二维与一维之间的关系，发展了学生的空间观念。

沟通图形联系　感悟转化思想

——《平行四边形面积》学习活动设计与分析

北京市通州区中山街小学　穆健

一、背景分析

平面图形面积是对二维空间的度量，其核心是“单位面积”的累加，其结果是对累加的面积单位的计算方法。在学生理解和掌握长方形面积可以用长 × 宽的方法后，小学阶段的几何形体面积、体积计算公式都是运用“转化”法推导的。而平行四边形的面积公式是几何图形面积计算第一次运用“转化”思想方法得出计算公式的，需要在推导过程中，学生运用自身的数学知识结构及数学活动经验，通过合作探究并总结图形面积计算方法，获得新知解决，从而充分感悟基本数学思想，累积基本数学活动经验。

（一）学习内容分析

《平行四边形面积》这一知识，是学生在三年级用拼摆“单位面积”的方法推导出长、正方形面积，且已熟练掌握长、正方形面积计算方法的基础上进行学习的。在本单元平面图形面积的学习中，学生将经历平行四边形面积、梯形面积与三角形面积公式的推导，并且到六年级还要继续研究圆面积的计算方法。在整个“平面图形面积”的探索过程中，学生以“长方形面积测量”方法为基础，通过“拼摆、割补、旋转、拼合、测量”等动手操作的数学方法来获得。而这其中“平行四边形面积”推导方法，起着由“通过单位面积累加计算向转化图形再计算”的承上启下作用。

前测题目叙述	用老师所提供的“平行四边形”，你能求出它们的面积吗？	试着把它割补成我们学过的图形，并结合图形间的联系计算平行四边形面积。
题目教具	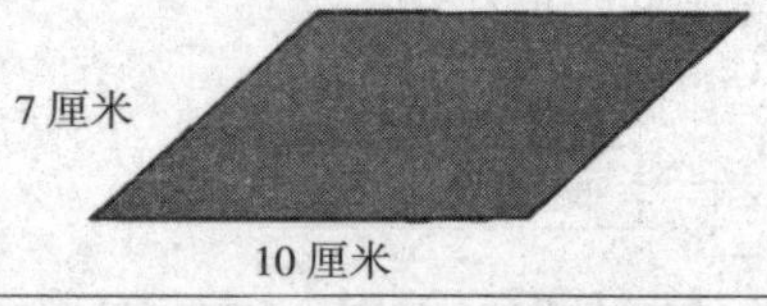	
前测结果	1. 用邻边相乘，10×7。占测试学生总数 84%。 2. 底和高相乘。占测试学生总数的 6%。 3. 不会计算。占测试学生总数的 10%。	1. 剪拼成长方形后，用底和高相乘。占测试学生总数的 86%。 2. 不会。占测试学生总数的 14%。

在北京版教材的编排中，编者直接给出了平行四边形的底和高，且直接给出提示：试着把它割补成我们学过的图形。然后通过分析平行四边形与长方形各部分之间的联系，推导出平行四边形面积公式。而学生真的能够认识并理解到用“割补、转化”的方法，得出平行四边形面积是一种很好的方法吗？这样的学习，又对本单元其他平面图形面积的探索有哪些意义呢？

（二）学生情况分析

课前对两个班的学生进行了调研。第一个班，老师给每位学生提供了一个平行四边形纸片，要求他们求出这个纸片的面积。另一个班，我将教材上提示的方法直接出示给学生，让学生按提示的方法来操作。

从 6% 到 86%，这是多么大的反差呀！

从调研中可以看出，在学习《平行四边形面积》知识前，学生已有的学习经历中，还没有“把一个平面图形转化为另一个平面图形”的活动经验。换句话说，直接“把平行四边形变成长方形”不仅丢失了图形测量的内容核心——单位面积累加，而且学生也缺少数学活动经验的支撑。这样的教学过程，更多地表达了编者和教师的想法，而不是多数学生原生态的认识。

我的思考

我们理想的教学，应是基于学科核心内容主线、学科知识体系和学生真实思维水平的教学。即以所积累的“平面图形面积计算方法”作为解决问题的主线，通过转化图形—建立联系—推导公式得到新的图形面积计算方法。以学生所积累的数学活动经验为支撑，运用已有的知识技能及经验方法等，结合自己的理解，合作探究，深入地、主动地动脑筋、想办法，逐步探究去解决新的问题。在对图形的拼摆、转化、想象、分析与推理过程中，发展空间观念。

基于以上的分析与思考，我设计了如下活动框架：

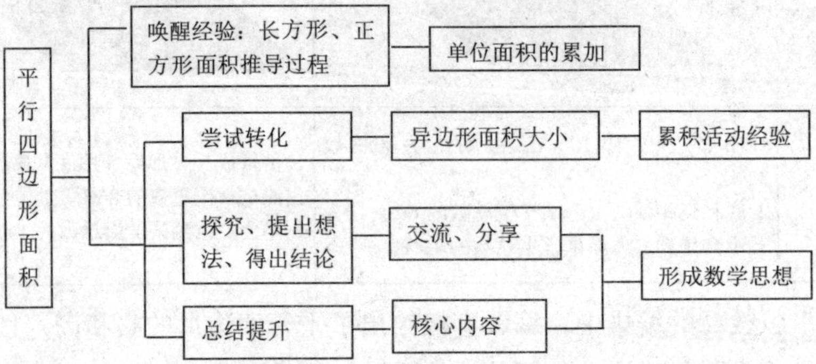

二、活动设计

（一）活动目标

通过转化图形、建立联系、推导公式，感悟“转化”数学思想，理解平行四边形的面积计算方法。

（二）活动情境

怎样知道一个平行四边形停车位的面积大小呢？

（三）核心问题

转化前的平行四边形与转化后的图形有哪些相同点和不同点？

（四）活动方式

合作探究与分享交流。

（五）活动时间

学生独立探究与全班交流大约 20~25 分钟。

（六）学习单

如果把这张平行四边形的纸片看作停车位，你怎样来计算这个平行四边形面积大小呢？

三、活动实录

1. 回忆、尝试：①长、正方形面积测量的方法。（运用公式计算与单位面积的累加两种方法）②异边形面积大小的测量。

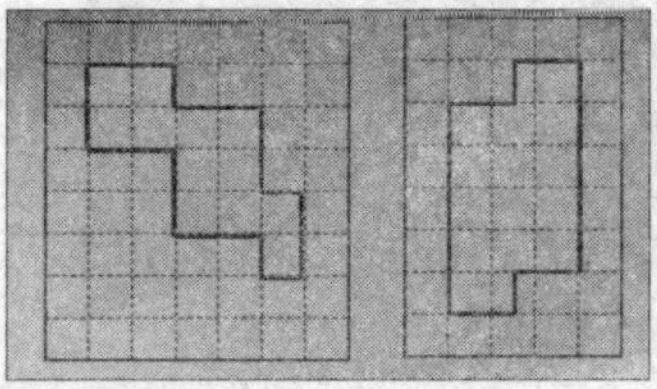

2. 小组合作探究、交流：如果把这张平行四边形的纸片看作停车位，你会计算这个平行四边形停车位的面积大小吗？

3. 全班汇报分享。

师：好了，在同学们一起探究的过程中，老师发现同学们分别用了测量边的长度再相乘、数单位面积和剪拼等不同的方法。那么哪一组的同学来给我们分享一下你们是怎样研究“平行四边形面积”的？

生 1：（展示学具，任意平行四边形，边指边解释）我们组先用尺子量一下这个平行四边形的长边，长度是 10 厘米。然后再量稍短的斜边，量的是 7 厘米。再相乘，10× 7，得出面积是 70 平方厘米。

生 2：错了。

师：我们先不急于肯定和否定，我们先听听他们为什么用这样的方法。

生 2：我们是想在原来计算长方形面积中，用的就是长 × 宽，这两条边来计算面积的，就想平行四边形与长方形比较相似，面积是不是也应该用这两条边来计算。

师：根据长方形面积计算的方法来推导，看样子也是很有道理的。

生 3：但是计算结果 70 平方厘米不对。可以用算“单位面积”的方法来验证。

师：用算“单位面积”的方法，是我们计算平面图形面积最常用且准确的方法。好，那我们来看看你们组是怎样得出这个平行四边形面积的。

生3:（展示学具，把平行四边形放在透明的方格纸中）

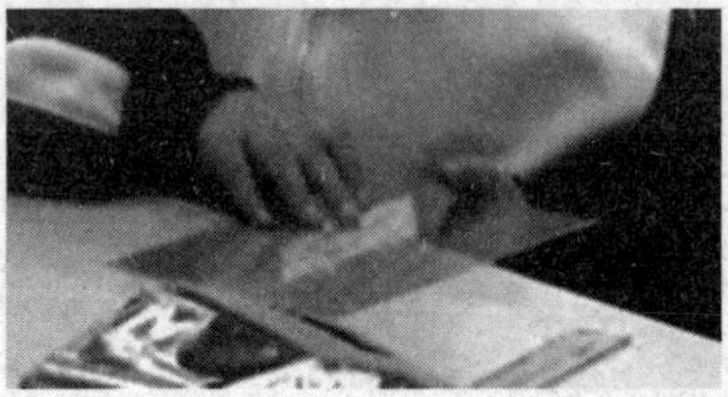

把平行四边形放在方格中，先算里面一共有几个正方形，然后再把斜边中每行这两个一半的三角形合起来就拼成了一个正方形，算一算有多少个正方形，再合起来就是整个平行四边形的面积了。

师：里面的正方形你是怎样算出来的?

生3：一个一个数。

生4：还有一个简单的算法，我看到第一行有10个，这样一共有5行，10×5就是50个，是50平方厘米。

师：看样子用邻边相乘方法去计算平行四边形面积结果是不正确的。还有用别的方法的吗?

生5：我们组是用割补法来计算的（边说边实物投影展示），把这个平行四边形右边的三角形剪下来，移到左边来，就变成一个长方形，拼完长方形后，5×10计算，按照长方形面积计算方法就计算出平行四边形面积是50平方厘米了。

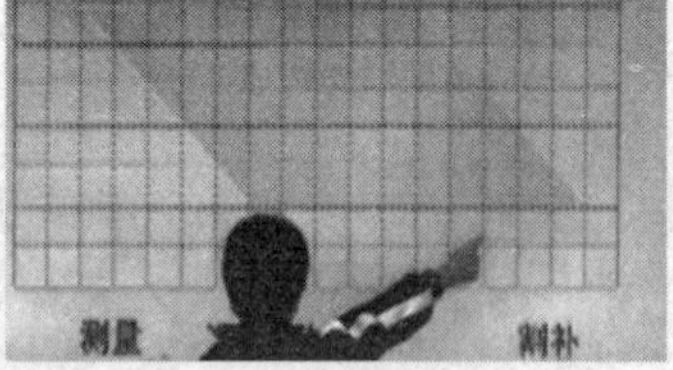

师：我有一个疑问，剪开、拼摆后怎么就确定这一定是一个长方形呢?

生6：因为在剪开时，我们是沿着高来剪的，保证了是直角。

师：这两组同学的方法有什么相同和不同之处呢?

生7：不同点是第一组同学是把平行四边形放在方格纸中，用两个小三角形拼成一个小正方形的方法来得出平行四边形面积，而第二组同学直接把多出来的大三角形剪开后拼成大的长方形，用长方形面积公式来计算的。相同点是这两种方法所得到的平行四边形面积是相同的，都是50平方厘米。

师：也就是都先把平行四边形转化成了学过的图形。

生8：我补充一点，还有一点相同，都是把两个三角形转化成学过的图形再计算，只不过第一组同学是转化后数有多少个小正方形，第二组同学是直接通过量出长与宽，计算出长方形面积来得出平行四边形面积的。

师：好。那么这两种方法有联系吗？

生8：我觉得有联系，大家看，其实一行有多少个小正方形就是平行四边形的底，也是长方形的长，有几行就是平行四边形的高，也是长方形的宽。

师：现在，我们一起通过课件观察总结一下，我们是怎样研究出平行四边形面积的？（通过PPT演示总结）

师：那么根据长方形与平行四边形间的联系，你能总结一下怎样去计算平行四边形面积吗？

生9：因为长方形的长相当于平行四边形的底，长方形的宽相当于平行四边形的高，平行四边形面积＝底×高。

师：好，知道了平行四边形面积的计算方法，那怎样来计算这个停车位的大小？

生10：直接测量出这个平行四边形停车位的底和高，用底乘以高就可以了。

……

四、评价反思

以“图形测量”核心主题内容——单位面积累加作为主线，通过平面图形之间的转化来探究、总结新图形面积的测量方法。注重学生数学主题内容的统一性和思维发展的连贯性，将知识发生、发展过程与学生学习知识的心理活动统一起来。对于课后评价题目“在本单元中，我们还将研究梯形的面积，三角形面积，请你叙述一下，你将怎样来研究这两个平面图形的面积？”，我们看到学生采用以数单位面积为检验标准，更多地运用拼摆相同图形、割补不同位置、旋转不同方向等丰富多彩的研究方式进行面积度量，方法多样，手段灵活。这种以核心内容为基础，通过合作探究、分享交流、动手操作的学习方式，让学生亲历了自主探索和知识形成的过程。

注重学生已有数学知识结构的迁移和数学活动经验的积累与运用，在探究新知识过程中使之转化为数学思想和方法。在这节课中，我先让学生回忆了已经掌握的长方形面积测量的研究与推导过程，然后通过两组不规则图形面积的探究活动，利用知识的迁移和思维的转化，调动学生所积累数学活动的经验和方法，使学生能够运用转化的数学思想解决新问题。对课后评价检测中“平行四边形面积与长方形面积都可以用什么方法得出？在本课中我们是怎样得出了平行四边形面积 = 底 × 高”这一题目，看到所有学生都能够很清晰、明确地抓住“数、剪拼或割补、转化”等关键词进行描述，证明学生已经累积到探究平面图形面积的基本数学经验和思想方法。

数学研究的过程，其实就是一个以学科核心内容为主线、不断溯本求源的过程。让学生经历了知识形成的过程，学生也贯通、理解了，才能灵活应用。只有让学生在具有深度的学习活动中累积数学经验，学生才能够在探索中感悟数学思想，我们的课堂才能够给学生撑起一片自由翱翔的数学天空！

化曲为直度量圆

——《圆的面积》活动设计

北京教育科学研究院通州区第一实验小学 王岩

一、背景分析

“测量”是小学数学图形与几何领域中的一项重要内容，包括角度、长度、面积、体积和容积等，它不仅在生活中有着广泛的应用，而且能帮助学生更好地把握图形的特征。关于平面图形面积计算，学生先后经历了长方形→正方形→平行四边形→三角形→梯形→组合图形的过程，在探索平行四边形、三角形、梯形的面积公式时，已经学会了用割、补、移等方式转化图形，建立联系，推导公式。《圆的面积》是学生初步研究曲线图形面积的开始，也为后面学习圆柱、圆锥、扇形统计图等知识奠定基础。

（一）学习内容分析

“圆”作为小学数学几何课程内容的重要组成部分，是学生在学习了常见的直边图形的基础上学习曲边图形的开始，也是平面图形的认识和测量中由直边图形变为曲边图形的关键点。同时是数学思想从“有限”进入“无限”的一次飞跃。可见，从研究直边图形到研究曲边图形，对学生而言是一个很大的跨越。掌握“圆的面积”的知识不仅能用来解决一些简单的实际问题，同时能将平面研究的方法推广到空间的研究，为学习圆柱体、圆锥体等知识打下基础。

为了更准确地把握教材，我对比了人教版、北师大版、北京版三个版本的教材内容。可以看出：呈现方式基本相同，都是通过将圆的面积转化成已学过的直边图形，进而推导出圆的面积的计算方法。从知识的形成过程来看，都是通过自主探索、动手操作的环节设计，以“如何让不可知的面积越来越小”，从而更加接近圆的面积作为探究活动的核心，引导学生通过多种方法对圆的面积进行探索，在这一活动过程中，渗透数学思想，积累学生的活动经验。

（二）学生情况分析

学生学习圆的面积之前有一定的知识基础（直线图形的面积、圆的认识和周长、对无限的初步认识），具备了一定的基本思想（转化思想），积累了一些活动经验（用面积单位测量图形的面积）。面对圆这个曲边图形，不论是内容上，还是研究问题的方法上，对学生都是一种挑战。学生以前的知识和经验能够迁移过来吗？带着这些问题，我对一个班的学生进行了前测。

前测内容：

（1）你知道圆的面积计算公式吗？知道它是怎样得到的吗？

（2）给你一个圆形纸片，你能想办法得到它的面积吗？

前测结果：

题目	情况	人数 / 人	百分比 / %
圆的面积计算公式是什么？	知道面积公式能说出推导过程	5	10
	知道面积公式，不知道如何推导	20	40
	不知道面积公式	25	50
我们学习过长方形、正方形、平行四边形、三角形、梯形的面积计算公式及推导过程，怎样能够得到这个圆形纸片的面积？	数格子	6	12
	转化图形	20	40
	折纸	4	8
	不知道	20	40

通过前测数据，我们可以看出，有一部分同学想通过数格子的方法研究圆的面积，正如前测题中所反映的，学生在长方形面积推导过程中积累了丰富的用数方格方法研究平面图形面积的经验。还有的同学想通过剪拼的方法将圆的面积进行转化，说明平行四边形等平面图形利用转化思想研究面积的经历带给学生正向的迁移，这种经验的积累为圆面积的学习奠定了方法基础。但由于是曲边图形，虽然有一部分同学知道圆的面积公式，但对于公式是如何推导出的却不知道，显然这部分同学只通过家长告诉或别的渠道知道圆的面积的计算方法，但只是停留在表面会计算圆的面积，并没有经历运用以往经验解决问题的过程。

我的思考

通过对教材的研究和对学生的前测，可以看出，学生学习直边图形的基础掌握较好，研究直边图形面积的经验可以迁移到探究圆的面积中。因此，在教学中，教师要创设开放的探究空间并提供丰富的研究素材，让学生经历数面积单位、剪拼等操作活动，通过观察、概括，积累数学活动经验，感悟转化思想。

但对于圆这么特殊的图形，我们不能忽视还有 40% 的同学没有研究的方法或方向，究其原因是觉得圆通过折一折、剪一剪、拼一拼、几次等分后拼接不能得到标准的已学图形，因此对于转化后的“直边图形的面积”就等于圆的面积学生并不认可。所以在教学中，要在动手操作活动的基础上，感知图形的变化趋势，并结合想象及课件演示，使之感受到平均分的份数越多，扇形的每一份弧就越接近直线，运用“以直代曲”的思想，使学生感知当平均分的份数足够多时，整个图形也就转化成了直边图形，而两者的面积没有发生变化。通过这样的操作活动使学生感受极限思想，为学生的后续学习埋下知识的种子。具体设计如下：

1. 在活动中亲历数学化的过程。

给足学生活动空间与时间，使学生利用已有的知识和方法在主动参与中去“做数学”，让学生把“圆”这个看似特殊的图形(用曲线围成的图形)与以前学过的图形(用直线段围成的图形)有机地联系起来了，沟通知识之间的联系，促成迁移。

2. 活动与思辨融合，渗透思想，积累经验。

通过动手操作，以“如何让不可知的面积越来越小”为问题载体，在探究的过程中，使学生认识到将圆对折的次数越多，所得到的图形越接近三角形，将圆平均分的份数越多，所拼出的平面图形就越“像”。在这样的活动过程中渗透极限思想和转化思想，积累活动经验。

基于以上思考，我设计出如下活动框架：

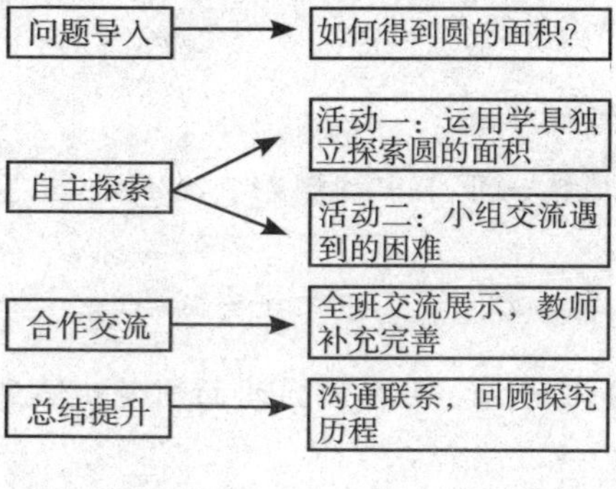

二、活动设计

（一）活动目标

经历圆面积的探究过程，理解、掌握圆面积计算公式。

（二）活动情境

给你一个圆形纸片，怎样得到它的面积？

（三）核心问题

如何推导圆的面积计算公式？

（四）活动方式

先独立思考，然后合作交流。

（五）活动时间

独立思考 3 分钟，小组合作 10 分钟，交流分享 15 分钟。

（六）学习单

利用手中的圆形纸片，怎样得到圆的面积？

小组探究要求：

（1）独立想——如何得到这个圆的面积？

（2）小组议——会遇到哪些问题？如何解决？

（3）齐动手——选择方法，动手操作。

（4）找联系——转化后的图形与原来的圆有什么关系？

三、活动实录

1. 初步探索圆的面积

师：请你们仔细观察一下手中的圆形，你们打算怎么研究圆的面积呢？和你的同桌说一说。

生 1：独立思考。

师: 组织学生讨论用什么方法得到圆的面积呢？遇到了哪些问题和困难？

并请其他同学为遇到困难的同学出谋划策。

生2：把圆的四边去掉变成正方形（即用一个圆折出了一个内接正方形），但我们不知道这4个小面怎样求。

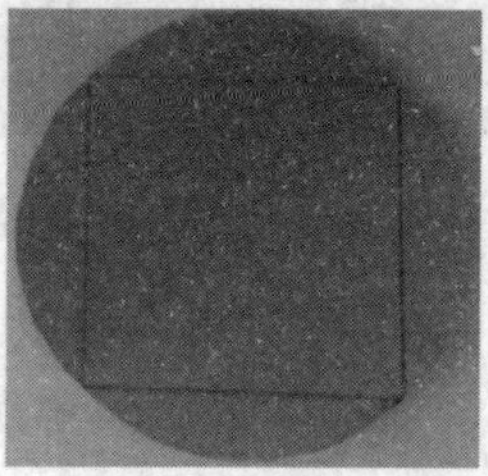

师：剩下的部分的确不太好求，但你们能想到圆和我们熟悉的正方形最接近，所以想通过正方形解决圆的面积，非常了不起。你们可以继续研究。

生3：可以在圆上画面积单位，如果不足一个面积单位可以用其他地方的方块来补，但我们不知道哪个方块补在哪里合适？

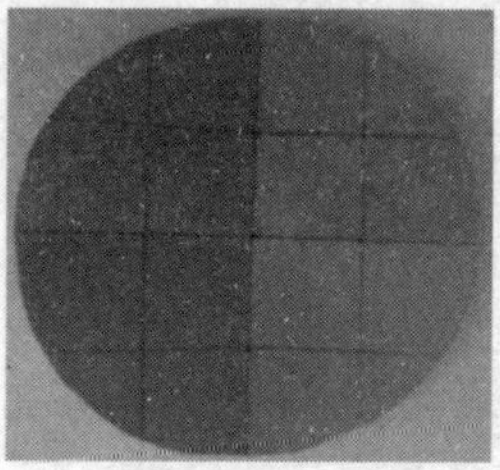

生4：把圆对折再对折后，发现像一个三角形，求出一个“三角形”的面积乘4就是圆的面积，但发现折的三角形不太像，那么怎么算出这个“三角形”的面积呢？

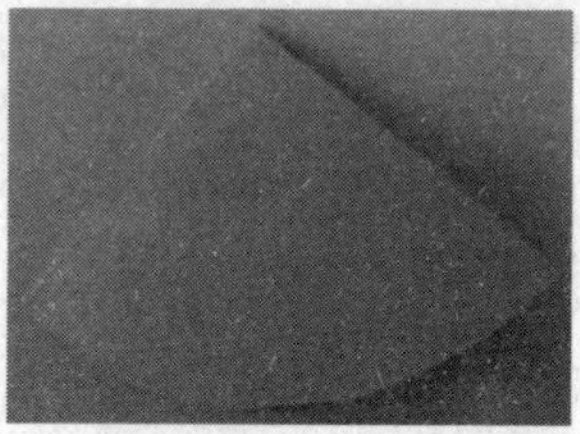

师：虽然这个小组折出的图形不太像三角形，怎样让折出来的图形和三角形的面积更接近，一会儿你们可以继续研究。

生5：将圆等分成若干分，拼成一个近似的平行四边形、长方形、三角形、梯形，通过求这些直边图形的面积，从而求出圆的面积。但拼出的图形不太像。

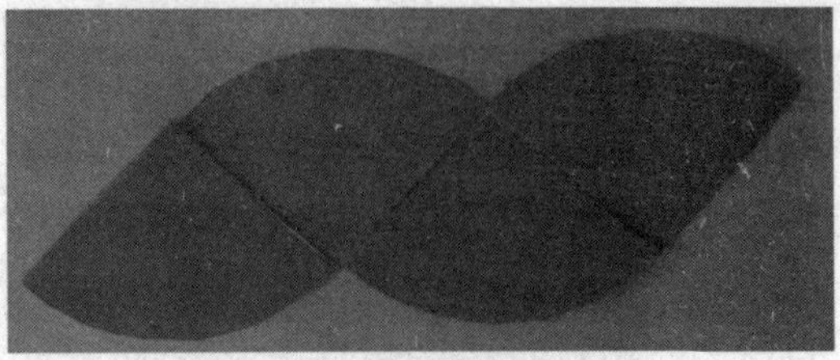

师：这个小组先把圆剪成若干份，又重新拼成了新的图形，求出这个图形的面积也就知道了圆的面积，如何让拼出的图形更像，你们可以继续研究。

师：现在，同学们有了这么多思路，你们都是在想办法把这个曲边图形变成学过的直边图形，也就是你们都用到了转化的方法。

师：同学们，经过你们的认真思考和积极探索，已经想到了一些方法，同时遇到了一些困难，就是我们想要更精确地解决圆的面积，就一定要寻找这些不可知的地方，他们的面积就是我们下面要研究的重点，如何让这些不可知道的地方越来越小，越来越接近圆的面积？

2. 深入探究如何得到圆面积的方法

生 1：沿着自己想到的方法继续探究。

教师巡视指导。

生反馈（圆内接正四边形）。

师：你们想到好的办法解决不能测量的部分了吗？

生 2：可以在圆内做正五边形、正六边形……正多边形的边数越多，正多边形的面积就越接近圆形。

师：你们做到了正几边形？

生 3：做到了正八边形。

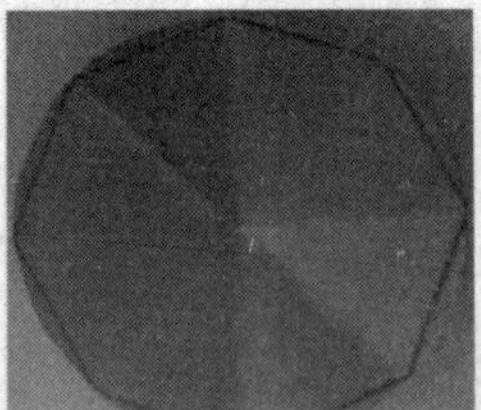

师：我想按照你的思路，一定能够成功的！曾经有一段古话：割之弥细，所失弥少，割之又割，以至于不可割，则与圆合体，而无所失矣。怎样理解这句话？

生 4：我觉得就是把圆平均分的份数越多，每一份就越小，这样每一份的弧线就越短，“弯度”也就越小，当把圆平均分的份数足够多时，每一小段弧线就可以看成直的了。

师：我们就借助课件把你的想法演示一下。（课件演示）通过刚才的演示，大家有什么想法?

生5：正多边形的边数越来越多，到最后，几乎看不到不可求的面积了。

师：是啊！当多边形的边数越来越多时，它就越接近圆，求出的面积就越接近圆的面积，你们的想法正是古人研究圆的面积的想法，我们把这种想法叫作割圆术（课件介绍刘徽的割圆术）。

师：刚才在圆上画面积单位的同学有什么突破吗?

生2：我们可以把剩余的部分用小一些的面积单位填充，再有剩余，就用更小的面积单位填充……

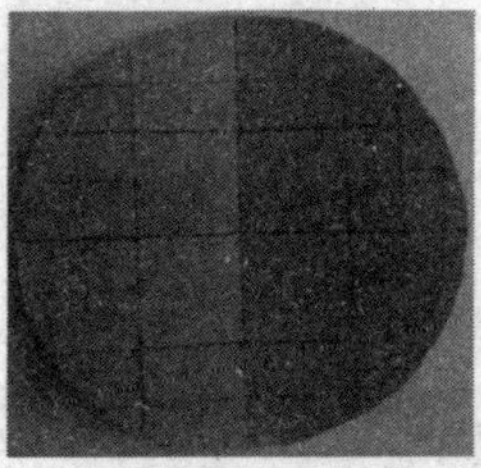

师：你们的想法真是太好了，想到了把面积单位画得更小来解决问题。（课件演示）

师：把圆折一折后，发现像一个三角形，但觉得有些不太像的同学有什么突破吗?

生3：可以再多对折几次，这样就比较像了。

师：你们对折了多少次?

生3：4次。

师：大家看，这是把圆对折4次后得到的图形，比较像三角形了，但如果继续对折会有点困难了，我们借助电脑演示一下这种思路。（课件演示）

请同学们闭上眼睛想象一下，对折的次数越来越多，会是什么样子?

生4：把圆分的份数越多，其中的一份越接近三角形。

师：三角形的底可以看成这段弧，三角形的高可以看成圆的半径。你们会求三角形的面积吗？能求出圆的面积吗?

生5回答问题。

师：将圆等分成若干份，想拼成一个直边图形的同学有什么突破吗?

生6：把圆平均分成8份，拼成平行四边形。

师：这个方法还真不错，这个小组把圆剪成8份，（把这个小组的作品贴在黑板上）和刚才剪成4份拼成的图形相比，有什么变化呢?

生7：更接近平行四边形。

师：能让拼成的图形更接近平行四边形吗？有拼好的吗？（展示）的确比前面两个更像平行四边形了，如果要让拼成的图形比它还接近平行四边形，怎么办?

生8：把圆平均分的份数更多一些，我们把圆平均分成了16份，拼出的平行四边形就很像了。

师：我们让电脑来帮忙。大家看，老师在电脑上把这个圆平均分了32份，拼成新的图形，你有什么发现呢？（课件演示）

生9回答自己的发现。

师：如果把圆平均分成64份呢？（课件演示）

生10：拼成的图形更像长方形了。

师：大家想象一下，如果把圆分的份数再多呢？（课件演示）把圆平均分成128份，拼成的图形看起来更像平行四边形了，分的份数再多呢?

生思考。

师：把圆剪一剪，拼一拼，平均分的份数越多，得到的图形越来越接近平行四边形。这样就把求圆的面积转化成了求平行四边形的面积。我们把圆转化成了平行四边形，形状变了，什么没变呢?

生11：形状变了，面积没变。

师：求出了平行四边形的面积，也就求出了圆的面积，这种方法也很好。

师：刚才同学们借助学具通过动手操作，都找到解决问题的方法了。可是数学学习不仅需要动手操作，更需要借助数字、字母和符号等进行动脑思考和推理。现在，老师想给大家提个更高的要求：每个小组能不能任意选择一种方法，推导出圆的面积计算公式呢?

生 12：我们把圆通过分割后拼成一个平行四边形，拼成的平行四边形的面积等于圆的面积。拼成的平行四边形的底等于圆周长的一半，(板书：πr) 高就是圆的半径。(板书：r) 因为平行四边形的面积 = 底 × 高 $=\pi r\times r$，所以圆的面积 $=\pi r^2$。

四、评价反思

（一）主动参与活动，体验“化曲为直”

本节课我并没有像以往那样直接带着学生按照剪拼的方式推导圆面积的公式，而是给了学生很大的探究空间，让学生在主动参与中去“做数学”，以“如何得到圆的面积”为探究主题，让学生开动脑筋，积极探索，学生探究热情高涨，这样比老师带着学生操作或直接用课件演示过程，更能深刻体会“化曲为直”“极限”等数学思想，通过学生亲历数学化的过程，提高学生的探索能力及对知识的深层理解，并在此过程中积累了丰富的数学活动经验。

（二）尊重学生差异，让每一个学生的思维都能在课堂中闪光

每个学生都有分析、解决问题和创造的潜能，由于学生个体之间存在着一定的差异，他们的发展需求也不同，不同学生可以运用自己的智慧与策略获得不同的体验，从而多样化地解决问题，如：学生在探索圆的面积时，想到了与正方形比较、用面积单位测量，将圆剪一剪、拼一拼等不同的方法和路径，还有的同学剪拼后拼成了平行四边形，有的拼成了三角形，有的拼成了梯形。虽然有的方法操作起来比较麻烦，但老师对每种思路都给予肯定，并引导他们解决面临的困难，使学生在活动中积极思索，找到图形之间的联系，这样既尊重了学生生活经验、认知特点等方面的差异，也能力求使不同的学生在学习数学上得到不同的发展。从不同角度进行思考和探索，也为学生的个性发展提供了广阔的空间。

以操作为支撑　提升空间观念

——《图形的旋转》学习活动设计与分析

北京市通州区路河中学附属学校　邓予然

一、背景分析

“图形的旋转”对应《义务教育数学课程标准（2011年版）》中的“空间观念”和“几何直观”两大核心素养。关于这部分内容课程标准修订前后从名称、具体要求到理念都有所变化（见下表）。

课程标准版本	要求
义务教育数学课程标准（实验稿）	通过观察实例，认识图形的旋转，能在方格纸上将简单图形旋转90°；欣赏生活中的图案，灵活运用旋转在方格纸上设计图案。
义务教育数学课程标准（2011年版）	通过观察、操作等，在方格纸上认识图形的旋转，会在方格纸上将简单图形旋转90°；能从旋转的角度欣赏生活中的图案，并运用它在方格纸上设计图案。

课程标准修订前将“图形的旋转”界定为“图形的变换”，修订后改为“图形的运动”，更加准确。从具体要求来看，改动比较细微，但从变化中可以看出理念的调整。《义务教育数学课程标准（2011年版）》的要求更具体，降低了难度，更加强调操作，通过“操作”来丰富学生认识概念的途径，更好地内化概念。只有学生不断积累“在操作中体验、在体验中思考、在思考中建构”这样的数学活动经验，学生的空间观念和推理能力才能逐步提升。因此我认为在活动中应该加入动手操作的环节，以此让学生在自主探究中理解并掌握“图形的旋转”的有关知识。

（一）学习内容分析

在前面的学习中，学生的能力仅停留在感受生活中的运动现象上，而现在需要通过观察、想象、操作等活动认识图形的旋转，将生活中的旋转现象抽象为图形的旋转，会在方格纸上画图，这对于四年级的学生来说跨度是比较大的，所以学生的困难也会比较多，而最终落实的旋转的特征和画法，是中学要学习的旋转性质的前身和本质，所以这一学段的“图形的旋转”起到了承上启下的作用，对于学生来说既是重点也是难点。

为了让学生能掌握图形旋转的特征和画法，教师需要设计出行之有效的教学活动和学习任务。因此，我对比了北京版、北师大版和人教版三版教材的教学活动。

版本	教学活动	目的
北京版	在方格纸上画出旋转后的等腰三角形	直接探究画法
北师大版	活动一：描述时钟指针和实物的旋转	明确旋转三要素
	活动二：在方格纸上画出旋转后的线段和旗子	探究线段旋转画法
	活动三：在方格纸上画出旋转后的直角三角形	探究图形旋转画法
人教版	活动一：描述时钟指针和实物的旋转	明确旋转三要素
	活动二：在方格纸上旋转三角板	明确图形旋转特征
	活动三：在方格纸上画出旋转后的直角三角形	探究图形旋转画法

北京版的教学内容跨度很大，只有一个教学活动，直接让学生在方格纸上画出旋转后的图形，但北师大版和人教版都进行了不同的铺垫，两版教材的第一个活动都是先借助实物和时钟让学生明确旋转三要素，北师大版是通过在方格纸上画出旋转后的线段和旗子的活动，让学生将图形的旋转化为线段的旋转来画图；而人教版是通过让学生动手旋转三角板的活动，直观地感受和明确三角形旋转后的位置和图形旋转的特征，进而得到画法。三版教材中设计的教学活动都是为了让学生在方格纸上画出旋转后的三角形，究竟哪种学习路径和教学活动更适合帮助本班学生掌握特征和画法，还需要通过学生情况进行分析。另外，人教版和北师大版选用的都是直角三角形，而北京版选用的是等腰三角形，虽然学生在通过学习后对于两种三角形的旋转都应当能够掌握，但是在突破教学难点时，哪种三角形更适合安排在活动中，也需要从学生的情况中找到答案。

（二）学生情况分析

为了了解哪种学习活动对于本班学生更为有效，对全班 47 名学生进行了前测。

测试题目	测试目的	测试结果
将线段绕 O 点顺时针旋转 90°。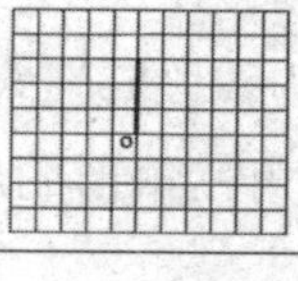	考查学生对线段旋转的掌握。	正确：27 人

（续表）

测试题目	测试目的	测试结果
画出三角形绕 O 点顺时针旋转 90° 后得到的图形。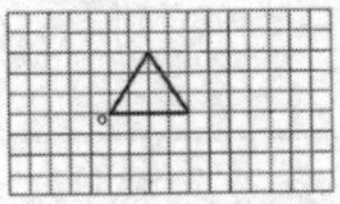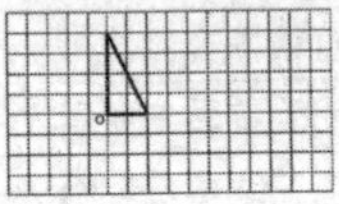	1. 了解学生是否知道图形旋转的特征和画法； 2. 了解学生选取哪种三角形。	等腰三角形正确：8 人 直角三角形正确：15 人 27 名线段旋转正确的学生中，能正确旋转至少一个三角形的学生：9 人
找 10 名直角三角形画图错误的学生，给他们提供三角形实物，再让他们画图。	了解旋转实物对学生画图是否有帮助。	10 名学生中有 5 名学生能通过旋转实物三角形画出正确的图形。

通过前测结果和对学生的访谈可以发现，学生对于旋转特征并不了解，不知道三角形旋转前后的形状和大小都不改变，对于三角形旋转后落在什么位置、如何画图也都不清楚。为了了解哪种教学活动更能有效地帮助学生解决困难，我做了以下统计，27 名线段旋转正确的学生中，能正确旋转至少一个三角形的学生只有 9 人，说明只掌握线段的旋转并不能很有效地帮助学生学会图形的旋转，所以我认为在课堂中应该有探究线段旋转的活动，但它不是最主要、最能突破教学重点和难点的教学活动。在测试后，我为 10 名画错的学生提供三角形实物，在学生旋转实物后进行了再测，10 人中有 5 人可以画对，说明实物旋转的活动能够有效地帮助学生探究画法。另外，从结果中发现直角三角形对学生来说更容易旋转，因为多数学生认为可以通过想象尖尖的顶点会落在哪里而得到图形的旋转，说明学生更倾向于想象图形整体的旋转，并没有关注到图形中每条线段的旋转，所以在教学活动中，不仅要让学生明确图形旋转的过程，还需要让学生关注到每条线段的旋转，才能探究出图形旋转后的画法。

我的思考

学生在没有任何支撑的情况下，很难直接画出旋转后的图形，而在线段支撑和实物支撑两个活动中，借助对实物旋转的思考，更能有效地帮助学生感悟到图形旋转后的位置和图形旋转的特征，进而得到画法。但是通过旋转关键边画图的同学较少，所以在教学活动中可以鼓励学有余力的学生采取多种方法画图，通过不同方法的对比，让学生将图形的旋转化为线段旋转来画图，进而理解图形旋转的本质。另外，与等腰三角形相比，直角三角形的旋转过程更清楚直接，学生更容易找到旋转的90°，而且直角三角形的三条边长短都不同，更能帮助学生掌握如何确定旋转后的边长，以及对应边旋转前后长短不变，反之等腰三角形两条相等的边容易让学生混淆，所以，在教学活动中，选择直角三角形更合适。

二、活动设计

（一）活动目标

通过旋转实物三角形，探究图形旋转的特征，掌握简单图形旋转后的画法。

（二）活动情境

在方格纸上画出绕 O 点顺时针旋转90°后的三角形，如果有困难，可以先借助小帮手，然后再画一画。（可以尝试多种方法）

（三）核心问题

如何在方格纸上画出旋转后的三角形？

（四）活动方式

学生先尝试独立完成，有困难的学生借助实物，再全班交流分享。

（五）活动时间

学生独立思考与全班交流大约15分钟。

（六）学习单

学习单

活动要求：

1. 在方格纸上画出三角形绕 O 点顺时针旋转90°后的图形。（可以尝试多种方法）

2. 如果有困难，可以先借助小帮手，然后再画一画。

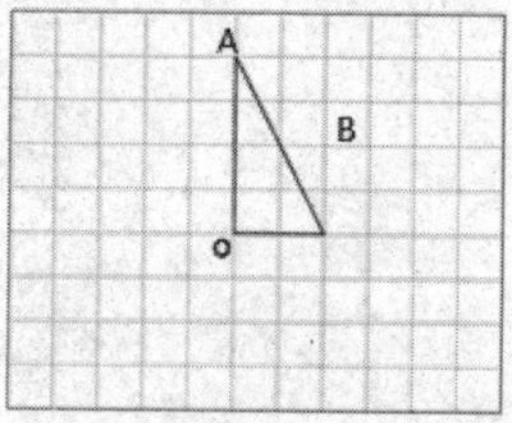

三、活动实录

师：请同学们在方格纸上画出绕 O 点顺时针旋转 90° 后的三角形，可以尝试用多种方法画图。如果有的同学觉得画图有困难，可以先借助信封中的小帮手，然后再画图。

师：已经有很多同学画完图了，我们一起来交流一下你是如何画图的。

生 1：我借助了小帮手，把三角形对齐，（手按住 O 点）绕 O 点顺时针旋转 90° 就得到了旋转后的三角形，再在方格纸上画出来。

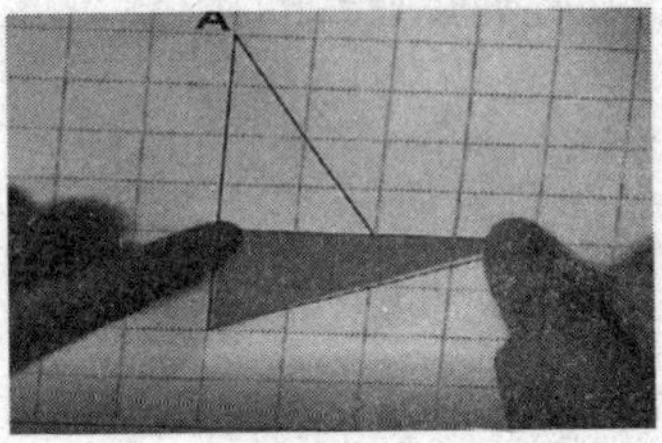

师：为什么按住三角形的这个顶点？

生 1：因为旋转中心固定不动。

师：你旋转的 90° 在哪呢？你能用红笔标出来吗？（生 1 在图中标出 90° ）

师：有多少同学是借助小帮手画图的？你们画的和他的一样吗？

师：有的同学没举手，看来你们不用借助小帮手，谁能来展示一下你是怎么画的呢？

生 2：先把 OA 边绕 O 点顺时针旋转 90° ，画出旋转后的 OA 边，再把 OB 边顺时针旋转 90° ，画出旋转后的 OB 边，最后把两条边相连，就画出旋转后的三角形了。

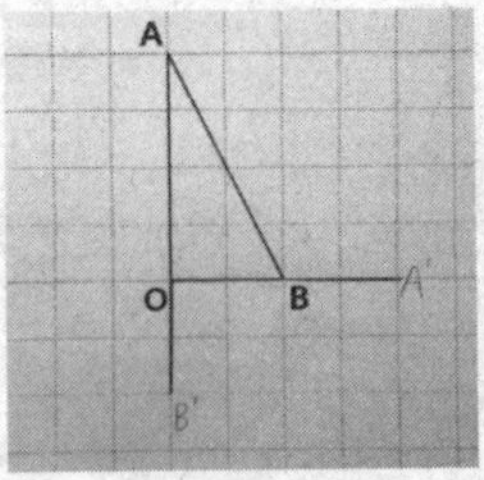

师：你们发现他不借助小助手直接画图的诀窍了吗？

生 3：他没有旋转三角形，旋转的是三角形的边。

师：这位同学把没学过的图形的旋转转换成了学过的线段的旋转，看来他是个会学习的同学。

师：那你们知道他为什么先转 *OA* 边和 *OB* 边吗？

生 4：这两条边都和中心点相连，而且都在方格线上，旋转后的边更好画。

师：你怎么判断 *OA* 边是旋转了 90°？

生 4：可以借助三角板。

师：没错，尤其是旋转一条不在方格线上的斜边时，三角板能帮我们准确地找到 90°。

师：旋转后的 *OA* 边为什么要画 4 格的长度？

生 5：因为旋转前的 *OA* 边是 4 格的长度，线段旋转前后的长度应该不变。

师：看来这名同学画图之前是经过了认真地思考，你们掌握画图的方法了吗？谁能完整地描述一下如何画出旋转后的三角形？

生 6：先旋转和中心点相连的 *OA* 边，利用三角板找到 90°，然后再根据 *OA* 边原来的长度画出旋转后的 *OA* 边（师：可称为 *OA'*），再用相同的方法旋转和中心点相连的 *OB* 边，画出旋转后的 *OB* 边（师：可称为 *OB'*），这两条边都画完后，再将 *A'* 点和 *B'* 点连起来，就是完整的三角形了。

师：如果只旋转其中一条边，你能得到完整的三角形吗？所以我们在画图的时候，要先旋转这两条和 *O* 点相连的边。

师：还有同学有其他的方法画图吗？

生 7：*A* 点绕 *O* 点顺时针旋转 90° 后应该在这条线上，*A* 点原来离 *O* 点 4 格，所以旋转后的 A 点也应该在 4 格的位置（标出 *A'* 点），再用同样的方法找到旋转后的 *B* 点（标出 *B'* 点），再把 *O*、*A'*、*B'* 点连起来就得到旋转后的三角形了。

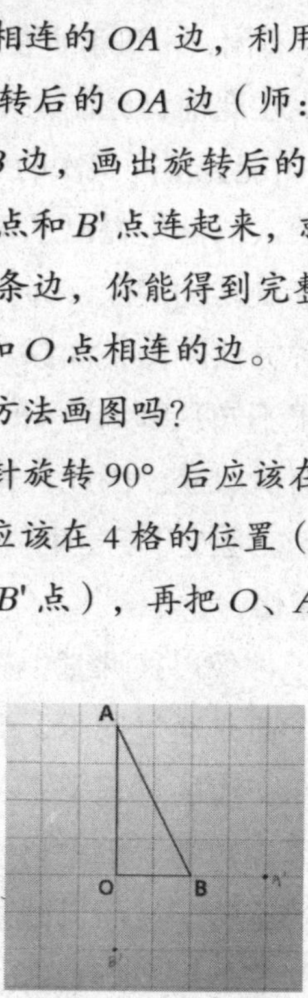

师：通过找到旋转后的对应点的方法也可以画图，和旋转对应边的方法本质上是一样的，都是在找旋转前后的对应关系。

师：你现在能不借助小帮手画出这个三角形绕 O 点逆时针旋转 90° 后的图形吗?

学生展示。

师：观察三角形旋转前后，你觉得什么变了，什么没变?

生 1：旋转前后的位置变了，每条边也都绕 O 点顺时针旋转了 90° 。（师板书“变：方向、位置”）

生 2：旋转中心的位置没变、三角形旋转前后的形状和大小没变。（师板书“不变：形状、大小”）

师：你们所找到的这些就是图形旋转的特征。现在，图形旋转的特征和画法你们都已经掌握了。

四、评价反思

（一）分层教学，有效提升

从学生的前测情况中可以看出，本班学生在“空间观念”和“几何直观”的素养上存在差异，部分学生在课前已经能画出旋转后的图形，而部分学生的空间想象力还比较匮乏。为了能让不同层次的学生在活动中都能主动探究，所以在设计的活动中为两个层次的学生提出了不同的活动要求，有困难的学生可以借助实物帮助建立图形旋转的表象，为探究画法打好基础，而空间观念较好的学生可以尝试用多种方法画图，加深对图形旋转特征的理解，这样在活动中，就不再有学生由于不知从哪入手而“等答案”，而提前学过的学生也能提高活动的参与度，有所收获。因此在这个活动中，所有学生都能够依据自己的情况进行探究，有效地提升了学生的学习效率。

（二）交流讨论，主动深化

在这次的教学活动中，不再像以往课堂中教师直接讲授画法，让学生机械重复似地单方面接受知识，而是通过展示、交流多种不同的画法，让学生主动发现并探究如何画图。在交流的过程中，一开始画图有困难需要借助实物的学生，能逐步从整个图形旋转的表象中感悟出图形旋转的特征，并根据特征将图形的旋转化为线段的旋转，进而得到画法，而旋转边和旋转点两种画法的对比，能帮助学生更好地掌握图形旋转的本质，为第三学段学习图形旋转的性质打下了基础。学生通过三种方法的相互交流讨论，在活动中主动深化了图形旋转的特征、画法和本质，把课堂还给了学生。但是，在活动中发现，部分学生对于第二条关键边的旋转存在错误，他们是通过旋转一条边后，补全剩余图形的方法来画图，说明学生不能真正地将图形的旋转化为线段的旋转来画图，他们对于图形旋转的理解还停留在旋转的直观表象上。这些学生还需要进行个别指导，可以在方格纸上用三根长短不一的小棒拼成一个三角形，再让学生动手旋转三角形，学生在逐根旋转小棒的过程中能更深刻地体会到如何将图形的旋转化为线段的旋转，从而巩固画法。